国家出版基金项目
NATIONAL PUBLICATION FOUNDATION
四川省巴蜀文化研究中心重點科研項目
巴蜀文化研究大家系列

十三經恒解

箋解本

卷之五

《周易恒解》

［清］劉沅◎著

總主編◎譚繼和
總策劃◎施維

箋解　譚繼和　祁和暉

巴蜀書社

圖書在版編目（CIP）數據

十三經恒解（箋解本）／（清）劉沅著；譚繼和、祁和暉箋解
—成都：巴蜀書社，2016.1
ISBN 978-7-5531-0569-7

Ⅰ.①十…　Ⅱ.①劉…　②譚…　Ⅲ.①經學②《十三經》-注釋　Ⅳ.①Z126.2

中國版本圖書館 CIP 數據核字（2015）第 175942 號

十三經恒解（箋解本）

（清）劉　沅　**著**
譚繼和　祁和暉　**箋解**

出 品 人	林　建　侯安國
策劃編輯	施　維
責任編輯	張照華　張亮亮　肖　靜　封　龍 張紅義　王群栗　趙邦媛　童際鵬
出　　版	巴蜀書社 地址：成都槐樹街 2 號　　郵編：610031 總編室電話：（028）86259397
網　　址	www.bsbook.com
發　　行	巴蜀書社 發行科電話：（028）86259422　86259423
經　　銷	新華書店
印　　刷	四川省南方印務有限公司
版　　次	2016 年 1 月第 1 版
印　　次	2016 年 1 月第 1 次印刷
成品尺寸	210mm×290mm
印　　張	218.5
書　　號	ISBN 978-7-5531-0569-7
定　　價	2000.00 元（全 10 卷）

目　録

周易恒解

十三經恒解

箋解本

卷之五

周易恒解

朱兆虎◎整理

序

一理也，而天地人物莫不由之，故曰道。其散爲萬殊者，其歸於一本者也。人爲萬物之靈，其氣得陰陽之正，而其性即天地之理。窮理盡性以至於命，則人一天地，而凡萬事萬物，悉有以得其中和。顧其功非易致，徑尤多歧，不有以標其極，則天人合一之旨不明，而民生日用之倫不著也。庖犧以前，非無神聖，然狉榛初啟，禮制未詳，氣運所區，勢難驟備。天洩圖書，以開聖人之智；聖法天地，而立卦爻之文。於是萬象咸包，萬理咸具，而天下後世，性命倫常之事，幽明始終之情，莫不畢範於斯矣。六十四卦，特陰陽動靜之所推，然其窮幽達顯，占變知來，大之極乎天地之高明，小之盡乎物情之纖細。以一爻通於千萬爻，以一卦通於無窮卦。分之則事事各有其宜，合之則萬變歸於一是。辨其異，求其同，同中之異，異中之同，四聖人各有其意，四聖人實無二意。拘而求之，鑿而益之，皆非能讀《易》者也。夫禮樂教化，唐虞三代之法已詳，而伏羲以前，尚無規範。《易》之設卦觀象，固爲後世發其蒙也。《詩》《書》名象，悉由繼起，窮神知化，必有心源。《易》故爲文字之祖，王功聖德之全，而歷代諸儒，或僅貌玄[①]虛，或徒求術數，即言理之家，亦每舍經而從傳，顧此而失彼。聖人之教，不其隱乎？愚譾陋無文，非敢以註《易》自明也。顧嘗深求其旨，極之於天地，準之於人倫，以孔子爲宗，而折衷前人之緒論，不敢雷同，不敢好異，要以平心酌理，無失乎天地之常經、聖人之軌則。雖詞多訓詁，不免爲有識所軒渠，然鄙意竊欲人人皆曉，而不使視爲畏途也。故

① 玄，《槐軒雜著》卷一本序作元。

顔曰《恒解》，以俟將來云。

嘉慶庚辰年九月初一日　雙流劉沅敘

註《易》者何止千百家，先生以孔子爲宗，隨文詁義，去其枝葉。讀者必博考諸家之説，再細玩《恒解》，乃見其義之精當。

受業傅泰凝志①

① 按：傅泰凝題記原載於《槐軒雜著》卷一本序末。

義例

一、《周禮》：太卜掌三《易》之灋，一曰《連山》，二曰《歸藏》，三曰《周易》，其經卦皆八，其別［卦］皆六十有四。則六十四卦皆伏羲所定無疑，孔子《繫辭》明言因而重之，爻在其中矣，而後世誤解始作八卦句，遂紛紛異論。鄭康成等以爲神農重卦，孫盛以爲夏禹重卦，史遷等以爲文王重卦。其言夏禹、文王者，案《繫辭》神農之時，已有蓋取諸《益》與《噬嗑》，以此論之，不攻自破。其言神農重卦，亦無確據。王輔嗣以爲伏羲重卦，自程、朱皆從之，近世猶有爲異說者，不必置議可也。

一、三《易》，《連山》首《艮》，《歸藏》首《坤》。艮，止也。天地之化，不止則不能蓄生機；人心之神，不止則不能養元德。文王《繫辭》：艮其背，不獲其身；行其庭，不見其人。而夫子傳之曰：時止則止，時行則行；動靜不失其時，其道光明。正謂此也。首《坤》者，萬物皆致養於坤土，天地之元，亦惟中黄胎育。是二者皆示人天人合一之義，未爲不可也。然特以其致功之要言之，實則天地未嘗有爲，而以人合天，靜存動察內外本末之功，亦非二卦所可盡也。故文王首《乾》《坤》，而夫子從之。《連山》《歸藏》，其名亦只就《艮》《坤》取義，周則國名，以別於二《易》也。康成旣鑿解不通，而《世譜》等書又以神農一曰連山氏，黄帝一曰歸藏氏，尤屬傅會不可信。

一、卦詞文王所作，爻詞周公所作。馬融、陸績等并同此說，宋儒因之。其或只言三聖，以子統於父也。按之經文脗合，無庸異議。

一、古《周易》經、傳各分，自費氏始以《彖》《象》《文言》雜入卦中，王弼以《象》本釋經，宜相附近，分爻之《象辭》各附當爻。宋儒攻之者甚衆，而最著莫如朱子、吕伯恭。然聖人訓教後世，惟恐其不明，左氏分傳附經，取其易曉，輔嗣亦然，無大害義，當從之以便學者，不必執古可也。

一、《詩》道性情，《書》紀政事，《禮》經人倫，《樂》和天地，《春秋》存善惡是非之公，以經理王道，而要皆不出《易》之範圍。故《易》者，聖德王功之全，天人萬物之理，約其歸，則時中二字而已。象數理氣不可偏廢，要在學者神而明之，變而通之，不失聖人之意，乃可也。

一、卜筮爲《易》之大端，然聖人本意，欲人知吉凶生於善惡，而天人本無二理。吉凶悔吝生乎動，由一念之發以及於百爲，所謂動也。爻象之動，又其理氣之感，有相因而致者。君子觀象玩占，要在慎動修身。平昔講明義理，臨事而有不決，則卜筮以叩於神明。神明者，天地之迹秉理以司功化者也。有其事之顯然判是非者，有其事之似是而非者，亦有其事皆是，而爲之先後宜別者，此際慎擇而行，即精義之學在是。術數家不知此理，概以利害決去就，則理當爲而無利者，亦不肯爲，五倫之道裂矣。歷代言《易》者，大半皆偏於術數，王輔嗣始專以理言，厥功甚偉。程、朱皆衍其說，不可非之。第見其多滯，不能即聖人之言究其精微，而旁牽別緒，故不足爲典要耳。愚於諸家，皆折衷以聖人，去取無成心。學者詳味聖人，博考諸說，然後知愚言之不謬耳。

一、程、朱《易傳》《本義》，學者所遵，謂其優於前賢也。然其瑕疵，亦復不少，不可概爲附會，今亦折衷取之。學者若無窮理盡性之功，而但求諸文字，其不穿鑿矯勉而失眞者幾希。

一、《易》之爲書，廣大悉備，四聖人發揮盡致，只須詳味聖言，得其同中之異、異中之同，返諸吾身，合於天地，則一名一象，一動一靜，以暨於經世理物，微顯闡幽，無不有恰好道理。象不可廢，亦不可泥；數不可無，亦不可拘。理散於萬象，象統於一理。朱子曰：聖人作《易》，本是使人卜筮以決所行之可否，而因以教人爲善。似說倒了。聖人自是以善教人，因愚民百姓不能盡明善以誠身，特假象數以昭理，則惟其理介兩可而不能決者，則卜筮決之，非謂平日不講究窮理功夫，專恃卜筮以定指歸也。故曰卜以決疑，不疑何卜？又曰《易》爲君子謀，不爲小人謀。歷代習術數者多神異，然其歸不本於忠孝節義，反罹殃咎，皆舍理求象之過，此最不可不察也。

一、蓍龜定天下之吉凶，成天下之亹亹，爲其質諸鬼神，本天理以正人心也。後世龜卜之法不傳，惟筮猶是古法。然占者又往往不本經義，以曲說便其私傳，去聖愈遠。朱子《啟蒙》及歷代儒者推究蓍數，沾沾於奇耦變化，以此窮陰陽之數，而明占卜之神，雖亦不爲無理，然於聖人教人之意，已爲逐末。故今不復列《筮儀》於卷端，以知之者多，且非學《易》所重也。孔子曰：引而伸之，觸類而長之，天下之能事畢。言乎引伸觸類，不可拘於所言也。又曰：顯道神德行，是故可與酬酢，可與佑神。言乎道德內具於身，而以此顯之神之，故可與酬酢，以盡人倫，可與佑神，以合天命也，而豈區區以蓍龜定天下哉？

一、卦變之法，本之焦延壽，以一卦變爲六十四卦，六十四卦通變四千九十六卦。而卦變之次，本之文王序卦。且如以《乾》爲本卦，其變首《坤》，次《屯》《蒙》以至《未濟》。又如末一卦《未濟》爲本卦，其變亦首《乾》，次《坤》《屯》以至《既濟》。每一卦變六十三卦，通成六十四卦。朱子以爻變多寡，順而列之，以定一卦所變之序，又以《乾》卦所變之次，引而伸之，爲六十四卦。所變相承之序，較焦氏尤密，然六十四卦縱橫順逆，皆可成卦。占變之法，以動爲占，以理爲斷，必一一而比合之，反不足以盡神明變化之用。存其說而不必鑿其義，可也。

一、《卦序》文王所定，序之之意，孔子《序卦傳》已詳。然《易》道統於乾坤，而乾坤之功用在坎離，坎離不交，則乾坤亦爲死物。故上經首《乾》《坤》而終《坎》《離》，以明天地之體用也。下經首《咸》《恒》而終《既［濟］》《未濟》，以明人道之陰陽也。天地以坎離爲功用，而太極之理氣自全；人道以坎離爲生化，而陰陽之眞不固。女之終，男之窮，夫子已慨乎其言之矣。學《易》者，法天地之渾然者以致其中，法天地之流行者以致其和，則六十四卦統於太極，而成位乎其中矣。然此豈文字所可傳耶？

一、孔子《十翼》發明易道已盡，歷代儒者或不盡通其意，而多別爲他說。豈知能將孔子本文意義一一得其指歸，則已無餘蘊，何俟別生枝節。故愚各就本文語意詳解，俾讀者瞭然，則諸說之非不攻自破。其必爲之串解、附解者，以語意必相承而後明，餘義必詳辨而始盡，非好煩也。

一、算法、曆法、音律等，數皆起於圖、書。然聖人作《易》，本旨不在於此，故今略之，以免學者逐其流而失其源。

一、朱子曰：《易》不比《詩》《書》，他是說盡天下後世無窮盡底事理，只一兩個字便是一個道理，人須是經歷天下許多事變，讀《易》方知各有一理。此言極妙。後世星卜占曆執一說以爲《易》，而不究極人倫典則，其於術愈工，其於道愈遠。朱子所謂靠定象去看，便滋味長者，此也。但象不可執，須見得道理，活潑潑的無處非是始佳。

一、六經經孔子刪定，便將天地萬物之理，前聖許多經綸制作，都該括盡。何況《易》爲夫子韋編三絕之學，萬理之原誠窮極精微，直是一字增損不得。後世如揚子雲作《太玄》以準《易》，關子明擬玄洞極經，司馬溫公之《潛虚》，蔡九峰之《星極》八十一名數，其精心結撰，非不各有義理，然皆域於象數，且不能出《易》之範圍。子曰述而不作，誠以有無待於作者也，則諸賢之書不爲贅乎？故茲編悉不具論。

一、先天、後天、小圓圖及大方圓圖，相傳出於陳希夷，而邵子演之，其義廣大精微，自非聖人不能作，特希夷始表章之耳。邵子《皇極經世》以日月星辰、水火土石、暑寒晝夜、飛走草木分隸於八卦，推生生化化之數，較諸儒爲精，然實已該於八卦之中，而特衍爲推測耳。其以日爲元，月爲會，星爲運，辰爲世，元會運世始終往來，以測治亂興廢，謂皆不能逃乎數。而極之近事小物，其成敗吉凶亦然。尤而效之，則聖賢所云一念聖狂、義利、舜蹠、克復、修身、承天、立命之學全用不著，故亦無足取也。

一、註經之法，取其簡要，郭象注《莊》，前人以爲至妙，然此特爲智者言耳。愚意欲令下愚皆曉，故不以簡直玄妙之語求悅高明，而避詞費以滋眾疑焉。

一、自漢魏以下，說《易》者何止千餘家，今《四庫全書》所收已五百餘種，其於《易》不無發明，然醇疵詳略亦錯出矣。今擇其有當者入註，或義有可採而語不無疵，或一二言足錄而全篇不稱，故無專引之條，因不便直據爲某某之說。蓋薈萃而採擇之，不能如前人諸集引某某曰之文，非掠美也。

一、聖人已往，其言具存，即其心存，必將其立言之意理及詞氣之輕重抑揚得之，則如親晤聖人矣。故經文虛字神理，毫不可忽，前人或以己意武斷經文，而不顧前後語脈之通塞，如在天爲元亨利貞，在人爲仁義禮智，及用九、用六、得朋、喪朋等語，相沿習之，并不知文王、孔子之意何所指矣。愚於此等處必再三申辨，務使聖人之心曉然，不敢避違眾之嫌也。

一、古者卜筮之辭多用音和，以便人之玩誦，其體不始於文王。文王《彖辭》閒有用韻者，然已無多，蓋意主於教人義理，不專向吉凶趨避上立論矣。周公爻辭用韻處較文王爲多，至孔子《象辭》則通用韻，然所用之韻乃古韻，非今世所尚沈休文韻也。顧炎武言之甚詳，其說以《唐韻》爲正，義頗優於前賢。然聖人本意恐人以爲純言義理，不喜誦習，故多用韻以誘之，蓋亦不得已之苦心。而今世古音已晦，學者勉强求叶，必至遷就義理，以就音韻，其失轉甚，故茲集於韻略之。

圖　說

易有太極圖

理氣之渾然粹然者，是天地之精，而萬物所從出。理之極致而無以加，故曰太極。太極莫名其極，即無極，非太極之外別有無極也。太極居乎天地之始，宰乎天地之中，無名象之可圖也，特恐人莫識天地之妙，則爲此圖以見渾然粹然者，無成虧，無欠缺。萬物莫不共由則曰道，得之於身則曰德，無過無不及則曰中，至眞無二則曰誠，生生之理氣所含則曰仁，本諸有生之初，所以承天地而立極，則曰性。其他星曆方輿一切術數，皆由此而衍之，隨所會通，莫不有理，然於聖人承天立極、盡性至命之學爲鱗爪矣。舊傳周濂溪《太極圖》內圖白黑二氣以象陰陽，由中一點運化，蓋取生陰生陽之意。然太極者理氣之總滙，陰陽含於其中，本難名象，故曰無極。無極者，狀太極也，非太極之外別有無極。太極旣無極矣，而又可圖耶？故兹但列一空圈，以象渾然粹然之意。

兩儀圖

天地未兆，太極在天地之前；天地既分，太極即在天地之中。謂天地之外復有太極者，非也。惟天地即太極之體，故天包乎地，而以陽施陰；地孕於天，而以陰承陽。陽直而專，則爲━奇；陰闢而翕，則爲╍偶，此兩儀之象所由名也。然奇者，天一之數也；偶者，地二之數也。陰儀陽儀，衹是天地之體段。天一地二，其數得三；兩奇一偶，則爲四；兩偶一奇，則爲五。故數止於五，以其爲天地之交，而陰陽奇偶所會也。六七八九十，即倍一二三四五而成，非有加於五之外也。天地無一息不交，陰陽無一息不和，故成爲太極渾然之體。而陰靜陽動，陽靜陰動，互爲其機，互根其宅，於是屈伸消長而生五行。五行分布，陰陽之功用以宏，實則太極渾然之理氣，如環無端，亘古不息，故五行衹一陰陽，陰陽仍一太極耳。河圖五行分列，金木水火各居其方，而中土爲之運用，即是此理。但聖人畫卦，即有形以象無形，由兩儀而重複錯綜之，遂生八卦。前人以陽動陰靜爲生兩儀，不知陰陽各有動靜，夫子已明言之，且於陰何以偶之義不明，又似太極生天地者，總緣不知天地之妙耳，今特明著之。

兩儀生四象圖

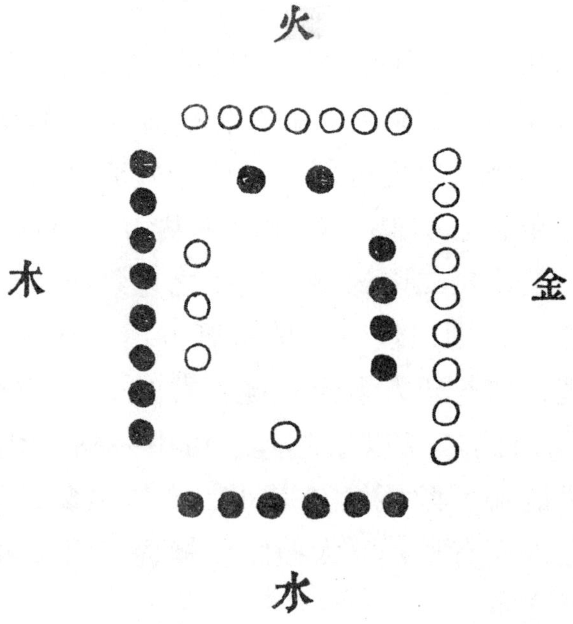

陽生於子，天氣始胎，爲天一生水，至午而極。陰生於午，地氣始生，爲地二生火，至子而極。水火者，陰陽之大用，即天地之精神也。一陽二陽三陽，陽盛於東而木旺。一陰二陰三陰，陰盛於西而金旺。天三生木，以天氣盛而得名。地四生金，以地氣盛而得名也。然木乃火之父，金乃水之母，故金木者，水火之性情也。一元運轉，進退消長而生四象。分言之，則木少陽而火太陽，水少陰而金太陰，先天之陰陽也。互言之，則太陽極於午，而陰已生火，實外陽而內陰，太陰極於子，而陽已生水，實外陰而內陽，後天之陰陽也。故金木水火者，天地自然之四象，而少陰、少陽、太陰、太陽即在其中，不必以重⚊爲太陽，重⚋爲太陰，兩⚊加⚋爲少陰，兩⚋加⚊爲少陽也。金木水火，分著四方，此河圖之四象，而土不言者，土爲天地之中氣，有名無質，所謂太和元氣，非指塊然者也。元氣運於中央，四象之內皆有土在。天五地十，太極之全體，太極無可指名，即此中土之渾然者，目之而可識矣。言少陰、少陽、太陰、太陽，而不指水火金木以實之，則所謂四象者，仍虛而無著。今故即河圖以明之，俾知太極生兩儀，兩儀生四象，非判然各爲一物，而天地氣機如此，聖人設卦觀象，特假此示人耳。

四象生八卦圖

陰陽之數，偶變而奇不變。然一奇亦不能變，一偶亦不能變也，故陰陽皆以三而成純，是爲乾坤。乾坤者，天地之性情也。天一下交於坤，其數三；地二上交於乾，其數亦三。前人謂三生萬物，謂兩儀并立，一氣之上交下交者，即五行萬物所自出也。乾下交於坤，坤上交於乾，初爻交而成震、巽，中爻交而成坎、離，上爻交而成艮、兑。邵子乾一、兑二、離三、震四、巽五、坎六、艮七、坤八，則以畫卦之序言也。以天地之氣化言，陽生於北，而東而南，時歷六月，序更三時，則陽極而陰生；陰生於南，而西而北，亦時歷六月，序更三時，而陰極生陽。陰陽屈伸消長，少陽、太陽、少陰、太陰，循環迭生，只此一元之氣耳，八卦只此兩儀順逆顛倒而成。云四象生八卦者，太極著而爲象，金木水火四者，顯而有端，運而不息，在天則風雷鼓其氣，在地則山澤布其形，而水火者又南北之中氣，天地之精神，生化萬物，莫不由此，即天地之妙亦盡於此，此八卦所以爲神也。

八卦生六十四卦圖

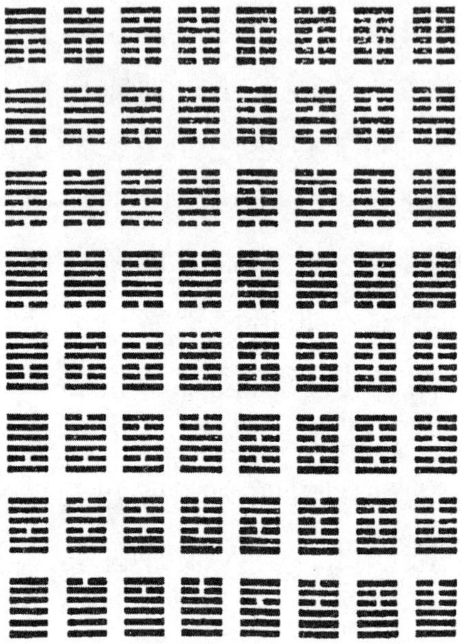

乾 兑 離 震 巽 坎 艮 坤

陰陽各三，則成一卦矣。因陰陽循環，各老於六，故又倍三爲六，以合天地之數。爰即八卦，錯綜顛倒而推衍之，爲六十四卦。其序亦以乾一、兌二、離三、震四、巽五、坎六、艮七、坤八遞生而成，是皆天地自然之理，而非有一毫私意造作於其間也。及卦成之後，縱横逆順，都成義理，隨所取用，各不相悖。先儒謂未有《易》前，《易》在天地，既有《易》後，天地在《易》者，此也。由一陽、二陽、三陽、四陽、五陽而六陽，爲《復》《臨》《泰》《大壯》《夬》《乾》六卦，陽生於子極於午也。由一陰、二陰、三陰、四陰、五陰而六陰，爲《姤》《遯》《否》《觀》《剝》《坤》六卦，陰生於午極於子也。十二卦應十二月，而十卦仍《乾》《坤》二卦消長之機。漢儒謂一陰一陽之卦各六，皆自《復》卦而來云云，即此義也。圖之列序，以乾一、兌二、離三、震四、巽五、坎六、艮七、坤八次第而上。

伏羲八卦圖

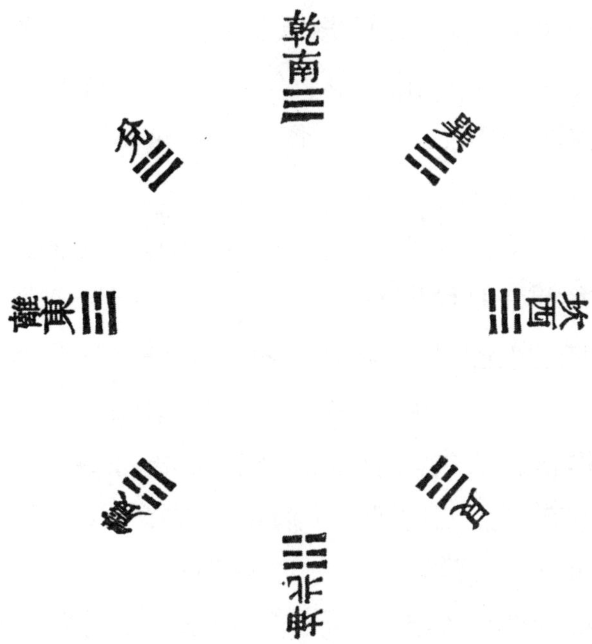

此圖方位取義，愚已詳著於《說卦傳》天地定位章，兹不贅。邵子所言畫卦先後之序，乾一、兑二、離三、震四、巽五、坎六、艮七、坤八，即從此圖左右依次而定，其於畫卦次序相生之理至順，然非圖之本意也，不可執以解此圖焉。

文王八卦圖

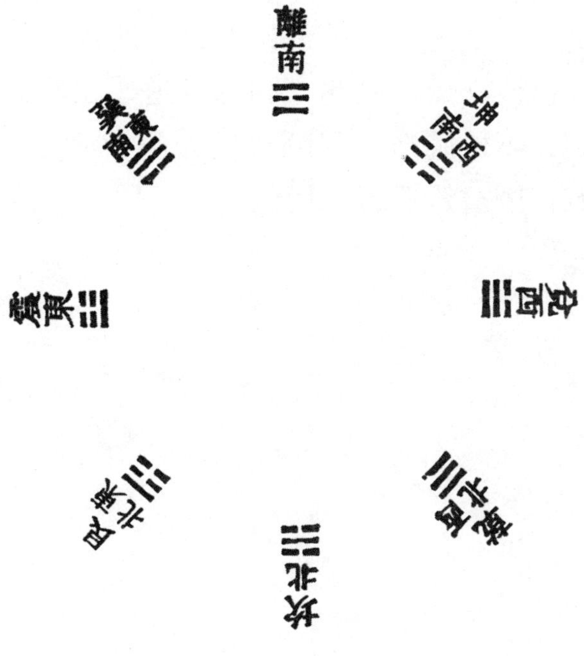

右圖取義，愚已詳著於《說卦傳》帝出乎震章，兹亦不贅。但二圖雖分先天、後天，實互相發明，非判然二物。故夫子於先天圖言通氣、相薄、不相射等義，而總之曰八卦相錯，於後天圖言流行終始之義，而以一帝字貫之。人之生也，秉天地氣化之正，得乾坤之正氣，即坎離之眞精也。天地生六子，而坎離獨得乾坤中氣，金木則水火之精華耳。純陽純陰者，天地；陰陽互宅者，日月。天地無功，以日月爲功，故人得日月之華而生。陰陽互宅，水火易位，道心不純，人心易起。知天地本一太極，則復性之功，只是返還受中之本然。後世言取坎塡離，流爲小術異端，不知取坎中之陽，實離中之陰，乃返還乾坤之正體耳。離中木液，是爲流珠，人心之謂也；坎中金精，是爲玉液，道心之苗也。克己者，克去離中陰私；復禮者，復還乾宮眞陽。眞陽，性也；陰私，欲也。前人假八卦以言性命，謂乾，性也，坤，命也。性本於天，命本於地，是人所以獨得天之理以成性，得地之理以成形也。然天地衹一太極，則謂得天地之理氣而已，亦不容强分也。心中之陰私，逐物而遷，爲善則難，爲惡則易，人以爲心之靈，不知其爲性之賊也。然在受中之始，則心固渾然無欲，迨既生以後，始雜陰邪耳。故先天之心即性，孟子所謂性善也；後天之心不盡性，孔子所謂性相近也。未生爲先天，既生爲後天。先儒不明先後天之理，故於性情道心人心實際多影響。不明伏羲之圖，乾坤定子午之位，坎離列日月之門，而山澤雷風鼓其機，此天地自然之理象，人之得天地而成性成形者，未始有異也。乾生於子而老於南，坤生於午而老於北，純陰純陽，只此一元運轉之機耳。一元之氣機不可見，於日月見之。山澤成形於地，雷風行氣於天。有形之質，無形之氣宰之，無形之氣，實一定之理寓焉。由先天而後天，人物之所以生生不窮；由後天而先天，克己復禮之所以盡性立命。故此二圖者，道學之淵源，非僅卦爻之象數也。然聖人洞明此理，不敢臆造，因圖書呈光而始洩之，故圖書者，又二圖之所本也，而世乃有以圖書爲非者，何哉？

伏羲大圓圖方圖

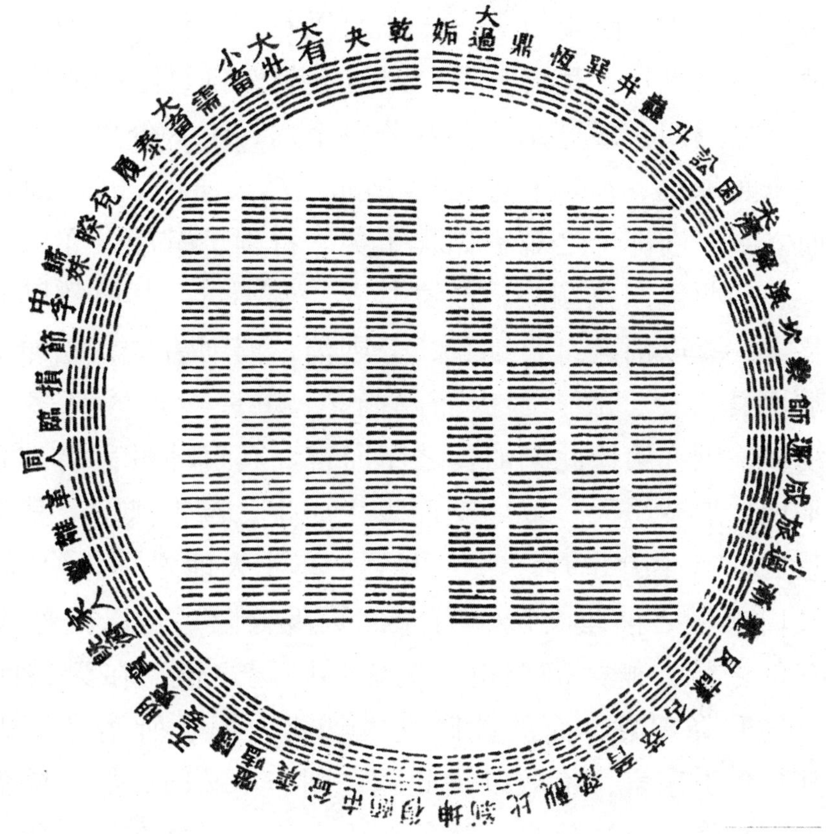

聖人既畫八卦，因而重之爲六十四卦，則天地萬物之理盡於此矣。右方圓二圖，圓象天，方象地，方者靜，圓者動。以明六十四卦，天地同含此理，非分析以當天地也，其序則以乾一、兌二、離三、震四、巽五、坎六、艮七、坤八相次而成。方圖橫推，圓圖左右旋以序。六十四卦本於八卦，八卦以乾坤爲主，乾老於南，坤老於北。陰陽二氣屈伸消長，而生五行。播五行於四時，仍一乾坤之運用而已。此圖即先天小圓圖而推衍之，以明造化流行不出乎此，而畫卦自然之理亦可識矣。圖傳自陳希夷，朱子謂三代以後，流爲方外，至邵子始返之於易道。然邵子據《說卦傳》以解此圖，其言數往者順，知來者逆，實非孔子之意。諸儒紹述邵子，又各自爲一說，於理非無可觀，但泥於象數，不得聖人教人之意。且夫子惟言八卦，未及六十四卦也。六十四卦以次相生，亦只一陰一陽顛倒錯綜而成，其象如此，其所以屈伸往來消長變化，則固非人力之所與也。聖人即有象以著無象，而後人多泥象以求象，是以此圖之解愈多，其義愈棼。今惟挈其大要，他不盡述也。

邵子曰：數往者順，左旋，順天而行，得已生之卦。知來者逆，右旋，逆天而行，得未生之卦。其所謂左旋右旋者，不合天地也，何可以解易數耶？其曰陽交於陰，陰交於陽，而生天之四象。剛交於柔，柔交於剛，而生地之四象。夫天地只一陰陽，夫子曰：立天之道曰陰與陽，立地之道曰柔與剛，立人之道曰仁與義。陰陽以氣言，剛柔以質言，仁義以理言。不過明三才并立，性命爲重之義耳，其實一也。天地豈判然自爲陰陽剛柔哉。又謂畫卦一分爲二，二分爲四，四分爲八，八分爲十六，十六分爲三十二，三十二分爲六十四。朱子取之，反以程子之說爲非。然夫子明言參天两地而倚數，觀變於陰陽而立卦，則邵子之說不如程子矣。特程子辭渾，亦未甚瞭然於卦之所以生耳。愚前两儀四象圖說，已言其義，兹不贅。其曰乾以分之，坤以翕之，震以長之，巽以消之，長則分，分則消，消則翕也。乾坤定位也，震巽一交，兑離坎艮再交，故震陽少而陰尚多，巽陰少而陽尚多，兑離陽浸多，坎艮陰浸多，則亦第據此圖消長之序而言。其實坤可言翕，而乾不可言分也。天包乎地，地孕乎天，乾坤交而大生廣生，萬古無窮。其消息者，闔闢氣機，物感之而有生有化耳。一交再交，亦非天地之理。陰陽浸少浸多，猶無害耳。又曰無極之前陰含陽，有象之後陽分陰，是以無極爲在有象之前，而不知有象之後，無極仍在也。復姤爲陰陽之機，在天爲四季消長大關，在人爲陰陽升降理氣，而於此圖爲尤切當。邵子所謂月窟天根者，是也。儒者疑其類導引家言，不敢以論此圖，則非。又曰震始交陰而陽生，巽始消陽而陰生，兑陽長，艮陰長，震兑在天之陰，巽艮在地之陽云云，拘於卦畫相生之序，不及顧天地自然之理，及聖人列八卦之藴矣。又曰乾四十八而四分之一分，爲陰所尅，坤四十八而四分之一分，爲所尅之陽，故乾得三十六，而坤得十二。然聖人畫卦，即天地之數而重至六畫，順逆錯綜，自成八八之數，以之該天地萬物而有餘，不應積算折除以爲配合也。至謂復至乾，凡百一十有二陽，姤至坤，凡八十陽；姤至坤，凡百一十有二陰，復至乾，凡八十陰，則自然之數無傷於理者。蓋邵子之學，工於數者，故其解《易》也，數理爲多。聖人作《易》，理氣象數，無所不包，而理爲之本。今將明聖意以匡前賢，故不敢不縷析條辨，非好詆訶也，識者鑒之。

河　圖

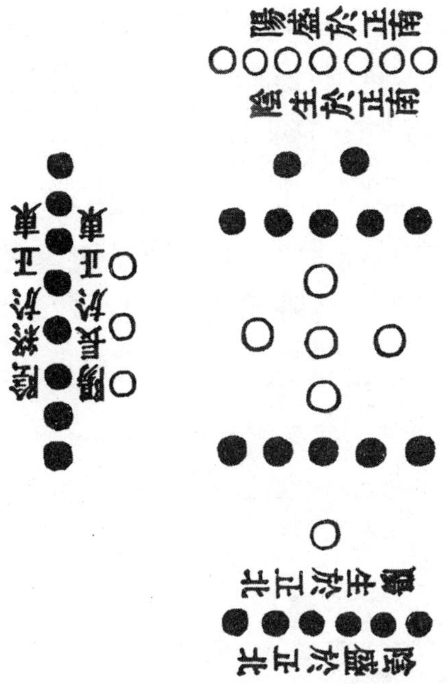

太極之理氣渾然耳，太極動靜而分陰陽，陰陽流行消長進退，遂有五行。五行成質，則爲金水木火土，其實止一陰一陽之精所凝結耳。循環相生，亦循環相尅。尅者乃其生之機，生者即其尅之漸，而握其樞者土也。土本中氣，天地合一太極之精，其顯而爲塊然者，則天地之質耳。故金水木火，悉生於其中。蒼蒼之天，包含乎地，茈茈之土，中孕乎天。以上覆者爲天，以下凝者爲地。即有象以分觀，實則天地未嘗兩橛也。河圖之象，中五與十，乃天地渾然合一之象，而由是而左旋相生金水木火，土仍歸中央，所以明五行分布，一太極之理氣運行也。若以陰陽之分著者言，則天一水旺於北，地二火旺於南，天三木旺於東，地四金旺於西，是四時之顯象也。以陰陽之消長者言，天一陽始生，天三陽始盛，陽氣用事之時，故陽在内爲主，而陰在外。陽盛將衰，則地二陰生，地四陰盛，陰氣用事之時，故陰在内爲主，而陽在外。天一地二，其數得三，前人謂三生萬物。蓋天地之體用已全，故變化而生萬物耳。倍一爲二，而地四合之，則爲六。倍二爲四，而天一合之，則爲五。五、六，天地之中合，以天地相交在乎此也。天數五，地數五，合之則十。人得天地之中氣，故五行成質，五性、五事、五臟、五官、五音、五色，分之各有其用，合之共爲其用。河圖五行分布對待，以呈其數，而流行之理已該。山澤通氣，雷風相薄，水火不相射，八卦相錯之理實原於此。伏羲則之以畫卦，天一地六，一陽在中，而六陰外包，坎之象。

地二天七，一陰在中，而七陽外包，離之象。天三地八，陽壯而陰消，震之象也。地四天九，陰壯而陽消，兑之象也。天五地十，爲乾坤純陽純陰之體。艮巽雖無其象，而木火之氣旺於東南，非巽風無以鼓其機；金水之氣盛於西北，非艮山無以藏其用。且兑覆則爲巽，震覆則爲艮，有四象而八卦自成。故伏羲則之，設卦觀象。不得謂河圖止有金木水火，無由成八卦也。且河圖洛書，同出伏羲之世，孔子已明言之，則伏羲畫卦，固兼取圖書之意而成。先儒折補以配八卦，其説牽强，非聖人之意。而妄庸者流，又以河圖、洛書爲非伏羲所則，先天後天八卦圖爲陳希夷所撰，楚失而齊亦未爲得也。

洛　書

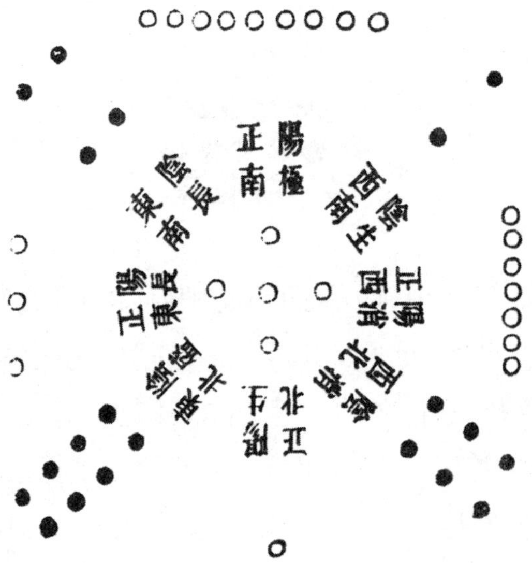

太極，理氣之元，無聲無臭，而動而生陽，静而生陰，著爲萬象，則有象數之可言。故五行者，陰陽之用，即太極理氣之流行者也。陰陽遞運，順而出者，生生不窮，氣不虞其盡乎，逆而尅之，滴滴歸原，理不有其宗乎。故相生者生物之理，相尅者成物之義。前人謂之尅則不能生，實不尅則不能成耳。蓋陰陽互爲其根，即交相爲用。陽施而陰受，即陰斂而陽舒。生化萬物，莫不由此。若以人身理氣言，受氣於天而成質，受理於天而成性。人生而静天之性，是理氣之渾然者，無稍欠闕，先天也。既生以後，形氣用事，而知誘物化，非復太極之渾然，後天也。由後天以返先天，必有復性之功，誠身之學。故其自天而之人也，是生生之義。其自人而之天也，是尅成之義。河圖左旋相生，洛書則由中土而右旋相尅。相生者即存於對待，相尅者即寓於流行。此以見陰陽二氣無間斷，無始終，即太極之渾然粹然者，萬古如斯也。人爲天地之心，所以不如天地者，止此氣質之拘，致生物欲之蔽，不克長存其浩然。聖人所以教人窮理盡性以至于命，而夫子曰聖人作《易》，將以順性命之理，正謂此也。洛書中宫有五無十，明乎天地生生之理無一息停，其成者即其生之終，非有二也。且天地之生機渾然無聲臭者，固不可測，而其可測者陰陽耳。陰陽之互宅者不易言，而其顯呈者五行耳。陽生於北而消於西，其氣左旋。陰生於西南而消於西北，其機右轉。是四時之義所以成變化而生萬物也。朱子曰，河圖以五生數，統五成數，而同處其方，揭其全以示人，而道其常數之體。洛書以五奇數統四偶數，而各居其所，主於陽以統陰，而肇其變數之用。然河圖洛書，相爲經緯，常變二字，不可泥看。河圖五十居中，象天地渾然之太極，而四象分著於外，水火金木，各居旺地，是四時遞運，一元氣之周流常在，是即變亦在是也。洛書五土生數居中，而一三七九依然，四象各旺其方，明乎生生之意流貫四時，象似變而理仍常也。先儒又謂河圖數十，洛書數九，不知十者天地之合一，九者一元之流行。流行者，屈伸消長迹象易求，合一者，全體渾然無稍閒斷。河圖之數全於十，一三七九左旋而右，二四六八右旋而左，各成一十。一二三四生數在内，合爲十，六七八九成數在外，合爲三十，固無往非十也。然一三五之奇，合而成九，中土發水木之菁華。二七合而成九，離火炳乾宫之陽光。五與四合亦九也，金老於西亦九也，是其流行之機自在渾合之内。若夫洛書固以九爲數也，然虚中土以爲太極。一九、三七、二八、四六，皆相對而成十，故河圖九含於十，洛書十含於九，則河圖以成先天卦畫。乾三坤六震五巽四兑離四艮坎五，亦用九數之意，則洛書以合後天卦位。乾六巽四坎一離九艮八坤二震三兑七，亦用十數之意。聖人設卦觀象，固未嘗以十與九爲判然兩端，圖書必相參，而天地之義始全。先天後天卦位亦互觀，而變化之神始見。夫子曰河出圖，洛出書，聖人則之，固謂伏羲畫卦也。至禹王演疇數止於九，不過因天地變化，以九爲用，而綜經世理物之凡，列爲九端，亦如夫子論文武之政，撮其大要，列爲九經。豈區區規合於數，謂圖自圖而書自書，《易》自《易》而《範》自《範》乎？蔡元定謂伏羲但據河圖以作《易》，不必豫見洛書，而已逆與之合。大禹但據洛書以作《範》，不必進考河圖，而已暗與之符。以此理之外無復他理，蓋已見其同原共貫矣。而不敢決圖書爲皆出伏羲時，則誤信漢儒之過也。學者詳之。

上古風氣渾樸，至伏羲時，民氣漸華，天乃假圖書以洩大道之機緘。聖人因而畫卦，以通神明之德，以類萬物之情。此非僅祥瑞物也。後世附會以爲怪誕之說者，則有如顧野王以洛書農用、敬用十八字，爲神龜之所負；班固以初一至六極六十五字，爲洛書之本文。讖緯之書，謂河圖有九篇，洛書有六篇。不知夫子但言圖書出於河洛，何嘗言有文字。其第以圖書爲天瑞而神其說者，則有如《路史》野王符瑞圖云，黄帝軒轅氏省河過洛，龍魚負圖，上有文字。酈道元《水經》云，帝堯修壇河洛，有五老遊焉，謂河圖將來告帝期，言訖，五老化爲流星入昴。而《論語比考》謂孔子亦云然，《書中候握河紀》、孫氏《圖瑞》皆同其說。又謂周公踐阼，青龍銜甲，元龍背書。紛紛怪異之談，皆徒知圖書爲瑞物，而不知天啟大道，聖人覺世牖民之心也。天道至秘，然人道即是天道，但無端奚從盡窺圖書牖聖人之智。聖人發天地之藏，期與民偕於大道。而以曲說亂之，寧不可歎。又或謂朱子《四書集註》成，有圖書現，此其附會妄誕，尤堪一噱。今略舉其概，學者愼毋爲邪說所惑可也。

圖書既同出於羲世，爲《易》所本，而漢魏晉唐宋初之儒不見圖書，何也？朱子云，秦火以後，儒者不能守，而流爲方伎家。其說然也。陳希夷知其爲大道根源，始顯傳之。穆修、种放，從希夷遊，穆得其古《易》，种得其圖書。穆傳李之才，再傳而至邵子。种傳李溉、許堅、範諤昌，四傳而至劉牧。劉亦發揮圖書，有《易象鈎隱圖》。然邵子以十爲河圖，九爲洛書；劉則以九爲河圖，十爲洛書。蓋傳遠不免自爲一家言。當時有阮逸者，作關子明易，阮與穆、种同時，蓋因二家而得見圖書，然所傳未廣。故歐陽公、王臨川與阮亦同時，而不及見圖書。歐陽直以二卦爲河圖，而不信有洛書，并疑《繫辭》非孔子作。王氏雖不以爲無，而其說圖書，皆以臆斷。至朱子然後斷其可信，而表章邵子。此朱子之爲功大也。第朱子之說亦多偏於數學，後人從而推衍其說愈支，其義愈淺。今皆略之。誠以圖書爲大道之原，三才奥義悉具於斯，至衍之爲星曆占課等事，皆不出其範圍，然於至道爲鱗爪。蓋夫子已明言聖人作《易》，將以順性命之理，則河圖者性命之原，不宜第以數論。且圖書之數雖千變萬化，衹是一陰一陽盈虛進退，而陰陽消長進退衹一太極理氣流行。若昧其本而逐其流，未有不爲方伎所亂者也。方伎亦非無補於世，而令人不得性命之原，不知人所以承天地之道，則大可惜也。故愚於邵子、朱子計算之說且多不取，其他可知。明者必有以愚言爲然也。

六十四卦反對變不變圖

一體不變八卦

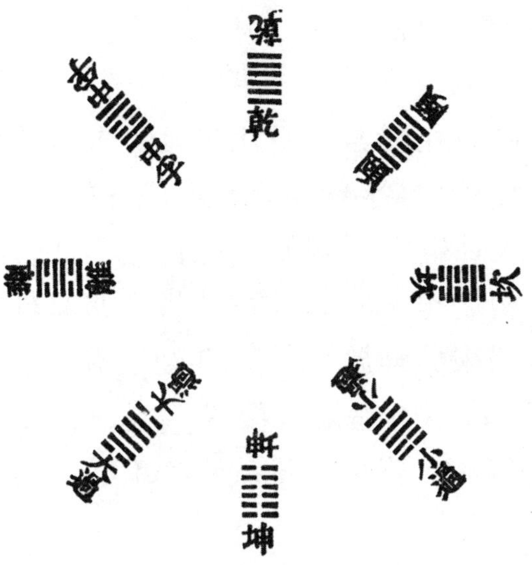

二陰四陽二陽四陰反對各十二卦

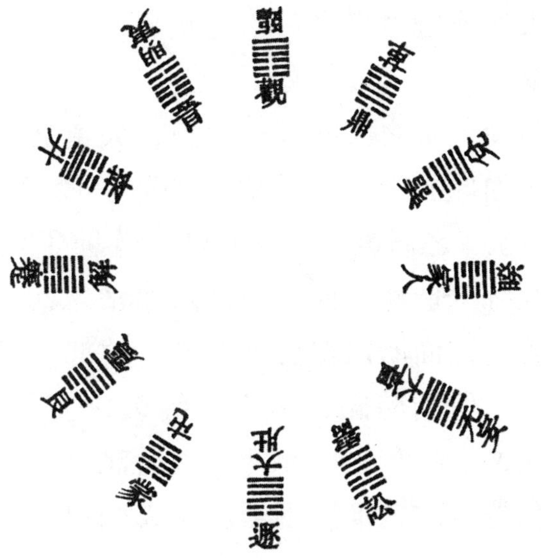

一陰五陽一陽五陰反對各六卦

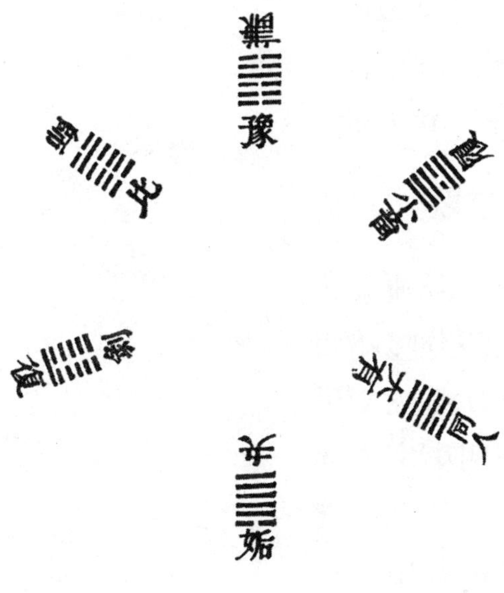

三陰三陽反對各十卦

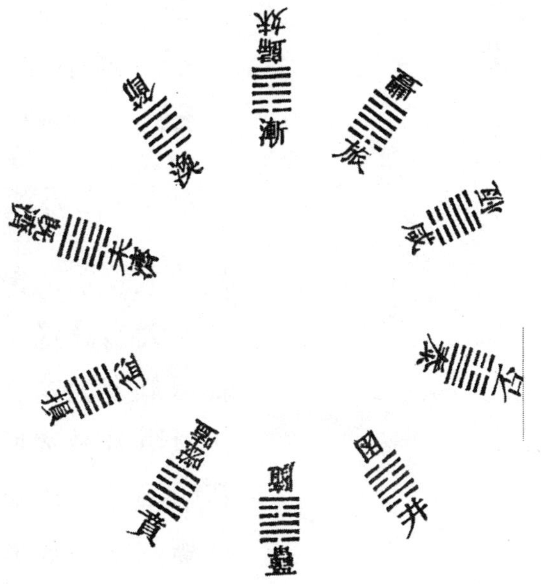

孔子曰：易有太極，是生兩儀，兩儀生四象，四象生八卦，八卦定吉凶，吉凶生大業。又曰：八卦成列，象在其中矣。因而重之，爻在其中矣。又曰：庖羲氏始作八卦。而下文歷舉蓋取諸云云，所以明太極之理流行散布，有自然之理象，而聖人因則圖書以爲卦，因八卦而重爲六十四卦，皆伏羲所作。其止言作八卦，而不言作六十四卦者，以六十四卦不外於八卦。故上言作八卦，而下文歷舉十三卦，錯文以見意也。前人拘泥不通，乃謂伏羲第作八卦，文王始重爲六十四卦，而於是異説紛起。爲古河洛圖者有之，爲古伏羲圖者有之。衍之爲象數，推之爲占曆，其説愈多，其義愈末。使後之學者，視《易》學爲畏途，而不得其向方，深堪悼矣。夫聖人作《易》，固將使天下之人同歸於大道，大道之實，不離日用倫常，日用倫常，根極於性命而原於天地。天地之理數著於萬事萬物，物物各有一理，萬理歸於一理，《易》之爲書，言此而已。乾坤生六子，八卦生六十四卦，皆自然而然，不假絲毫造作，何有於銖銖而積之，寸寸而析之也哉？即銖積寸析，亦非無與於道，而所以然者不在焉，故弗貴耳。吾蜀來矣鮮於《易》甚勤，惜其學未至，所列諸圖，多不免純駁之互見。惟反對變不變圖，簡易明白，實勝前人，今特録之。而凡昔人所謂互卦、變卦等説，皆可類推。學者不必沾沾求合於傳註，惟期不謬於聖人則得矣。

八卦取象歌

☰ 乾三連　　☷ 坤六斷
☳ 震仰盂　　☶ 艮覆碗
☲ 離中虛　　☵ 坎中滿
☱ 兌上缺　　☴ 巽下斷

上下經卦名次序歌

乾坤屯蒙需訟師，比小畜兮履泰否。
同人大有謙豫隨，蠱臨觀兮噬嗑賁。
剝復無妄大畜頤，大過坎離三十備。
咸恒遯兮及大壯，晉與明夷家人睽。
蹇解損益夬姤萃，升困井革鼎震繼。
艮漸歸妹豐旅巽，兑涣節兮中孚至。
小過既濟兼未濟，是爲下經三十四。

分宫卦象次序

乾坎艮震爲陽四宫，巽離坤兑爲陰四宫，每宫陰陽八卦。

乾爲天	天風姤	天山遯	天地否	風地觀
山地剝	火地晉	火天大有	坎爲水	水澤節
水雷屯	水火既濟	澤火革	雷火豐	地火明夷
地水師	艮爲山	山火賁	山天大畜	山澤損
火澤睽	天澤履	風澤中孚	風山漸	震爲雷
雷地豫	雷水解	雷風恒	地風升	水風井
澤風大過	澤雷隨	巽爲風	風天小畜	風火家人
風雷益	天雷無妄	火雷噬嗑	山雷頤	山風蠱
離爲火	火山旅	火風鼎	火水未濟	山水蒙
風水渙	天水訟	天火同人	坤爲地	地雷復
地澤臨	地天泰	雷天大壯	澤天夬	水天需
水地比	兑爲澤	澤水困	澤地萃	澤山咸
水山蹇	地山謙	雷山小過	雷澤歸妹	

右三者朱子《本義》所列，前二歌以示初學，《分宫卦象》則爲占卜家用，均不可廢者也，故採存之。

周易恒解卷一

周易上經

伏羲畫卦，以象三才，有交易、變易、不易之義，故後人名曰《易》。彖辭，文王所繫，爻辭，周公所繫。《上彖》《下彖》《大象》《小象》《文言》《繫辭上》《繫辭下》《説卦》《序卦》《雜卦》，孔子所作，古稱《十翼》。夏《易》名《連山》，商《易》名《歸藏》，其書不傳。此書成於文王、周公，故曰《周易》。簡表重大，故分為上下二篇。

䷀乾下乾上

一，奇數也。一之象出於〇，連之為一。伏羲仰觀俯察，見天地之閒莫非陰陽二氣周浹流衍，乃取圖書而則之，畫一奇以象陽，畫一耦以象陰。天一、地二，數得三，陰陽相生相交之義已寓，故為三畫而成卦，以象三才。倍之為六，以陰陽二氣皆老於六也。此卦六畫皆奇陽之純，而健之至也。純陽至健者惟天，故象天而名其卦為乾。不曰天而曰乾，天猶以形體言，乾則舉其性情之純健，而形體亦該焉矣。

乾：元亨利貞。

伏羲畫奇耦，盡其變以成六十四卦，而名曰卦。卦者，挂也。如懸挂物象以示人，蓋所以教民卜筮，使從善去惡，以趨吉避凶。其初但有占而無文，至文王始為之辭，以明一卦之吉凶，名曰彖辭。下放此。此卦本象天而名乾，以言乎物，至尊者惟天；以言乎性，天性至純；以言乎功用，天之大至矣。故文王言占得此卦者元亨，但須利於正而固耳。元，大。亨，通。蓋聖人恐人以不正者為利，而求其吉，故戒之云然，初本無四德之説也。

初九，潛龍勿用。

此下六節皆周公所繫之辭，所謂爻也。畫卦自下而上，不曰下而曰初者，理氣象數之初生，自太極而形，不可以下言也。陽曰九，陰曰六者，一三五七九，奇數，老於九，陽老始純。二四六八十耦數，老於十，陰壯始育。陰陽喜其變化，故以九六該陰陽，夫子所謂參天兩地者也。潛，藏也。龍，陽物，變化莫測，故象乾。初九，陽氣方萌，居於卦下，象龍之潛而未出者，未可施用。故周公教人占得此爻，當養晦俟時，勿用之也。

九二，見龍在田，利見大人。

二，自下而上第二爻也。後放此。以六畫卦言之，二於三才為地道。田，地之有水者也。初為潛，二則離潛而出見。大人，大德之人。以三畫卦言之，二於三才為人道，陽大陰小，故為大人。此以聖人之德而逢時，致主澤民者。故周公言占得此爻，利見大人也。

九三，君子終日乾乾，夕惕若，厲无咎。

以六畫卦言之，三於三才為人道，居人道而有乾德，君子之象也。變龍言君子，龍，物之君子；君子，人之龍也。居下卦之終，互體變離，離為日，故曰終日。下爻終而上爻繼，乾而又乾，健而不息之象也。若，語助詞。夕惕若，雖至夕，而兢惕不懈也。厲，危也。九三重剛不中，居下之上，乃危地。然性體剛健，朝夕乾惕，則敬畏為安，雖危無咎也。

九四，或躍在淵无咎。

或者，欲進未定之詞，非狐疑也。然欲飛而當上下卦改革之交，居上之下，未敢輕進，故欲躍而仍在淵。占者能審時度理以為進退，何咎之有？

九五，飛龍在天，利見大人。

天者，龍之正位。陽德極盛，為飛龍在天之象。占者得之，在上則利見有德之大人，如堯見舜；在下則利見有德位之大人，如舜見堯。六畫之卦，五為天，三畫之卦，五為人，故曰天曰人也。

上九，亢龍有悔。

上者，最上一爻之名。下放此。窮高曰亢，過於上而不能下之象。陽極於九，是時當盈滿勢盛而無以加，如龍極於高亢，不能施澤。高而危，滿而損，故有悔也。純陽剛德本貴，因居上之極，有悔之之理。

用九，見群龍無首，吉。

承上亢龍有悔而言。處此上九之位，貴而無位，高而無民，賢人在下位而無輔，將何以處之哉？惟見群龍無首則吉。群龍者，潛見躍飛之龍也。首者，頭也，乾為首。凡卦初為足，上為首，則上九即群龍之首也。不見其首，以柔濟剛，則進退存亡而不失其正。周公戒占者用此道也。居上九而為九所用，不能用九，故至於亢。用九則窮上返下，易飛為潛，乾元之理，終始循環，無所不利，非泛言諸陽爻之通例也。

《彖》曰：大哉乾元，萬物資始，乃統天。雲行雨施，品物流形，大明終始，六位時成，時乘六龍以御天。

彖者，文王之詞。孔子贊之而為傳，古本經傳各別行，後人移合經內，因加《彖》曰二字以異之。文王只言占象，孔子乃發明羲、文未盡之意，而此特以天道明乾義也。大哉，歎詞。元，大也，始也。統，總括意。雲、雨，陰陽二氣之交沛於物者。品物，物各分類。流形，物生生不已而成形。大明，日也。終始，陰陽消長之機。六位，日自子而午為陽極，自午而子為陰極。時，陰陽寒暑之時。六龍，陽也。一元統乎六陽，故曰乘六龍。御，駕御之意。言伏羲以乾象天，而文王演之以元。占者或第求其亨，不復知所謂元矣，豈知乾者至健不息之名。夫乾何以至健，以一元之眞理眞氣寓焉。故乾自有元，非後起所可擬也。大哉，惟此乾元，萬物莫不資以託始，雖無形象，而實形象所自生，乃理氣之至純至粹，實統天以行而成其健者也。故就其散著者觀之，則雲行於空，雨施於物，品物流形，生生而不可窮究。而自其運行者言之，則大明實終始之往來屈伸，歷六位而寒暑消長，四時之序以成。蓋天本純陽，日為陽精，以其至陽之氣流行往復，時乘六龍以御天機，莫非乾元自然之用也。

乾道變化，各正性命，保合大和，乃利貞。首出庶物，萬國咸寧。

乾道，乾元也。以其本始言曰元，以其至理言曰道。變者，化之漸；化者，變之成。性，生之理。命，形之原。各正，各足而不偏。保，存守。合，融會。大和，陰陽合一，沖和之氣。乃利貞，言乃所以當利貞之故。承上言乾元之大如此，故乾道變化，而萬物各有其性命，亦各正其性命。雖純雜大小之不同，要無不保合大和，以成一元之盛。是則乾元者，固天之理，而保合大和者，乃人所以承天之道。故文王教人占得元亨，必利貞也。夫惟聖人應運而興，首出庶物，乃能以人之貞合天之貞，而萬物莫不咸寧。所以保合大和，使人各正其性命者，與造化侔矣。乾元豈易言哉？伏羲以乾明天道，文王以元亨利貞教人法天道，故夫子發二聖人極贊乾道之盛，而歸於聖人承天之烈如此。舊說便以四德解此，致詞義牽强，不知言各有當，夫子《文言》乃以元亨利貞為四德也。

《象》曰：天行健，君子以自强不息。

此所謂《大象》。夫子贊《易》，既有《彖傳》以釋卦名、卦辭，而又加以《大象》者，何也？彖者，文王之《易》；而大象者，上下兩卦之象，則伏羲之《易》也。伏羲之《易》，一闡於文王而有彖辭，再闡於周公而有爻辭，亦既發揮詳密矣。然夫子猶慮學者莫得其指歸，而誤會聖意，故又引伸觸類，使人以義理斷象數，而合天地之自然，盡人道之當然焉。傳附各卦中，故稱象曰，如彖例。天，乾之象也。六爻皆健，象天行無息。讀《易》之君子玩此卦，豈必妄思法天之元，如《彖傳》所云哉？第盡其天理職分之所當為，日復一日，自彊不息，則剛健不為物撓，即承天以盡人道之事也。蓋天理具於人，人道盡而後可以達天，故夫子教人如此。六十四卦皆放此意。

潛龍勿用，陽在下也。

此以下所謂小象，釋周公之爻辭，與諸卦小象同。不著象曰，蒙上文也。陽即九，下即潛。陽故稱龍，下故勿用。揭一陽字，見德本可用，特厄於時耳。在字當玩。

見龍在田，德施普也。

德，正中之龍德。施，及也。陽氣見於田而植物遂，大人見於世而德施普，美之也。

終日乾乾，反復道也。

反復，往復循環之意。言所以終日乾乾，乃反復於道而不懈也，非徒憂懼之謂。

或躍在淵，進无咎也。

四本處進之時，其曰或躍在淵，可進而不苟進，愼之至也，故无咎，非不進也。

飛龍在天，大人造也。

大人，大德而居大位之稱。造，為也。言大人所為，承天以惠民，非是則無以堪之也。

亢龍有悔，盈不可久也。

盈即亢，不可久，致悔之由，深戒處盈之時者。

用九，天德不可為首也。

乾本天德，六爻皆陽，天德之至純矣。惟天純陽而於穆不已，故不偏於剛。人占得陽九，則宜晦其身而剛其德，不可恃有天德，如龍見首。周公故教人用九之道也。

《文言》曰：元者善之長也，亨者嘉之會也，利者義之和也，貞者事之幹也。君子體仁足以長人，嘉會足以合禮，利物足以和義，貞固足以幹事。君子行此四德者，故曰：乾，元亨利貞。

文言，申彖、象傳未盡之意，以發《乾》《坤》二卦之蘊也。何以名文言？不專於占象，而引申其義以成文也。言文王云元亨利貞，占者無不求其大亨而利，抑知文王教人之意乎？天理莫大於善，元者眾善之長，故為至大之名也。所謂亨者，即率善而行，積久眾美畢臻，無不得其亨通，蓋嘉之會也。所謂利者，非教人自利，蓋凡事必有義，而義主於嚴，恐恩意或不浹洽，利則順天理而和人情，不至於失之太嚴，蓋義之和也。至於貞者，乃事之幹，凡事無論大小，必先察其正否，正則無利而亦當行，不正則雖利而亦不宜行，以此為主，如木之有幹也。學《易》之君子，誠知善為至大之理，則必體天之仁以存心，而無不覆育，足以長人矣。知亨必由善而得，則必事事循理，嘉美畢會，足以和禮。知利不外義而求，則凡事雖主乎義，然乃求其合乎人情天理之安，不相乖戾，利物而足以和義矣。知凡事不離乎正，則貞固不渝，足以幹事而無不可為矣。然則元以言乎其仁，亨以言乎其禮，利以言乎其義，貞以言乎其信。君子行此四德者，則占得《乾》卦，始可當之，故曰：乾，元亨利貞也。

初九曰：潛龍勿用。何謂也？子曰：龍德而隱者也。不易乎世，不成乎名，遯世無悶，不見是而无悶。樂則行之，憂則違之，確乎其不可拔，潛龍也。

聖人神明不測，故曰龍德。隱，在下位也。易，移也。不易，不為世俗所移。不成乎名，不求知於人而欲成其名也。遯世無悶，不見用於世而自得。不見是而無悶，道本是而俗不以為是，故不悶。道見為樂，道晦為憂。行，道行於時。違，身隨俗隱。確，堅定意。不可拔，確之至也。潛龍也，言必如此而後為潛龍，嘆美之也。

九二曰：見龍在田，利見大人。何謂也？子曰：龍德而正中者也。庸言之信，庸行之謹，閑邪存其誠。善世而不伐，德博而化。《易》曰：見龍在田，利見大人。君德也。

正中者，以下卦言，初居下，三居上，二正當其中。道惟一中，而中即在庸。庸言行必信謹，誠之至矣，猶且防閑物欲之邪，常存至誠之理。善世而不自以為功，德博而能化民成俗，此正龍德正中之實。君德，言不必居君位，而德自君德。蓋自古大臣皆備君德，而後能輔君以成治也。

九三曰：君子終日乾乾，夕惕若，厲无咎。何謂也？子曰：君子進德修業。忠信所以進德也，修辭立其誠，所以居業也。知至至之，可與幾也；知終終之，可與存義也。是故居上位而不驕，在下位而不憂，故乾乾因其時而惕，雖危无咎矣。

德，理得於心者。業，理著於事者。忠信，誠之主於內者。修辭立誠，當理後言，言必顧行也。知至，謂見及之理，行即至之，其進不窮，故可與幾道。知終，謂已究其極之事，守而勿違，拳拳服膺，故可與存義。自得如此，故不驕不憂，惟以乾乾惕若為心，雖在危地而無咎。蓋申明反復其道之義，而信其无咎者在是也。

九四曰：或躍在淵，无咎。何謂也？子曰：上下无常，非為邪也；理退无恒，非離群也。君子進德修業，欲及時也，故无咎。

龍躍則飛，而不必在淵；在淵則潛，而不必云躍。九四之象不然，故為上下无常，進退无恒。上下以位言，進退以時言。出位越分曰為邪，矯世戾俗曰離群。此爻審理順時，惟恐德業之不修，則似於上與進而非躁，似乎下與退而非需也，故无咎。此又申明進无咎也之義。

九五曰：飛龍在天，利見大人。何謂也？子曰：同聲相應，同氣相求。水流溼，火就燥。雲從龍，風從虎。聖人作而萬物覩。本乎天者親上，本乎地者親下，則各從其類也。

聖人，人中之至人耳，其德極乎人之量，故人皆仰之。夫子極言同類相親之義，而歎聖人作而萬物覩。自然相感，非有他也。蓋九五君位，然周公繫以飛龍在天，利見大人，則惟有其德而居其位者，始當之。夫子故引申大人造也之義，而言果屬聖人，則以類相從，自然之理，本無奇異，非是僭矣。

上九曰：亢龍有悔。何謂也？子曰：貴而无位，高而无民，賢人在下位而无輔，是以動而有悔也。

六龍之首，故曰高貴。五為君位，而有快覩之民，九四以下龍德之賢皆輔相之。上九則胥無之矣。離群孤立，動誰與之，故有悔也。此申明盈所以不可久意。

潛龍勿用，下也。見龍在田，時舍也。終日乾乾，行事也。或躍在淵，自試也。飛龍在天，上治也。亢龍有悔，窮之災也。乾元用九，天下治也。

此又申明周公爻象，皆自然之理勢也。下也，因其在下而下焉，故勿用也。在田，時值可為，則止於田而濟物也。行事，謂非空空憂惕，見於實事也。自試，有龍德而欲濟時，又不苟進也。上治，以上治下，當其時也。窮之災，窮極而災至也。何以言用九？以乾德本以一元行健，而以乾元之理用九，屈伸消長，各因其時，則處亢而不為災，天下治平，無盈滿之患也。

潛龍勿用，陽氣潛藏。見龍在田，天下文明。終日乾乾，與時偕行。或躍在淵，乾道乃革。飛龍在天，乃位乎天德。亢龍有悔，與時偕極。乾元用九，乃見天則。

此又申歎周公爻象，乃天人合一之理也。言潛龍勿用，以陽氣潛藏，本無可用。見龍在田，則陽氣布澤，天下皆有文明之象。終日乾乾，陽德方進而未已，故君子法天與時，偕行而不懈。或躍在淵，居上下卦變革之時，固不容不審慎也。若飛龍在天，乃德與位兼隆，固宜有大人之象。亢龍有悔，則時處乎極，占者遇之亦極。惟以乾元之理用九，則時雖極而道不與之俱極。天以純陽育物，而未嘗有已時，正為其不偏於剛。占者以乾元用九，乃見天道自然之則也。

乾元者，始而亨者也。利貞者，性情也。乾始能以美利利天下，不言所利，大矣哉。

承上而析言其義。蓋《象傳》言用九，天德不可為首，此申之以乾元用九，乃見天則。乾元者，即天德也。以乾元之理用九，即不可為首之意。然天則何以盡於乾元，以乾元用九何以乃見天則，義猶未悉，故申言之。言乾九之亢曷為？當以乾元用之哉。蓋乾元者，一元之理氣所託，始而大亨，以生萬物者也。萬物各得此乾元以生，故文王言元亨而繼之以利貞，以為人尤獨得乾元之粹，必利於貞而後不失乾元之正，是性情自然之理當如是也。夫此乾元之理萬物胥根本焉。是其能以美利利天下，而不居其功，不言所利，大矣哉。人欲全乎乾元之道，非利貞何以企之？故乾元用九，亦以貞保合其元而已。

大哉乾乎。剛健中正，純粹精也。六爻發揮，旁通情也。時乘六龍，以御天也。雲行雨施，天下平也。

此乃總贊《乾》卦之義，而歎羲、文、周公心理一也。承上言觀於乾元之理如是。然則伏羲以六陽之卦象天，而名曰乾，大哉乾之義乎！即其六畫皆陽，則極乎剛健，象三才而各耦，則極乎中正。純乎陽而不雜，則純粹以精也。周公又即六爻發揮其義，旁通物情，以見其義無不包。吾言，時乘六龍，正謂此純乾之德，是天之所以運行而不窮也。雲行雨施，則謂其恩施廣博，天下無不均平也。

君子以成德為行，日可見之行也。潛之為言也，隱而未見，行而未成，是以君子弗用也。

此下乃言君子體乾之事，承上言乾道之大若此。君子體乾之健，以不息為功，期於必成。其以是為行，無論顯晦，皆有自盡之道，可以見之行也。而初九爻詞乃言無用，何哉？蓋潛之為言也，隱而未見，行而未成，是以君子隨時養晦，不施於用，非謂并日新之功而不用也。

君子學以聚之，問以辨之，寬以居之，仁以行之。《易》曰：見龍在田，利見大人。君德也。

理本天而散著於事，為學以聚其理於心，猶恐純雜不一，又問以辨之，辨之而是矣，乃寬以居之。量至宏而無所不容，功有序而無所不就。至於見諸施行，則一以天理為歸，純而不雜。以是為見龍，豈必定居君位哉？德足以濟時，則一君德也。

九三重剛而不中，上不在天，下不在田，故乾乾因其時而惕，雖危无咎矣。

三居下卦之上，四居上卦之下，以剛承剛，故皆曰重剛，非陽爻居陽位之說。上遠於天，下遠於田，不中之實。因其時，終日及夕也。居可危之地，而乾惕無時而懈，尚何咎焉？

九四重剛而不中，上不在天，下不在田，中不在人，故或之。或之者，疑之也，故无咎。

不中之中，二五之中也。中不在人之中，六爻中閒之中也。三四雖皆人位，而四則居人之上，近君之位，不如九三之居下卦，故曰不在人。惟其在危疑之地，故慎重而審處，既審慎則无咎也。此上二爻，皆君子善處危之道也。

夫大人者，與天地合其德，與日月合其明，與四時合其序，與鬼神合其吉凶。先天而天弗違，後天而奉天時。天且弗違，而況于人乎？況于鬼神乎？

天地一道也，日月言其精，四時言其運行，鬼神言其靈。覆載無私之謂德，照臨無私之謂明，生息無私之謂序，禍福無私之謂吉凶。合德，包含徧育之仁。合明，精義入神之智。合序，變化鼓舞之教。合吉凶，慶賞刑威之當。先天弗違，天所未為而已為之，與道契合，天不能違也。後天奉時，天理所昭著而我奉行之，克順天心也。蓋天，一理而已，理之至精，天即我，我即天，故無先後彼此之可言。天且不違，而況於人？人得天地之理以生者，鬼神不過。天地之功用所在，其不違可知。極言大人之德如是，而非徒勢位之隆，遂足以為體乾也。

亢之為言也，知進而不知退，知存而不知亡，知得而不知喪。其唯聖人乎？知進退存亡而不失其正者，其唯聖人乎！

進退以身言，存亡以位言，得喪以事物言。承上言《乾》《坤》六爻皆天德，君子體之，無不吉者，而上九言亢龍有悔，何也？蓋凡進必有退，存必有亡，得必有喪，此乃一定之理，常人知其一，而不知其二，故亢而有悔。又或以私計避其悔，皆非道也。惟聖人知之明，處之當，而不失其天理之正，則不至亢，而亦无悔矣。然此豈可易言乎？兩言其唯聖人乎，正言處亢之不易，而乾元用九所以乃見天則也。

附 解

天地未分，渾然粹然者無可名象；天地既分，此渾然粹然者即寓於天地之內，而流行乎萬物之表。伏羲仰觀俯察，以燦呈之象數，闡天地之精微。而乾坤二卦，則萬物之父母也，故夫子尤反覆致意焉。六十四卦皆從乾坤而出，不止六子也。然地統於天，天即理氣數之總會，故於《乾》卦尤獨詳。蓋以象言，天蒼蒼而已，伏羲以乾象之，謂其至剛至健至純至正。文王演之曰元亨利貞，是教占者以貞成其亨，無四德之説也。夫子曰大哉乾元，元即乾之本體，所謂一元太和之理氣渾然粹然者，剛健中正粹精。乾字中本有是理，特夫子引伸之耳。然其《彖》《象》之詞，皆發明三聖之本旨，而後推演其説，本旨則《彖》《象》是，推演則《文言》是也。《文言》始有四德之説，然所以謂元亨利貞為四德者，因人情每求亨利，而不知本於中正，故將文王之言盡歸著在義理上來，以杜僥倖福利之見。後儒不知，於文王元亨利貞四字，即以四德名之，其説本於子夏《易傳》，漢人因之，而宋儒更推波助瀾，於是本文詞義不明矣。夫《易傳》未必果子夏作，而儒者之概以四德釋經，不顧本文語意之安否，尤難附會。况元亨利貞就《文言》繹之，明為仁禮義信，安有所謂仁義禮智之意耶？又以元亨為誠之通，利貞為誠之復，此是誤解乾元資始一節之故。不知天者一元而已，一元之理，無始無終，循環不息，一元之氣，周流六合，發生萬物，而其渾然粹然者，無稍增省，亦無稍間斷，所謂於穆不已者也。就其已形已象者言之，則有成有敗，有消有息，而天之本體不然也，其所以流行生化而有間續者，因陰陽之氣運，一往一來，萬物因之，受質成形，判厥始終，然陰陽之理則固無始無終也。故前人云物有成敗，天無始終。後儒不識天地之理祇一渾然太極者運化，而誤以形質之虧損，謂天地亦然，此邵子元會運世之説所由起，即周子誠通誠復之義所由來也。乃夫子則已明明言之曰大哉乾元，萬物資始，乃統天，明乎乾元一理渾然之本體也。雲行雨施，品物流行，明乎乾元布化散殊之功用也。大明終始，六位時成，時乘六龍以御天，明乎日為陽精，實乃天體，而乾元一氣之鼓舞，於此尤易見也。乾道變化，各正性命，保合太和，乃利貞，乃言人物各得乾道以成性命，惟各正而後可保合太和，此文王利貞之説所由來也。然保合太和豈易云哉？惟聖人首出庶物，則以一人之性命正萬物之性命，而太和可保合。是此一段夫子已將天道、人道大概説盡，然止是闡伏羲畫卦一乾字，未遂發明文王元亨利貞四字也，至《文言》乃詳發文王之意。儒者混而為一，故令四聖人言各不明曉，亦不相聯貫矣。今愚正之。《文言》釋元亨利貞字，《左傳》穆姜已早言之，蓋古原有是語，夫子述而引伸之。至用六、用九，明係承上九、上六而言，先儒乃謂通釋全書九六。夫陽老乃純，陰壯能育，九六者合天地生數而云然，故九六非不可用，過剛過柔則非耳。乾坤為天地之象，占者得之，無有不吉。第上爻陰陽之極，亢而有悔，戰而玄黄，其象非祥，苟不得用之之道，何以无咎哉？以上二條所關尤鉅，故特詳之，其他不能悉辨，學者但熟玩本文，求其貫通，則知愚言之不謬矣。

䷁坤下坤上

--者，耦也。耦之象生於一，耦者，一之两也。两其一而--之，陰之數也。坤，順也，陰之性也。六畫皆耦則純陰，而順之至。陰之成形莫大於地，地統於天，順天而育萬物者也。故不言地而言坤。

坤：元亨，利牝馬之貞。君子有攸往，先迷（句），後得主（句），利（句）。西南得朋，東北喪朋。安貞吉。

坤為地，與天合德而育萬物者，故占得此卦者，其元亨與乾同。乾純乎陽，而有變化之象，故如龍；坤純乎陰，而孕乾之德，含剛健於内，故為牝馬。後天坤位坤居西南，兑、離、巽三女同坤居之，故為得朋；震、坎、艮三男同乾居東北，故喪朋。文王言占得坤卦者大吉，但坤雖以順為德，而孕乾之剛，一元賴以施用不窮，正如牝馬馴而至健，占者亦當體之，寓健於順，守正不渝，乃吉耳。故君子含華隱曜，貞固其操，有取於坤之德，而所往皆亨。所以然者，坤之德本以乾而貴，若先而不讓，則陰闇迷罔而不通，惟後於乾，則得所主而利且也。坤位西南，而兑、離、巽三女同之，占者象之，凡有所往，西南得朋而亨。若東北則乾之位，而震、坎、艮三男皆非坤耦，占者則有喪朋之象。要而言之，坤雖元亨，不如乾之變化由心，凡事總以安静中正為吉，此文王深明坤道之用以戒占者也。而先儒拘於四德之說，致本文不明，不可不察。

《彖》曰：至哉坤元，萬物資生，乃順承天。

至，極也。乾道大矣，而坤承之，乾之所至，坤亦至之，故贊其德之至。坤之元一乾之元也，非元不能成其坤，故坤亦曰元。生，形之始也。萬物之形皆生於地。資，未生之初即資，是以生也。孔子贊伏羲《坤》卦之義，言至哉其坤之元乎，萬物莫不資之以生，然乃順承天道，以有此元，以生萬物，非乾一元，而坤又一元也。蓋地統於天，地德一天德也。下文乃詳言之。

坤厚載物，德合无疆。含弘光大，品物咸亨。

申言坤以至厚之德載物，而合乎无疆之天道。其静含者至宏，而發育者至光且大，品物所以咸亨也。此文王演詞，所以言占得者元亨也。

牝馬地類，行地无疆。柔順利貞，君子攸行。先迷失道，後順得常。西南得朋，乃與類行，東北喪朋，乃終有慶。安貞之吉，應地无疆。

此又申明文王之言。言文王何以言利牝馬之貞哉？蓋馬本陽物，而牝則屬陰，坤純陰，而其德合乾，順而至健。牝馬實本地類，故能行地無疆。占者體之，有柔順之德，而不失其貞，此乃君子之所行也。其謂先迷者，以自用而失柔順之道，後得主者，後則順道而得其常。西南之得朋，以其類皆在此，與之偕行也。東北喪朋者，本非其類，喪之而適得其耦，乃終有慶也。至於安貞之吉，所以應地德之無疆，蓋地本至安至正，故能承天，人道亦猶是也。

《象》曰：地勢坤，君子以厚德載物。

天以氣運，故曰天行；地以形成，故曰地勢。地自高而趨下，高下相因於無窮，其勢至順，故以象重坤。然惟其體至厚，所以順而不失其德，能持重載物。君子體之，亦以至厚之德容受萬物，使事無不順乎理，物莫不遂其生。

初六，履霜，堅冰至。

六，陰象。初六，一陰之象。霜，陰氣所凝，冰則陰益盛而凍也。在下，故象履。冰曰堅，陰氣凝結之甚也。奇耦之畫，皆起於圖、書，北下之一，水生之象，故乾初言潛，坤初言霜冰，皆取於水而有舒斂之意，則陰陽之所由分耳。此爻陰始生下，其端甚微，而其勢漸盛，故象履霜，而即知堅冰之至，辨之於早也。

《象》曰：履霜堅冰，陰始凝也。馴致其道，至堅冰也。

夫子曰，周公言履霜堅冰至，似一時并至者。夫履霜，陰始凝也。然陰既凝，則有日盛之勢，馴致其道，故至堅冰也。苟以方履霜而忽之，豈不危哉。

六二，直方大，不習无不利。

習，重習也，增加造設之意。生意無枉屈曰直，無偏倚曰方，能包羅曰大。此爻為陰之正體，位中正而德純粹，故周公言占得此者，無私屈，無偏黨，無狹隘。誠能合乎坤德之正，則順天理之自然，不習而无不通利也。

《象》曰：六二之動，直其方也。不習无不利，地道光也。

直本乾德，坤安得而有之？蓋乾本健行，坤以順承天，體靜而生機則動，故能有乾之德，直以成其方也。不習无不利者，地道含宏，生氣未著，猶無以見之，及其動而生物，順天理之自然，毫無勉强作為，地道所以光也。占者能有是德，則可以當周公之言耳。

六三，含章可貞。或從王事，无成有終。

三，陽爻，六以陰居之，陰中有陽，故為含章之象。又陰性主靜，故周公言占得此者，有含章之象。章原喜晦，而其顯始貴，含章可貞，守而不必變更也。然三居下卦之上，近連上卦，又有不久靜之象。占者或有作為，如從王事之類，雖功成而不自居，歸美於君，則誠得含章之義，而有終矣。蓋坤以靜為體，其動也順乾而動，非妄動也，故三爻之象如此。占者亦當如此。

《象》曰：含章可貞，以時發也。或從王事，知光大也。

以時發，言非終於含，待時而後發。知光大，知時可為而為，又不自居其功，光大合地道也。夫子深歎如周公之言，其義至美也。

九四，括囊，无咎无譽。

坤中虛，故為囊。四入上坤，重陰凝閉，有括之象。言此爻重陰不中，當上下閉隔之時，能象括囊藏智晦光，則无咎無譽矣。蓋咎足以致罪，譽亦足以致疑，并此而無，則忘其囊之富，并不露其括之迹也。

《象》曰：括囊无咎，慎不害也。

括囊无咎，非徒緘默取容，蓋慎於言行，既不以罪招咎，亦不求名招尤，故不害也。

六五，黄裳，元吉。

黄，坤之色。裳，下之飾。六五中正柔順，秉坤德之正，文明外溢，而不失其中順之本體。占者如此，則大吉也。《春秋傳》南蒯筮得此爻，子服惠伯曰：忠信之事則可，不然必敗。深得其義矣。

《象》曰：黄裳元吉，文在中也。

言黄裳則似以文為美，不知坤本象文，而黄乃中位，爻言黄裳元吉，乃以其文在乎中，不事文飾，得柔順之本體也。

上六，龍戰于野，其血玄黄。

龍，陽物，即乾象也。血，陰物。上六陰盛而不自克，勢逼乎陽，故陽忿而與之戰。于野則荒漠之意，乾居卦外而與坤戰，故象于野。夫陰陽不可偏勝者，陰至於盛極，而龍與之戰，則兩敗俱傷，必無全理，故其血玄黄。

《象》曰：龍戰于野，其道窮也。

陰本賴陽以成其德，為輔而不宜為主，至於戰野，則陰道盛極而必窮，實由自取也。

用六，利永貞。

六為純陰，與陽合德而資生萬物，乃至於道窮爭戰，則失天地之正。占者得此將何以用之哉？亦惟利永貞而已。蓋貞則有以處盛而不窮，永貞則不惟不窮，而且配天，生物不息。周公特以此明乾坤合德。占者得之，本無不利，在人用之而已。

《象》曰：用六永貞，以大終也。

地道無成而有終，坤本所以終乾之事。上六陰盛而不自克，則無以終。用六利永貞，以久安其貞，乃合無成之義，而大其生成以終乾之事，不失配天之大德也。

《文言》曰：坤至柔而動也剛，至靜而德方。後得主而有常，含萬物而化光。坤道其順乎？承天而時行。

《文言》義見《乾》卦，申明《彖傳》之義。言乾剛坤柔，乾動坤靜，定體也。然坤固至柔，承乾之施，而動以生物，其機不可止遏，則亦至剛矣。坤固至靜，然布乾之化，而德能廣生，形氣各有攸屬，則又至方也。蓋其以乾為主，讓功於乾，常若居後，實則得所主而有常，故能含育萬物，化生不窮，光輝宣著。然則坤道其順乎？承天之道而時行焉。不敢先時而起，亦不敢後時而不應，此其所以配天於無窮也。

積善之家，必有餘慶；積不善之家，必有餘殃。臣弒其君，子弒其父，非一朝一夕之故，其所由來者漸矣。由辨之不早辨也。《易》曰：履霜，堅冰至。蓋言順也。

善，陽類。不善，陰類。善不善之積，生於一念，而成於馴致。夫子將言履霜堅冰，而歎善不善之積，必有餘慶餘殃；又以殃之大者，明其非一朝一夕，欲人積善於早，戒不善於微。蓋言順也，言不能早辨，順而成之，故至此也。坤固以順為德，而順於理，不順於私，順其私則堅冰至也。來氏謂順即馴字之義，極是。

直其正也，方其義也。君子敬以直内，義以方外，敬義立而德不孤。直方大，不習无不利，則不疑其所行也。

申六二爻詞之義。言坤道直方，六二得坤正體，其言直方，宜也。而所謂直者，非偏直之直，乃承天之施而生物無不遂，其正則然也。所謂方者，非拘方之方，乃順天之化而物各得其所，其義則然也。君子體六二之德，内欲其直，則敬以居心；外欲其方，則義以行事。夫敬義者，内外交飭之功，實人心自然之理。敬義立矣，而德以類應，不患其孤，廣大在其中矣。《易》言直方大，不習无不利，蓋内外交修而因應咸宜，所行皆當，無所疑慮，非無其德而妄求其利行也。

陰雖有美，含之以從王事，弗敢成也。地道也，妻道也，臣道也。地道无成而代有終也。

六三陰純而有美，然以順為德，雖有美而含藏不露。其或以從王事，亦讓美於君，弗敢居其成功。此固地道之常，在人倫則妻道、臣道亦如之。蓋妻統於夫，臣統於君，與地統於天同。夫地道固承天之德而不有其功，無成者也，然代天生物，物無不成，天功實賴以終。然則含章不露，固地之所以能成其大，與天同功也。

天地變化，草木蕃；天地閉，賢人隱。《易》曰：括囊，无咎无譽。蓋言謹也。

以上下二卦言之，上為天，下為地。六四居上下卦更易之交，正天地變化之時，可否未卜，故爻以括囊象之。夫子言天地變化而泰，則草木亦蕃滋，人不待言矣。若變化而否，則天地閉，賢人皆隱，豈可躁動乎？《易》曰：括囊，至於咎譽皆無，蓋言謹於藏身，得天地之義也。

君子黄中通理，正位居體，美在其中，而暢于四肢，發于事業，美之至也。

黄，土德。中，身内。地含天之元氣於内，天故不窮。人法之而以黄居中，意誠心正身亦修矣。理，脈絡之意。通，貫通。正位，坤位。體，身體。人一天地也，天位乎上而藏性，地位乎下而藏命，性命之根生於太極，惟土德含育之，誠黄中而通理矣。則安敦之吉，正乎坤位，以此居身，美在其中，則充實而有光輝，暢於四肢，發於事業，身潤而德亦日新，表裏精瑩，故曰美之至也。元吉之義如斯。此聖人所以配地博厚，而孟子言充實之謂美，亦此旨也。

陰疑于陽必戰。為其嫌于無陽也，故稱龍焉。猶未離其類也，故稱血焉。夫玄黃者，天地之雜也，天玄而地黃。

疑，似也。似相敵，無大小之差，言陰極盛而干陽，陽不能堪，而與之戰。卦本純陰，未嘗有陽，然陽自未嘗無也。周公既言陰盛必爭，恐人竟以為陽遂無有，故稱龍焉。然與戰者陽，而戰者陰也。陽在卦外，陰乃卦體，故言戰。而獨舉其血言之，血乃陰類也。然陰陽至於交戰，則已非天地之常，天地亦不能堪之矣。象言玄黃，夫玄黃者，天地之雜色也，天玄而地黃。戰而傷血，玄黃皆有，則天地俱傷，天地亦不能成其天地矣。况在人乎？然天地自是太極之體，安有玄黃交戰者哉？聖人即卦象以明理，言陰之極盛，陽必有傷，陰亦不能獨全。必也慎之於微，毋使太盛，則所謂利永貞者，而天地自安其常，人心長如其故，太和宇宙無缺矣。其仁民之意深矣哉。

附　解

天地未分，太極居天地之始；天地既分，太極在天地之中，天地即太極之體也。天包乎地，地居天中，天地曷可强分哉？第人居天地內，以在上在下之形言之，則天高地下，而乾坤判矣。然乾行乎地之中，實馭乎坤之外；坤孕於天之內，又載乎天之元，此理難以盡言，又不能不言也。伏羲畫卦，純陽純陰取象天地，以天地陰陽本無偏勝，故能萬古而不毀也。乾坤者，天地健順之性情，健者賴順者以收，順者賴健者以立。陰陽一偏勝，則災異立至。人秉天地之靈而生，其陰陽之本於天地者，本無偏頗，性命所以各正也。而人事不齊，祖功宗德之感召不一，則陰陽之凝結於父母者有偏，六十四卦皆從乾坤而出，其散殊不齊之故，皆自天而之人，生生所以日異，變化所以多途也。聖人以立命盡性望人，故於卦爻之變異者，諄諄示戒，而於乾坤之合德者，一一詳明。坤六爻之皆吉，猶乾六爻之皆吉也。但人之承天者不同，則有當驗而不驗者，文王就卜筮吉凶言，而夫子一一引之於理，惟以修身立德順天地自然之道教人，故其意與文王多殊，而實則所以引申其旨也。坤利牝馬之貞，本無難解，先儒誤執四德之說，遂至支離迂滯而不通。《文言》云後得主而有常，有常即利字意。程《傳》以主利為句，誤。用六之誤解與用九同。黃裳元吉，周公言坤之文得乎中正而大吉，夫子則言為其文在中故吉，恐人誤以坤道為尚文也。至於《文言》，則深明乎中正合德，性立而命凝，篤實光輝，溢於四體，而發於事業。蓋人者天地之心也，天地之理全在於人，人之所以盡性立命者，祇全乎受中之本然耳。然其功非一日，其理尤不可臆揣而知。性命之合一者為太極，太極之精受之先天者，本無不全，及有生以後，則形氣拘而物欲蔽，不能如先天之本體。聖人以性功教人，存其渾然在中之體，靜極而太極在我，即坤元之靜也。擴其粹然無我之衷，動極而太和為春，即乾元之動也。究之乾坤，未嘗不合，則動靜本難两分。黄中通理，正位居體，土德生生，含育乾元，在人則五常百行藴於神明。粹面盎背，施於四體，所謂美在其中，暢於四肢也。誠中形外，因應咸宜，所謂美在其中，發於事業也。贊之曰美之至也，夫子蓋深悉其美，而莫名其狀，豈獨解元吉之義哉？至於裳為下體之飾，黄乃中土之色，夫子曰黄帝、堯、舜垂衣裳而治，蓋取諸乾坤。蓋人無衣裳，與物何異？衣裳之飾，所以發天地之文明，人道由此而立，一切章采由此而興。衣法乾而裳法坤，切身之文莫先於是。黄為坤之正色，五色之主，六五象乎黄裳，謂其中正而有文采。夫子第析中正文采之義，而黄裳之旨自明。後儒罕踐崇效卑法之功，故於此多影響。其他謬尚多，今亦不能悉辨，讀者但就本文玩味，中有所得，是非自昭然矣。

䷂震下坎上

坎為水，水氣上浮而為天。水者，天一始生之氣也。乾下交於坤，而一陽孕焉，坎所以得乾之正爻也。坤上承乎乾，而一陽動焉，震所以為春之生氣也。然合而成卦，則陽方動於下而坎陷之，如物始生，生機不能即遂，故曰屯，其字象中穿地而不能伸。夫子《序卦》曰：有天地然後萬物生焉。盈天地之閒者惟萬物，故受之以屯。屯者，盈也。屯者，物之始生也。天地閒無非萬物，物始生雖未伸，而其氣已盈，特戹於險而不能即達耳。

屯：元亨，利貞，勿用有攸往，利建侯。

屯於人事為險難之象。然震動有為，險無久困之理，故占者大亨。但所以動者，當利於正耳。蓋屯固以動為亨，然特取其動可有為，非謂其動可躁進，故勿用有攸往。如國家多難，建侯治民，雖未即亨，已有亨之之理，而貞亦無逾焉。占得此卦者，利應如斯。

《彖》曰：屯，剛柔始交而難生。動乎險中，大亨貞。雷雨之動滿盈，天造草昧，宜建侯而不寧。

剛柔，乾坤也。震，一索而得男，故曰始交。難生，坎也。天造，天運。草昧，雜亂晦冥之意。寧，康寧。夫子慨然言之曰，屯之為卦，何也？蓋天地初分，乾坤奠位，人物本無駁雜，自乾下交於坤，坤上交於乾，剛柔始交而陰陽易位，患難由此而生。此伏羲所以名此卦為屯之意也。然文王謂元亨利貞，何哉？以震陽善動，動而有為，雖在險中，當得大亨而正。其曰利建侯，何也？天地交而雷雨作，其動則盈滿於天地之閒，生物由之暢遂，雖屯不患其久屯也。人事當險難時，動而有為，亦當象之。即如天造草昧之時，國亂民愁，宜建侯而不敢稍安，以濟時艱也。

《象》曰：雲雷屯，君子以經綸。

《彖》言雷雨，以其動言；此言雲雷，以卦體言。雲而又雷，未雨之象，正如人事險艱之時，君子必以小心濟其大業，如治絲然，經以引其綱，綸以理其緒，不敢怠且苟也。

初九，磐桓，利居貞，利建侯。

磐桓，不進貌。初九一陽為濟屯之主，然居屯之初，才可有為，而時尚有待，故磐桓不苟於進。占者得之，利於居正不渝，即欲有為利於建侯。蓋建侯即所以濟屯，而方建則其功未顯，得磐桓之義也。

《象》曰：雖磐桓，志行正也。以貴下賤，大得民也。

夫子恐人誤以磐桓為遲疑，建侯為威服，故曰雖磐桓，乃心存濟世，行欲安民，志行正也。建侯者，俯從民望，以貴下賤，大得斯民願治之心也。

六二，屯如邅如，乘馬班如，匪寇婚媾，女子貞不字，十年乃字。

如，擬其實之詞，屯言其境，邅言其心。班，布也。乘馬，震於馬為馵足，為作足，故曰班如。列布，有待將行之貌，謂九五也。坎險，故疑為寇。然五為二之正應，以陽應陰，故有婚媾之象。女子謂二。字，許嫁也。貞不字，以其險未可乘。十年則數之盈，女乃從男，二乃應五也。六二陰位，在濟屯，為用柔之時，故言時方屯如，濟屯者亦邅如。雖九五陽爻，與二相應，有乘馬班如之象，非欲為寇，乃婚媾也，二亦何憚而不從之，然時將可為，所應尚遠，正宜守正以俟之，如女子守貞不字，十年乃字。蓋我得其正，而數窮勢極，乃相應以成大功，此六二之義也。

《象》曰：六二之難，乘剛也。十年乃字，反常也。

言六二所邅如有難色，非故遲疑乃以震體本剛，濟屯無取乎過剛，不得不遲迴養晦，至十年乃字，則以九五正應已合，反乎同道相濟之常，故無嫌於以身從人也。

六三，即鹿無虞，惟入于林中。君子幾，不如舍，往吝。

即，就也。鹿，陽獸，謂九五也。虞，慮也。震坎皆有象於木，故曰林中。幾，知幾。舍，止息也。吝，嗇難之意。六三以陰居陽，欲從九五濟屯，不失震動有為之志。如欲即鹿，可以無虞，但限於下卦，去五尚遠，惟宜入於林中以伺之。君子知幾，以為不如且舍，若恃動必往，則必有吝也。

《象》曰：即鹿無虞，以從禽也。君子舍之，往吝窮也。

言即鹿所以無虞者，以有志濟屯，如從禽然，事所當為也。然君子必舍之者，以所應尚遠，往必吝而自窮，故寧待之也。

六四，乘馬班如，求婚媾，往吉，无不利。

六四近接九五，九五陽剛中正，有為之君，欲濟屯而求賢自輔，有乘馬班如求婚媾之象。四於斯時往而從之，以臣應君，吉，無不利矣。坎為馬，五陽四陰，君臣遇合，喻以婚媾也。

《象》曰：求而往，明也。

言待上之求而後往，明於進退，乃可以濟屯也。

九五，屯其膏，小貞吉，大貞凶。

坎有膏澤沾潤之象，九五為屯之主，欲膏澤及民，而陷乎險中，其施不遍，故為屯其膏之象，此際正須憂危養晦，勿遽求功，故小貞而略見其風采，則吉；大貞而盡露有為規模，則凶。戒占者當如此也。

《象》曰：屯其膏，施未光也。

言非無膏，特施未光，故當養晦以濟時艱也。

上六，乘馬班如，泣血漣如。

坎為加憂，為血卦，為水，泣血漣如之象。上六處窮極之地，才既柔而位又不當，雖群賢拭目相俟，有乘馬班如之象，而己實無能，但泣血漣如而已。

《象》曰：泣血漣如，何可長也。

言才柔勢極，至於泣血漣如，何能長存？深歎之也。

附解

一卦有一卦之義，各爻有各爻之義，爻與爻參互錯綜又有其義。故《易》之為書，廣大悉備，不可執一而談也。歷代諸儒各以意說經，得者多而失者亦復不少。平心而論，惟以聖經自然之文義解之，則不必求多於本文之外，且求本文字句無負可也。如此卦陽方動而即遇險，故為屯。然其動而有為，濟險之材也，故聖人肫肫以濟屯望人。特其險方甚，未可躁動，故全卦皆多戒詞。至九五一爻，專言則陽陷坎中，屯之所以成；合通卦言之，則陽剛有為，屯之所以濟。是初九為卦之主，而九五不得謂非濟屯之主也。特諸儒必拘拘卦為時、爻為位之說，遂使義多不通。善乎《御纂折中》之言也，曰：初自為初之屯，德可以有為，而時未至也；二自為二之屯，道可以有合，而時宜待也；五自為五之屯，澤未可以遠施，則為之宜漸也。自天子至於庶人皆有屯，聖人繫詞，非為一時一事設。愚第解本文，至引證史事則闕之，蓋懸其理以待天下人之用之，不必執一以求也。舊解即鹿無虞，虞，虞人。舍，讀上聲，牽强令本文語氣不明，故正之。

䷃坎下艮上

艮止在外，坎險在内，水流行而山阻之，昏蒙之地也。少男止於蒙昧之地，童蒙之象也。《序卦》曰：蒙者，蒙也，物之穉也。物生必蒙，故次於《屯》，則又承乾坤之後言之也。

蒙：亨。匪我求童蒙，童蒙求我。初筮告，再三瀆，瀆則不告，利貞。

童蒙，艮也。坎在下，剛中而為主，我也。五與二應，求我之象也。筮，蒙昧而求於神明之事。初則至誠專一，再三則疑貳瀆慢也。文王恐人以蒙自安，以蒙棄人，故言蒙不終蒙，有可亨之理，但須其人自去其蒙，我乃可以發其蒙。如施教者，非我求童蒙而往教之，童蒙求我而後可以啟其蒙也。匪特施教為然，即求諸神明以決蒙，神明仁愛，諒無不告人者，然初筮告，再三瀆，瀆則不告矣。所以啟蒙者雖有愛人之心，必利於正固，蓋枉己則不能正人也。文王戒占者如此。

《彖》曰：蒙，山下有險，險而止。蒙，蒙亨，以亨行時中也。匪我求童蒙，童蒙求我，志應也。初筮告，以剛中也。再三瀆，瀆則不告，瀆蒙也。蒙以養正，聖功也。

以亨行時中，可亨者在我，而時其中以發蒙，無偏倚拘執也。志應，五下應乎二。蓋艮為少男，天性未漓，必不安於蒙而求教也。剛中，坎中爻剛正，至誠之義，故言初則告也。瀆蒙，言其所以瀆，正其所以蒙也。養正者，告與不告之閒，時中存焉，正所以善為養蒙而正之也。聖功，作聖之基。言卦之所以名蒙，以山下有險，險而止焉，無怪乎其蒙也。言蒙亨者，以可亨之道行其時中而啟蒙，故蒙不終蒙也。匪我求童蒙，童蒙求我，文王以五與二相應之象言之，在人則為求發蒙者與發蒙者之志相合也。初筮告，以九二剛中之體有至誠之道，至誠者惟誠可格，故初筮則告也。再三瀆，則疑貳不誠，其蒙正甚，不可告也。然則亨蒙者，非有時中之德、至誠之能，不易發蒙，故童蒙之時，即有時中而養其正者，乃作聖之功也。夫子釋文王而又推論其理如此。

《象》曰：山下出泉，蒙，君子以果行育德。

前險而止，蒙，已明卦象。此又專就亨蒙者言，欲人勉其所以亨。言《蒙》卦上山下水，坎中眞水出於山閒，如清泉不雜，不得以其蒙而少之也。君子體坎之剛中，果其行以自修，無畏難而苟安；法艮之止，育其德以居仁，不急遽而求效，則所以亨蒙者在我矣。

初六，發蒙，利用刑人，用說桎梏以往，吝。

陰柔居下，蒙甚當發。刑人，以法懲儆，使之覺悟。坎為桎梏，在手曰桎，在足曰梏。蒙者蔽於不善，如桎梏然，用刑者覺使自新，如脱桎梏以往。然此非得已也，教化之窮而後用刑，故吝。吝，嗇難之意也。

《象》曰：利用刑人，以正法也。

法即刑，刑所以維禮教。言刑人非得已，乃蒙之太甚，以此正其法度，終歸於禮教，非尚刑也。

九二，包蒙吉，納婦吉，子克家。

九二剛中，為群陰之主，是有德而能容，故象包蒙。占者遇之則吉，蓋已有德而又能容人，必能善化其蒙也。又言占者若納婦則吉，將來必有賢子克家。蓋剛中能為群陰主，故能正夫。剛坎中男，得乾之正爻，故子必克家也。

《象》曰：子克家，剛柔接也。

妻子不必皆賢，惟有德者可以化之，此包蒙之義也。爻言納婦而及子克家，蓋以剛中有應，夫倡婦隨，有可以得賢子之理，接謂群陰聽命，則諧和在其中矣。

六三，勿用取女，見金夫，不有躬，无攸利。

互坤，變巽、兑，皆女象。六三在下卦之上，上九在上卦之上，男女之義也。艮陽乾爻為金，少男，故稱金夫。然上九艮止，不求於三，而三陰柔不中，自求於上。不有躬，不能保其身也。女子以正為主，如此更何所利？蒙之至者，莫甚於人欲滅其天理。見金夫，不有躬，蒙之至矣。象如此，則取女斷不可為，而他事亦無所利，戒占者也。

《象》曰：勿用取女，行不順也。

顺谓顺理，不正之行，無所可也。

六四，困蒙，吝。

四，陰位，上下皆陰，困於蒙昧之中而不能出。吝，難之也，恥之也。

《象》曰：困蒙之吝，獨遠實也。

陽實陰虚，六四去二陽爻遠。夫子言蒙無終蒙之理，而困蒙吝者，以其獨遠於誠實之道，不自求賢以啟蒙也。初與三比二之陽，五比上之陽。初三五皆陽位，而三五又與陽應。惟六四與所比所應皆陰，故曰獨遠。

六五，童蒙，吉。

艮少男，故童。蒙而在童，天性未漓，不難日就明悟，故吉。六，陰，蒙象；五，中正，童蒙象也。

《象》曰：童蒙之吉，順以巽也。

夫子言童蒙之吉，非謂其蒙之吉，乃以陰柔中正有順德，而能巽以下人故也。互坤，順也。變巽，巽也。仰而比上九，順也；俯而應九二，巽也，皆虚己下賢之象也。

上九，擊蒙，不利為寇，利禦寇。

下卦坎為盜，錯離為戈兵，艮為手。手持戈兵，擊之象。上九處蒙之極，蓋冥頑之甚者，以剛遇之，故象宜擊蒙。然聖人慮人之恃剛而不善化也，故又戒之。蓋蒙之至而為寇，我以剛禦之，不得已也。若為寇，則自處於蒙，何以已亂哉？

《象》曰：利用禦寇，上下順也。

夫子又恐人不化蒙於早，以禦寇為能；故曰利用禦寇，以寇者眾所同嫉。而本卦九二率群陰以發蒙，本爻以剛任擊蒙之責，上下皆順，於人事為上順天心、下順民情者也。

附　解

物生必蒙，聖人以發蒙為心，故肫肫為啟蒙者示其則，又為蒙者導其趨。然啟蒙者非有時中之德，不能成就人材也。故夫子於《彖》曰以亨行時中，於《象》曰君子以果行育德。自不果行，又無以育德，安能臻時中之詣哉？惟聖人為君師，則蒙之亨也必矣。水流而山阻之，然有泉焉，水不改其流之性，山亦不能終使其蒙也。果者必於流，育者不驟達。夫子只就卦象勗人進德，與《彖》意又別。而周濂溪曰：童蒙求我，我正果行，如筮焉。筮，叩神也。再三則瀆矣，瀆則不告也。山下出泉，靜而清也。汩則亂，亂不決也。慎哉，其惟時中乎！合《彖》《象》而融為一說，義殊欠允，不可據以詁本文也。或以山下出泉靜而清，為淵泉之義，似矣。然合蒙求與筮共言，則雜而不明。至各爻之誤解者，今不悉辨。

䷄乾下坎上

需者，須也，有所待也。乾健行而坎險在前，乾德中正，不遽進而需以待之，故名需。水氣在天為雲，方雲而未雨，蒸養太和，亦需之象。《序卦》曰：物穉不可不養也，故受之以《需》，需者飲食之道。則又以陰陽之氣，蒸成雲雨，五味和平，薰蒸百體，象亦如斯。且蒙上《屯》《蒙》而言，養教兼全，酒食宴樂，以娛太平也。

需：有孚，光，亨，貞吉，利涉大川。

有孚，乾性剛正，坎中爻得乾正體，是誠信相孚之象。乾陽故光，健行故亨，貞吉。大川，坎象。文王言需雖須待之義，然乾體中正，坎亦得乾中正之體，則其需也，為當需而需，非畏縮不前。占者能有剛正之德，誠信相孚，如乾坎陽爻之相應，則相得而有光，亨通而無滯。然必所為之事合乎至正則吉。蓋乾乃純正之性，非偏頗相徇以孚求亨者可託也。果能如斯，則雖險皆可有為，如利涉大川。然忠信可以涉波濤，乾剛中正，險何足難也？

《彖》曰：需，須也，險在前也。剛健而不陷，其義不困窮矣。需，有孚，光，亨，貞吉，位乎天位，以正中也。利涉大川，往有功也。

義不困窮，言乾德中正，不輕冒險，無困窮之義。天位，即乾體。坎中爻仍乾中爻之真陽也，故曰正中，有孚也，光也，亨也，貞也，皆由此而生。有功，乾健大有為也。言需者，須之義，所以須者，因坎險在前也。乾性剛健，而不自陷於險，義不至於困窮，故以需名此卦，然既需矣，疑事難就，而曰需有孚光亨貞吉者，以乾本天性，下卦純乾，上卦亦得乾之正體，二五皆乾，位乎天位，以正中而待時，故其象如此。利涉大川，亦以乾大有為，必成功也。

《象》曰：雲上于天，需，君子以飲食宴樂。

陽蒸於下，上而為雲，太和之氣已動，特薰蒸未即降雨。君子體之，時將有為而未可為，需以待之。飲食以養其體，宴樂以養其神，皆自醞釀太和之事，正如雲上於天時也。

初九，需于郊，利用恒，无咎。

郊，曠遠之地。一陽為衆爻郛郭，有郊之象。初九去險尚遠，而有陽剛之德，不肯輕進，為需于郊象。占者得之，則其平日所守已是，但當堅守其恒，則可无咎矣。

《象》曰：需于郊，不犯難行也。利用恒，无咎，未失常也。

乾德剛健而不失己，故不肯犯難以行，而需于郊，言其得正也。未失常，不失需之常道。

九二，需于沙，小有言，終吉。

沙，水際。二之去坎尚隔九三，為需于沙象。互兑，為口舌言象，陽變陰為小，小有言之象。漸進乎險，不無讒訕之言，然陽剛中正，終不能害而吉。

《象》曰：需于沙，衍在中也。雖小有言，以吉終也。

衍，寬也。言沙雖近水，而九二中正，胸中寬衍平夷，既不遽進，亦不以小言動心，故以吉終也。

九三，需于泥，致寇至。

泥，逼於水而已浸潤之象。坎為寇盜。九三以剛遇險，故為需泥之象。致寇至，言有致寇之勢。因乾健本體，故不言凶。

《象》曰：需于泥，災在外也。自我致寇，敬慎不敗也。

人之於世，無保其必無險逼之理，惟恃在我者，敬慎以自全，故夫子言需于泥。泥雖逼水，而實尚非水。坎在外卦，是災在外也，究與需於水者不同。自我至寇，以剛而近險之故。然剛乃乾德，誠能不失其正，敬於居心，慎於行事，則不敗也。

六四，需于血，出自穴。

坎為血卦，血之象，又為隱伏穴之象也。四為坎體，已在險矣，故為需于血象。然以柔履險，需而不前，不與險鬬，故為出自穴象。

《象》曰：需于血，順以聽也。

九五為坎之正象，六四順以聽之，陽雖剛而不與柔鬬。在人事則處險而以順德行之，險不能為害也。

九五，需于酒食，貞吉。

坎水，酒象。互兑，食象。互離，水在火上，烹飪未就，需于酒食之象。酒食，宴樂之具。九五陽剛中正，居尊位而需焉。蓋當治具昌明之時，休養生息，涵煦天下，而不求近功；在修身者，則道德和平，優游饜飫，皆需于酒食之象。惟貞則吉也。

《象》曰：酒食貞吉，以中正也。

言以中正，故需于酒食而吉，非躭樂也。

上六，入于穴，有不速之客三人來，敬之，終吉。

坎極，入穴之象。變巽，入象也。在上窮極，無可復需，故不言需，而直云入于穴。我為主，應為客，上六下應九三，而九三與二陽需極并進，為不速客三人來象。入穴窮困，必待援而後出。上六陰順之性，于三陽之來，敬之，終得其力而出穴，故吉。

《象》曰：不速之客來，敬之終吉，雖不當位，未大失也。

不當位即入穴也，言上六不需而入穴，已不當位矣。然陰以從陽為正，今于不速之客三人來，敬之，則尚知求援，雖不當位，未為大失也。蓋望人補救於事後之意。

附　解

學莫大於知時。卦名需，以陽德遇險而能待，此有德而不苟為進者也。故爻象多吉，即有不甚吉者，聖人惟勉人敬以處之。蓋從容和平，退讓敬慎，天下無不可為，非躁動者可例也。若後世言需者事之賊，便止說得一半道理。

䷅坎下乾上

訟，爭辨也。以卦象言，天運上，水流下，其行相違，訟之象。以卦德論，上以剛制下，下以險伺上。就一人言，內險而外健。就兩人言，此險而彼健。險與健相持，各欲求勝，皆訟之道也。《序卦》：飲食必有訟，故受之以《訟》。

訟：有孚窒，惕中吉，終凶。利見大人，不利涉大川。

有孚，信實。窒，塞也。惕，戒懼也。中，謂心也。終，終其訟。大人，有德之人。大川，喻險難。文王言卦雖名訟，然乃戒訟者以止爭之法。蓋卦爻剛中，為有孚之象，訟者誠信見屈於人，故有訟。然訟非得已，當自惕於中，常存退讓，則吉。苟必欲終其訟，必凶。且有孚之義，惟見信于君子，不能見諒於小人。占者利見有德之大人，而不利涉大川。蓋大人，陽剛有德之象；大川，坎險難行之象，見大人則有孚可通，涉大川則同心無朋也。按坎中爻即乾中爻。本卦以剛遇險，故為訟。然二五皆剛中，故有孚。窒者，鬱塞不通，謂陽陷坤中也。坎為加憂，故又為惕中之象。上九過剛，有終訟之象。大人，乾九五也。大川，坎也。

《彖》曰：訟，上剛下險，險而健，訟。訟，有孚窒，惕中吉，剛來而得中也。終凶，訟不可成也。利見大人，尚中正也。不利涉大川，入于淵也。

人情險則難測，健則必爭，二者有一，猶不至訟，今卦體上剛下險，險而健，所以名為訟也。夫子蓋歎之也。有孚窒，惕中吉，皆謂九二。一陽從乾宮而來，雖陷於險中，得中正之體，故有孚而窒。成訟者以此，惕中而吉，不至終訟者，亦以此也。

其謂終凶者，以上九過剛，有終訟之象。然戒之以凶，以訟非美事，必不可成也。利見大人，以九五有中正之德也。不利涉大川，訟者恃剛冒險，有入於淵之象也。

《象》曰：天與水違行，訟，君子以作事謀始。

天行而上，水行而下，兩相違背，凡物情相戾準此。訟之興也，不在已事，而在未事之時，謀之于始，則早察其微，不蹈其險。聖人深戒人自省也。

初六，不永所事，小有言，終吉。

所事，所欲訟之事。變兑，為口舌言之象。因居初，又在卦外得象，故曰小。初六以柔居下，不能與剛久敵，故為不永訟事之象。剛自外來，不能無爭辨之言，然既不與敵，雖小有言，終不成訟而吉。

《象》曰：不永所事，訟不可長也。雖小有言，其辯明也。

爻詞但以象言，夫子因而戒之。言不永所事，非謂其柔懦，以訟事本不可長，不永無傷也。雖小有言，其辯久自當明，故終吉也。

九二，不克訟，歸而逋，其邑人三百戶，无眚。

九二陽剛，為險之主，與五剛遇，本欲訟者也。然以下訟上，勢必不敵，故義不能訟，歸而逋避。其所居之邑，人三百戶，皆免災累，故无眚。自上而下，故曰歸。坎為隱伏，逋之象。坎，坤體，故為邑。又互離，戶象。三百戶，一成之地。坎外陰而內陽，獨九二剛中獨訟，二陰皆不與之，故皆無眚。言其自取，不足累人也。變坤，三爻皆陰，為三百戶象。坎為眚，變坤則无眚也。

《象》曰：不克訟，歸逋竄也。自下訟上，患至掇也。

掇，自取也。訟本非宜，況以下訟上乎？故夫子歎以戒之。言不克訟者，非不欲訟，義不能勝，至於勢窮理極，則不得不出於逋竄之一徑也。所以然者，以自下訟上，患害之來，乃其自取也。

六三，食舊德，貞厲，終吉。或從王事，无成。

食如食邑之食，猶享也。舊德，前人之德。坎本坤體而孕乾，六三仍坤之體，坤性柔順，守其柔順而不變，如子孫食前人之舊德。以居險而上近剛健，故雖守正而不能無厲。然居險訟之時，以柔正自守，必免於禍，故終吉。或從王事，無成，與坤六三同，此爻即坤之三爻也。臣任君事，不自居其成功，正是柔順而貞之道。戒占者當如此。

《象》曰：食舊德，從上，吉也。

子孫襲前人之蔭，不有其功，而實自享其福。聖人取象於此，以六三陰柔卑退，處險健相持之際，一心守舊，不與上九剛敵，為以下從上之象，故吉也。

九四，不克訟，復即命，渝，安貞吉。

即，就。命，命令。渝，變也。九四剛而不中，本有訟象，然下應於初，初以柔遜上，鄰於五，五以中正，將誰與訟哉？故不克訟，而反自聽命於主訟之大人。是其初本欲訟，變而安於正，則能以義理自裁，故吉也。

《象》曰：復即命，渝，安貞，不失也。

失謂失己。恐人以自屈為嫌，故言復命而渝，安貞正，所以不失己也。

九五，訟，元吉。

陽剛居尊，為訟之主，《象》所謂大人者也。以中正之德，齊乖爭之俗，故大吉。

《象》曰：訟，元吉，以中正也。

中則不偏，正則不枉，訟者聽者皆以是，訟亦罕矣。

上九，或錫之鞶帶，終朝三褫之。

鞶帶，大帶，命服之飾也。男鞶革，女鞶絲。或，未必然之詞。褫，奪也。上九以剛居訟之極，是健而能終訟者。刑罰過甚之朝，專尚酷健，或亦賞之，予以鞶帶。然賞非所賞，即受亦不久，故終朝三褫之。坎卦一陽束二陰，帶象。位居上，鞶帶象。上與三應，六三非上九敵，則訟易勝。而上居勢要，故有意外非禮之賜，或錫鞶帶。然坎體本險，以與為取。上卦三陽爭利，故有終朝三褫象。終朝，極言其不久。上居窮極之地，又乾爻，故象終朝也。

《象》曰：以訟受服，亦不足敬也。

禮讓者，治世之本，以訟受服，昏亂可知，亦不足敬。勝者與錫者，均可恥也。垂戒深矣。

附　解

生民有欲則必爭，聖人以德禮治世，祇是欲人平其爭，故繼《需》而有《訟》者，勢也。轉訟以為讓者，聖人之心也。本卦詞義，皆戒人無訟，而於九五獨曰訟元吉，蓋以中正之德聽訟，則訟自平。遇訟亦不終其訟，所望於在上在下之君子，有治世之權、救世之心者深矣。

䷆坎下坤上

師，眾也。坎下坤上，卦體。地中有水，為眾聚之象。卦德內險外順，險道而以順行，師之義也。卦爻一陽居下卦之中，五陰從之，將統兵之象。二以剛居下，五以柔居上而任之，人君命將出師之象。《序卦》：訟必有衆起，故受之以《師》。

師：貞，丈人，吉无咎。

貞，正也。丈人，老成賢將。言行師之道，在得正與擇將，不得其正，則師出無名，不擇其將，則師出無功。正且得人，故吉无咎。蓋有吉而有咎者，有无咎而不吉者，吉而无咎，則盡善矣。

《象》曰：師，眾也。貞，正也。能以眾正，可以王矣。剛中而應，行險而順，以此毒天下，而民從之，吉又何咎矣。

眾也，言合眾志而一之，乃成為師。正弔民伐罪，仁義之事。能左右之，曰以剛中而應。九二剛正得中，上應六五，故為賢將。順，謂順乎天理。毒，害也。用師止亂，如用藥攻疾，不得已而用之，實以安民也。言能以眾正人之不正，則仁義素孚，人歸天與，可王天下，極言貞之義大也。九二剛中，上應六五，為忠正居心之臣，故曰丈人。六五柔順，信任賢將，兵雖險事，然必順乎天理而動，則實有濟世安民之心，而非徒好武。以此治亂，民必從之，大吉又何咎矣。

《象》曰：地中有水，師，君子以容民畜眾。

地中有水，水聚地中，為聚眾之象。容，容保之，養教兼至也。畜，聚畜。古者寓兵於農，制產明倫，容保其民，即所以畜聚其兵也。常時民即兵，變時兵即民，兵不外乎民，如水不外乎地也。

初六，師出以律，否臧，凶。

律，謂號令節制。否臧，不善也。初六陰柔，而居行師之始，故聖人戒之以律。若師出無名，及不明紀律，則凶。

《象》曰：師出以律，失律凶也。

言師以紀律為先，初六當出師之始，故特戒之。失律必凶，深歎其然也。

九二，在師中，吉无咎，王三錫命。

二，人臣之位，而九以剛居險，是惟在師中，則吉无咎。蓋師必剛正，乃能馭之。吉，言其理；无咎，言其事。王謂六五，下順九二，為錫命賢將之象。三，坤三爻皆順也。

《象》曰：在師中吉，承天寵也。王三錫命，懷萬邦也。

天即王也。言人臣本無以剛自用之理，在師中吉，承君寵而得專閫外，非承寵則無吉之理也。王三錫命，欲懷柔萬邦，故寵任之，非予以擅權也。蓋深戒人臣專寵自擅之弊。

六三，師或輿尸，凶。

或，不可知之詞。輿尸，以車載尸，敗衂之甚也。六三陰居陽位，才弱志剛，在行師為偏裨擅命。或輿尸，而主將罔聞，大凶之道也。

《象》曰：師或輿尸，大无功也。

師貴統一，至于或輿尸而不及料，大无功矣。蓋深歎之。

六四，師左次，无咎。

兵家尚右，右為前，左為後。左次，退舍也。六四陰居陰位，柔而得正，於行師為知難而退之象，故无咎。

《象》曰：左次无咎，未失常也。

師以慎重為常，恐人以退為怯，故曰未失常。

六五，田有禽，利執言，无咎。長子帥師，弟子輿尸，貞凶。

田，地之有水者，坤、坎象也。坎為豕，錯離為雉，禽象。執言，聲明其罪。長子，即丈人也。自眾稱之曰丈人，自君稱之曰長子，謂九二也。弟子，六三，長之次也。六五柔順得中，有懷柔之君德者。坎為寇盜，五以君德臨之。外侮之來，如田有禽，田本非禽所棲，利在執言，以聲其罪，不必遽威以武，此為人君之正，故无咎。若執言而不服，以師伐之，亦惟長子可以帥師，若用弟子，則必輿尸。蓋弟子非將材，雖仗義執言，亦必凶也。

《象》曰：長子帥師，以中行也。弟子輿尸，使不當也。

九二剛中，以中道行師之象。使不當，咎。五之使之，以戒人君也。

上六，大君有命，開國承家，小人勿用。

師之終，順之極，論功行賞之時。本卦義重六五信任九二賢將，五，大君也。國家皆因坤土取象，開國封諸侯，承家立大夫。以一卦言，九二君子，餘皆小人也。行師之時，但取材具可用，不必人皆君子。至功成行賞，則小人惟酬以重祿，不可畀以國家。此見行師所以濟變，與居常異用也。

《象》曰：大君有命，以正功也。小人勿用，必亂邦也。

正功，功無濫予。必亂邦，有才無德故也。

附　解

師由爭起，故繼《訟》。夫師非聖王之所得已也，欲而爭，爭而亂，不有以正之，民何以安？然正之之道，上有至仁之君，下有忠正之臣，然後交相濟而勘亂。本卦六五、九二，乃其明象，故聖人因以致美戒焉。不得泥坤之不得為君，必以乾解大君也。舊說於象，詞多牽强，今悉正之。

䷇坤下坎上

比，親輔也。以卦象言，水在地上，最相親輔。以爻言，五剛居尊，眾陰比而從之。一人輔眾，眾亦親附之象，故為比也，《序卦》：眾必有所比，故受之以《比》。

比：吉。原筮，元永貞，无咎。不寧方來，後夫凶。

原，再也。元，君長，謂五也。九五剛中而有乾德，為君上以仁撫萬民者。永貞，久於正。不寧，不得其所之人。方來，來未艾也。後夫，遲至者。言占得《比》者大吉。其卦一陽首出，而眾陰比從。再筮以審，惟君上有仁民之德，而久安於正者，乃信而從之，必无他咎，蓋陰本從陽，而九五以陽剛得位，眾陰比附，如恐不及，是為不寧方來之象，惟上六一爻，陰柔高亢，如後來之夫，失所歸依，必有凶也。《蒙》之剛中在下卦，故曰初筮。《比》之剛中在上卦，故曰原筮。聖人欲人信從有德，故設為再筮之言，以堅人之比也。

《彖》曰：比，吉也。比，輔也，下順從也。原筮，元永貞，无咎，以剛中也。不寧方來，上下應也。後夫凶，其道窮也。

物莫不惡其乖違，故歎比之大吉也。然所謂比者，貴其以德相輔，非私附也，故又曰比，輔也，下順從也；言出於人心之誠然，而非要結也。九五剛中得位，舍是無可比者。上下應，初二三四皆應五而歸附。其道窮，上六陰柔，無德而驕，理勢窮蹙，無所歸附也。

《象》曰：地上有水，比，先王以建萬國，親諸侯。

物相親比而無閒者，莫如水在地上。九五下臨坤地，建萬國象；一陽下撫群陰，親諸侯象。建國本以親民，而曰親諸侯者，親侯即所以親民也。天子以仁撫萬國，而恩義洽於臣民；諸侯宣布天子德意，而群生歸於主極。上下相比，天下一家，中國一人之道在是矣。

初六，有孚比之，无咎，有孚盈缶，終來有他吉。

坤主信實，初爻為比之始，是欲比人而誠信之象，故有孚。比之，比於人也。缶，土器，中虛，坤土中虛。盈，滿也。坎水下流於土，坤虛能受，故有盈缶象。終對始言，终来，人来比我。他吉，意外之吉，言占得此爻为有孚之象，即有孚矣，即以我比人，不嫌阿附，无咎也。且初居比之始，即以诚信相孚，積日累月，其孚益甚，为有孚盈缶之象。凡比之不终者，皆由始之不慎也。今始比如此，则我比人而人亦比我，雖歷久，人終来親，且有意外之吉也。

《象》曰：比之初六，有他吉也。

初六為比之始，而以有孚從人，固宜其終必有他吉也，深美其慎終於始也。

六二，比之自內，貞吉。

柔順中正，上應九五，自內比外而得其正，吉之道也。

《象》曰：比之自內，不自失也。

申比貞吉之義。言自內而比，所守者正，故所比者正，不自失而吉也。若反是則否也。

六三，比之匪人。

陰柔不中正，承乘應皆陰，所比皆非其人之象。不言凶，凶不待言也。

《象》曰：比之匪人，不亦傷乎？

傷，哀傷，即《孟子》哀哉之意。深憫歎之，凶可知矣。

六四，外比之，貞吉。

五在外卦，外比謂從五也。以柔居柔，比陽得正，吉之道也。本卦惟九五為賢，二以正應而比於內，故曰內修乎己者，貞也；四以相近而比於外，故曰外從乎人者正也。外內雖異，得比之正則一，故皆曰貞吉。

《象》曰：外比于賢，以從上也。

言賢于我者尚從，况又居上而尊，分義皆宜然也。

九五，顯比，王用三驅，失前禽，邑人不誡，吉。

顯，光明之意。顯比，上以公正無私比下，下亦然也。下三句正言其象。三驅失前禽，開一面之綱，喻仁育義，正其比，無姑息，亦無苛求也。邑人不誡，無煩擾而民相安相忘，不警備也。上下相比，至公無私，故為顯比而吉。蓋九五剛中之德，總制群陰，非徒煦煦為仁也。德盛而民從之，無敢欺亦無敢慢。聖王光明正大，納一世於在宥，而民不識不知，其象如此。五，君位，又乾本體，故曰王。坤為大輿，五乘之而下撫三陰，三驅之象。不及初，故失前禽。言禽與《師》六五象同。坤為邑，邑人謂上六也。五不必區區求上六之相比，上六亦不區區比五，不誡象。

《象》曰：顯比之吉，位正中也。舍逆取順，失前禽也。邑人不誡，上使中也。

九五剛健中正而居尊位，故為光明正大之象。逆順謂從化與否者，聖王不必盡人而皆求親己。荒服之遠，梗化之徒，寬以居之，失前禽之意也。邑人不誡，是民相忘於帝，則上之德使之然也。中即正中之中，言上以正中比民，民故以此應之也。

上六，比之无首，凶。

乾為首，陰宜從陽。上六背九五陽剛而妄欲比人，實無所比，為比之无首，以其失所當比也。

《象》曰：比之无首，无所終也。

比以求安，失所當比，則莫為之主，如无首然，更何所終也？

附　解

相維相恤者，人道之常；同術同方者，友朋之正。若夫聯萬物為一體，納群生於在宥，聖人之心所以同天地也。《比》之為卦，聖人所以深致意焉，而歎其吉。第通一卦言，則比吉；分各爻言，則有吉有不吉。且此爻與彼爻相參言，則此吉彼亦吉；彼爻專言，又或不吉。聖人取象，變動不拘，此際稍失，體察則義舛，前人因之多誤。今悉以平易之理解之，學者詳焉。

☴乾下巽上

小，陰也。畜，止也。六四以一陰畜止眾陽，故為小畜，于天象為風行天上，膏澤有待；于人事為巽順止剛，以柔制強，皆小畜之義。《序卦》：比必有所畜，故受之以《小畜》。

小畜：亨，密雲不雨，自我西郊。

卦體雖以陰畜陽，然所畜者當，故占者得亨。下二句正言所以亨之故也。雲騰則必致雨，今陰在天上，雲象；以陰居陰，密雲象。內卦為我，外卦為人。先天乾位南，巽西南，本卦巽在乾外，故為自我西郊。言占得《小畜》者亨。蓋風雲合而氣化敷，今一陰在天，群陽從之，而巽在乾外，為密雲不雨，自我西郊之象。論風在天上，雖暫畜而不能久。論風雲布澤，則陰得位而不為淩陽。施諸人事，或臣子有待于君父，或柔弱巽屈乎剛強，皆有亨之道也。

《彖》曰：小畜，柔得位而上下應之，曰小畜。健而巽，剛中而志行，乃亨。密雲不雨，尚往也。自我西郊，施未行也。

柔得位謂六居四位，上下謂五陽，言六四一陰柔得其位，而上下五陽皆為所屈，故伏羲名曰小畜。文王言亨者，以卦體乾健巽順，二五皆剛中，雖以陰畜陽，然健行之志自在。占者亦能健而巽，剛中而行其志，乃得亨也。其言密雲不雨者，以乾三陽在下，體本健行，為陽氣尚上往于天，陰澤一時不能即降也。自我西郊者，先天卦位乾居南而巽居西南，由東而西，自陽之陰，其氣順，則易成雨；自西而南，由陰之陽，其氣逆，則不成雨。今巽在乾卦之外，而位本又西南，故為乾郊之外。陰施而陽未應之，膏澤未行也。

《象》曰：風行天上，小畜，君子以懿文德。

懿，美也。上巽懿之象，下乾德之象，互離文之象。道著躬行曰大德，道著儀文曰小德。風行天上，氣化外宣，君子體之，美其文德，亦威儀外著，皆小畜之象也。曰文而必曰德，見文乃德之華也。

初九，復自道，何其咎，吉。

復，反也，謂反于本位。自，由也。道，進退中正之道。九，陽剛喜進，然位居于初，為不畜于陰而復歸位之象。此乃進退正道，有何咎乎？故占者吉也。

《象》曰：復自道，其義吉也。

初九本乾德，故為道。復而以道，其義當得吉，深望人以道也。

九二，牽復，吉。

九二漸近于陰，若不能復矣。然九二剛中，則不過剛，而能守己相時，故亦復。與初爻并復，有牽連而復之象。占者如是，則吉也。三陽同體，故曰牽。

《象》曰：牽復在中，亦不自失也。

在中，陽剛居中也。亦者，承初爻之詞，言初九之復自道，剛正不為陰所畜，固不自失也。九二剛中牽復，亦不自失。

九三，輿說輻，夫妻反目。

輻，車轑也，輪中木之直指者。乾為圜，車輪象。互兌為毀折，脫輻象。反目，不相對視。中爻離為目，巽為多白眼，反目象。九三近六四，陰陽相比，有夫妻象。然六四畜止，本非三之正應，而九三過剛銳進，自離其群，欲比于四，失初與二牽復之義，為輿脫輻而不能行，四畜止而不與親，有夫妻反目之象。進退皆失所據矣。

《象》曰：夫妻反目，不能正室也。

巽長女，乾剛進之，有夫妻象。然四本無意于三，而三自苟合之，是以反為四所畜制，由三自失其正，不能正其室也。凡剛之失己而制于柔者準此。

六四，有孚，血去惕出，无咎。

五陽皆實，一陰中虛。中虛誠信之本，故為有孚象。本爻錯坎，坎為血，又為加憂，是本有血惕之象。今已變，則血去而惕亦出矣。六四以陰畜陽，近九五，本有血惕之懼，因虛中以巽從焉，故有孚，而九五亦安受其畜，血去惕亦出也。占者故无咎。

《象曰》：有孚惕出，上合志也。

上謂九五。言惕出則血去可知，恐懼猶免，傷害必無矣。言有孚之所以惕出，以其虛中畜人，合乎九五有孚之志，九五亦順之也。

九五，有孚攣如，富以其鄰。

九五剛中志行，為推誠信下之象，故曰有孚。攣，攣綴也。巽為繩，五變為艮手，攣象。巽為近利市三倍，富象。鄰謂四也，四於五為臣，鄰象。六四之有孚，虛心以應乎上；九五之有孚，推誠以信其下也。五與四比近，上下相畜，惟以有孚，畜之美者也。誠信相與，有孚若拘攣然，其畜不窮，可謂富矣。然其富也，乃以六四虛中從上，九五能以誠信與之，故上下相孚，而後畜道成也。

《象》曰：有孚攣如，不獨富也。

下以虛心應上，上以實心待下，故得攣如之象，非一人即獨能富，深明四之所以為畜主也。

上九，既雨既處，尚德載，婦貞厲，月幾望，君子征凶。

上九變坎為雨。處，安其位。德，謂乾德。載，積滿也。幾望，將望，言陰正盛也。上九以巽順之極，居卦之上，畜之極而風動雨隨。在天象為既雨之時，陰畜陽而成功矣；在人事為既處之時，陰勢盛而安處不搖矣。然乃由六四用柔巽之道，尊尚乾德，積而至然，非專恃陰柔至於成功也。此爻若婦人占之，雖正而亦危懼，蓋恐無其德則必有災也。又其象如月之幾望，陰德正盛之時，君子占之，宜退以俟時，若有所往則凶。蓋聖人既戒陰以尚德，又戒陽之妄動也。

《象》曰：既雨既處，德積載也。君子征凶，有所疑也。

陰順而從陽，為德積載，言非一日。有所疑，謂非必陰將害陽，而其勢力方盛，自不可往，故遲疑以致其慎重也。

附　解

《小畜》之義，重以一陰而畜眾陽。然其畜也，乃陰以巽順處剛，於天道為風雲畜雨之象，於人事為臣子巽承君上之象，皆畜之美者。故《彖》言亨，而六四、九五言有孚之善。因陽大陰小，故名小畜，非謂畜道之小、所畜之事小故名小畜也。上九一爻，舊解尤誤。聖人既喜陰能順陽，又恐陽為陰制，故言既雨既處尚德載，勗陰之尚德矣，又設為二象以戒婦人侵陽，君子徇陰。其維世之心不亦至乎。

䷉兌下乾上

履，禮也。禮，人之所踐履也。為卦天尊在上，澤卑在下，《履》之象。上下之分，尊卑之義，禮之體也。內和悅而外剛健，禮嚴而和之道也。《序卦》：物畜然後有禮，故受之以《履》。

履虎尾，不咥人，亨。

履字上當有履字，蓋傳寫脫誤，觀《彖傳》可知。

履，有所躡而進也。兌，後天位西，金為虎，三末爻，故稱尾。咥，嚙也。下卦一陰履二陽，上躡乾剛，可謂危矣，而名之曰履，若以為當履者然，何哉？人世無非危機，惟和順小心可以逢吉。兌以和悅遇剛强，所遇者乃乾君，又內和悅而外剛健，持身涉世之道無逾焉。故文王言此卦似危實安，為履虎尾不咥人象，占者得之可以亨也。

《彖》曰：履，柔履剛也。說而應乎乾，是以履虎尾不咥人，亨。剛中正，履帝位而不疚，光明也。

柔履剛，以下卦言，一陰履二陽之上也。說而應乎乾，以全卦言，兌悅應乾剛也。剛中正，專就上卦言。帝位，九五。光明，乾之本體。言卦之所以名履，以陰柔履陽剛也。世多危境，惟柔順可以處之，故名此卦為履也。其曰履虎尾不咥人亨者，以兌悅應乾剛，是性本和順，所遇又賢明，故危而不傷也。乾卦剛健中正，九五得其正位，是有聖德而履帝位。無疚于心者，其本體光明，是以遇之而亨也。

《象》曰：上天下澤，履，君子以辨上下，定民志。

天尊而高，澤，地之極卑下者。上下有定分，即有定理。君子觀《履》之象，辨別上下以定民志。蓋民志不定，天下不可得而治。位各稱其德，士各修其業，人各恭其分，禮存乎其閒矣。

初九，素履，往无咎。

履，禮也。禮以質為本，居履之初，故言素。陽主進，故曰往。言初九陽剛在下，本無陰私，當履之初，又無外誘，蓋素位而行者也。如是以往，何咎？

《象》曰：素履之往，獨行願也。

踐禮必有剛德，而後不為物誘。初九履初，而有剛進之才，是獨行其志願，而不為外染者，故贊之。無應無比，故曰獨也。

九二，履道坦坦，幽人貞吉。

變震為足，為大途，履道坦坦象。三畫卦，二，人位。九二陽居陰位，幽人之象。行於道路者，中則平坦，旁則崎險。九二剛中所守者，正為履道坦坦。居下而有中德，為幽人之貞，占者可吉也。

《象》曰：幽人貞吉，中不自亂也。

惟有剛中之德，故居柔在下，而不為世俗所惑亂，此其所以為貞，此其所以吉也。

六三，眇能視，跛能履。履虎尾，咥人，凶。武人為于大君。

此爻互有離、巽，離為目，巽為股，體俱非正，雖能視行，眇、跛者也。三，人位，居兌口，人在虎口，咥人象。變乾成剛猛之質，武人象。大君，謂上卦乾君也。六三以陰居陽，以柔履剛，如眇者之能視，跛者之能履，其用僅矣。乘剛而不柔退，為履虎尾而見傷之象。此爻變則為乾，為武人象。以陰柔而剛猛喜進，如武人有為于大君之事，無所顧慮也。

《象》曰：眇能視，不足以有明也。跛能履，不足以與行也。咥人之凶，位不當也。武人為于大君，志剛也。

不足以明行，為其陰闇且柔，位不當以陰居陽。志剛，志于上卦之乾剛。武人涵養寡而勇猛多，一意前進，任大君之事未必皆當，其志則如是耳。以柔履剛，上從九五，故有此象。

九四，履虎尾，愬愬，終吉。

四應初，故履虎尾。愬愬，畏懼貌。四多懼，愬愬之象也。三，才本柔暗而志剛猛，所以觸禍；四，才本剛明而志恐懼，所以免禍。

《象》曰：愬愬終吉，志行也。

志行者，柔順以事剛決之君，其志得行，所以終吉也，初之獨行者，遠君也；四之志行者，近君也。顯晦之所履不同，其道皆吉。

九五，夬履，貞厲。

夬，決也。九五以剛中正履帝位，是凡事必行必信，无所疑礙，故為夬履。然其出之也正，又常有戒懼之心，《書》所謂心之憂危，若蹈虎尾者也。

《象》曰：夬履貞厲，位正當也。

位正當，上有剛中正之德，而下以兌悅應之，所謂履帝位而不疚，光明也。

上九，視履考祥，其旋元吉。

上九當履之終，前无所履，可以回視其履矣，故有視履之象。考，稽。祥，善也。旋謂周旋、折旋。上九以陽居陰，是有剛德而能小心者，為顧視所履，考其善否，而其動靜之閒，皆合于禮，無不吉也。

《象》曰：元吉在上，大有慶也。

履，禮也。禮必有始終，上九居履之終，而猶視履考祥，則其小心敬慎，至終不懈，故元吉也。大慶即元吉，喜其慎終如始，故美之也。

附　解

履，踐履也。履者，禮也。人之踐履以禮為主，而行禮以謙卑和悅為主。本卦兌悅應乾剛，為下小心以事上之象。九五乾剛中正而下應之，本無不吉，前人解貞厲者，非也。以全卦言，下以和悅應剛明之君，故履虎尾而不咥人；以一爻言，以陰柔而好剛猛，故履虎尾而遂咥人。義各有取，象亦隨殊，苟拘牽以求，則聖人之意晦矣。其武人為于大君，先儒多作為大君解，惟王氏申子之說，於為于二字始有著落，從之。

䷊乾下坤上

泰，通也。地上交于天，天下交于地，陰陽和而萬物生成，故為通泰，外小人而內君子，又所以輔成世泰之象。《序卦》：履而泰，然後安，故受之以《泰》。謂人必履禮而後上下各得其和，故《泰》繼《履》也。此正月之卦。

泰：小往大來，吉，亨。

小，陰；大，陽。由內之外曰往，自外之內曰來。以氣化言，陰陽交而萬物亨，天地之泰也。以人事言，陽為君，陰為臣，君推誠以任下，下竭誠以事上，上下志通，朝廷之泰也。陽大居內，陰小居外，小大各得其所，由陰陽之和平，天下之泰也。占得此卦，吉而有亨通之理。

《彖》曰：泰，小往大來，吉，亨，則是天地交而萬物通也，上下交而其志同也。內陽而外陰，內健而外順，內君子而外小人。君子道長，小人道消也。

則是云者，就彖詞而推論之也。陰陽本無不交，而此卦則更為顯著，天時人事皆以和同交濟為美，故歎美推論之焉。曰交曰通曰同曰長，則吉亨之義已在其中。小人道消，非消小人也，小人化為君子，如湯舉伊尹而不仁者遠。

《象》曰：天地交，泰，后以財成天地之道，輔相天地之宜，以左右民。

后，元后。財，同裁。道，以其體之自然言；宜，以用之當然言。裁成以制其過，輔相以補其不及。左右，扶植意，扶植以遂其生，俾亦如天地之通泰也。陽左陰右，民生各遂，如陰陽之和也。

初九，拔茅茹，以其彙，征吉。

變巽為陰木，茅之象。茹，根也。初爻在下，故象茅茹。彙，類也。征，往也。下卦三陽同體，初當泰之始交，一陽進而二陽同之，如拔茅者，拔其一茹而眾茹連類而起。占者得之，有所往吉也。

《象》曰：拔茅征吉，志在外也。

外謂外卦六四。泰之為卦，以陰陽交而成，初志於有為而與四應，同類輔之，故云有征則吉也。

九二，包荒，用馮河，不遐遺。朋亡，得尚于中行。

九二剛居柔位，在下卦之中，為乾之正體，是有大人之德，而能容畜小人者，故為包荒之象。荒，蕪穢意。下三句正其包荒之實。馮河，形其勇。遐，遠也。朋，謂初與三。言其包荒，非徒優容也。蓋二與五應，為泰交之主，其一志相濟以成泰交，本乾健之體，剛斷有為，用馮河之勇，而明智周悉，不遺於遠，雖三陽成體，共成泰交。然此爻中正，一秉至公，無朋黨徇比之見，以尚進而合于中行也。

《象》曰：包荒得尚于中行，以光大也。

包荒而得尚于中行，以其至斷至明至公，有光大之德，非徒渾容也。乾中爻剛健中正，故光大。

九三，无平不陂，无往不復，艱貞无咎。勿恤其孚，于食有福。

陂，傾邪也。平陂，以上卦地形險夷言。往復，以下卦天氣往來言。此爻乾坤相際，故象如此。艱者，操心慮患，不敢慢易之意。貞者，謹守法度不稍邪僻之意。恤，憂也。其孚，誠信。食，禄食。變兑口，食象。九三居泰之中，在諸陽之上，泰之盛極而將否之象，故戒占者以平陂往復。天地之理循環，盛極必衰，全賴人心補救，當此極盛之時，惟以艱貞處之則无咎。蓋泰之成也，原以上下相交而孚之，故誠持以艱貞，勿憂其孚之不固，則下以誠事上，上仍以誠任下，不特不危，且于禄食有福慶也。蓋上下交則君禄臣禄皆永。

《象》曰：无往不復，天地際也。

惟天地際而後泰，亦惟天地際而即有往復。一也字詠歎深長，勉人艱貞之意在言下。

六四，翩翩，不富以其鄰，不戒以孚。

翩翩，飛動貌，言三陰群飛下集也。陰象虚而不實，不富象。鄰，謂五與上也。戒，期約。此爻正陰陽交際，泰之所以成，故言三陰翩翩下就，不以其鄰同類為富，而一心交泰于陽，不約而同與三陽相孚也。

《象》曰：翩翩不富，皆失實也。不戒以孚，中心願也。

三陰翩翩同集，可謂富矣，而曰不富者，陰以陽為依，陰虚陽實，外卦三爻皆陰，皆失其實，故不覺其失所恃而欲交乎陽。不戒而孚，正謂其出于中心之所願也。

六五，帝乙歸妹，以祉元吉。

帝乙，成湯。湯嫁妹之辭曰：無以天子之富而驕諸侯。陰之從陽，女之順夫，天下之義也。蓋帝女下嫁之禮，自湯而始備。五，帝位，互震，帝出乎震，坤納乙，故象帝乙。陰居尊位，帝者之姊妹當之。六五以柔中下應九二之剛中，以尊降卑，虚己下賢，如王姬下嫁。用此以獲祉，大吉也。

《象》曰：以祉元吉，中以行願也。

中，中德。二五皆中正，為泰主，下應九二，以中交中，行其所願而成泰。蓋陰陽之正，天地之義，非苟順私情者比也。

上六，城復于隍，勿用師，自邑告命，貞吝。

坤土外高，有城象焉。三陰下交，復于隍象。虞翻曰：城下溝無水稱隍，有水稱池。程子曰：累隍土以成城，如累治道以成泰，及泰之終，將反于否，如城土頹圮，復反于隍。是也。坤為衆，師象。三陰交于陽而成泰，及其盛久而衰，陰柔自萎，如城傾圮，非用武可以振作，故勿用師。坤為邑，又為文，互兑口，告命象。泰之衰也，有漸自邑告命，由近修文以變化之。然盛極而衰，非一時可以復振，雖以正挽救，終吝而不可遽通。聖人戒人守貞待之，勿求速效也。吝嗇而不通，正泰之反也。

《象》曰：城復于隍，其命亂也。

言城復于隍，雖盛衰之勢必然，然乃人事不善，持盛而驕，命令悖亂，乃致此也。故爻戒人自邑告命，清其本原。惟其命亂已久，故雖貞而吝，必持久以變化之也。

附　解

陰陽不交，則不成造化；上下不交，則不成治理。凡五倫人事，以天相見，以道相維，共成太和宇宙，義皆如斯。然天地以一元運化，陰陽雖分，而未嘗不合；消長盛衰，循環天氣，萬古自若。人則此心此理，不能無間，故盛則滿，衰則傾。聖人教人兢兢于保盛持衰，一部《易經》大半若是，而于此卦重其陰陽相交以為吉亨。然各爻分位不同，又復諄諄致戒，要皆欲人善成其泰，勿恃其泰也。財成輔相，義該盡人性盡物性許多經濟。要之，人為天地之主，天地亦賴於人，而君上更首出之人，其責非細，必有天地之道，而後可以財成輔相，成乎泰運。故天道人事，一以貫之，無二理也。

䷋坤下乾上

否，閉塞也。為卦天上地下，天地不交，萬物盡隔塞而不相通，卦象卦德皆與《泰》相反。《序卦》：物不可終通，故受之以《否》。此七月之卦。

否之匪人，不利君子貞，大往小來。

人者，天地之心也。天地無否時，人道失則匪人多而天地否，故聖人言《否》之為卦，非天地果有閉塞不通之時也。人為三才之主，善人多則天地之正氣伸，而陰陽和平。《否》之所以為否，以否之匪人不利于君子之守正，而肆其猖狂，大者往，小者來，故成否也。

《彖》曰：否之匪人，不利君子貞，大往小來，則是天地不交而萬物不通也，上下不交而天下无邦也。內陰而外陽，內柔而外剛，內小人而外君子。小人道長，君子道消也。

則是云者，就彖詞而太息之也，言如所云，則是人道失而天運亦非。天地不交而萬物不通，不成造化也；上下不交而天下无邦，不成世宙也。其卦內陰而陽反在外，內柔而剛反在外，內小人而君子反在外，小人道長，君子道消，非理之正也。

《象》曰：天地不交，否，君子以儉德辟難，不可榮以祿。

儉德，約其德，無外華也。坤為吝，嗇儉之象。辟難，避小人之禍。三陽在外，避難之象。不可榮以祿，人不可得而榮之。蓋德儉而人不知，遠祿而讒忌亦遠，故避難也。三陰趨上而益進，三陽趨上而益遠，皆從不交處發明象理。

初六，拔茅茹，以其彙，貞吉，亨。

三陰連類而進，其迹與君子同，故亦象拔茅連茹以彙。然小人初進，未必便欲害君子，特勢位盛，利欲興，乃害正誤國。聖人戒而誘之，言能守正而貞，福國利民而吉，則天下蒙福，已亦受賜而亨也。

《象》曰：拔茅貞吉，志在君也。

小人害正，由其但為身謀耳。拔茅彙進，而勉以貞吉，以其志在九五，為君謀，自不害君子，此導小人以正之意也。

六二，包承，小人吉，大人否亨。

包，包乎初。承，承乎五。六二陰柔中正，是小人之知畏名義者，其象為包容其類，承順于上。在小人則吉，以其不敢為惡也。在大人則當安守其否，不可以彼包承而自失其身，雖否，其道則亨也。

《象》曰：大人否亨，不亂群也。

群謂三陰。當上下不交之時，故二雖承上，而五不與群，雖否而亨，正以其不與小人為群也。《易》為君子謀，故專美大人如此。

六三，包羞。

六三陰柔，居群陰之上，包二與初，是小人護庇其類者。然位不中正，又當上不比陰之時，君子不以為緣，已又無權以害君子，徒為小人之歸，故為包羞也。

《象》曰：包羞，位不當也。

陰柔而不中正，羞之所由來也。深歎之以警使中正。

九四，有命无咎，疇離祉。

變巽，命象。疇，類也，謂三陽。離，麗也。九四陽剛，居近君位，有濟否之才，而在高位者也。當否之時，不與下三陰為緣，而以九五為依，是凡事出于君命，可以濟否，故曰有命无咎。而其疇類皆麗福祉也。

《象》曰：有命无咎，志行也。

志行，謂濟否之志得君命，則其志可行，戒九四之自用也。

九五，休否，大人吉。其亡其亡，繫于苞桑。

九五陽剛中正而得尊位，可以休時之否，是大人之事也，故大人遇之則吉。但方否之時，有可以休否之理，而未遽傾否也。必當持以兢業，常作其亡其亡之想，而維持堅固，若繫物于苞桑者然，乃可以漸休否也。互巽，木象。巽為繩，繫象。變離伏坎，為叢棘，苞桑象。

《象》曰：大人之吉，位正當也。

五，君位。九，陽德。當否之時，惟有德而居君位者乃可以休否。正當，勗之也。

上九，傾否，先否後喜。

傾，覆也，否極則傾。上九以陽剛處否之終，故卒能傾去其否。變兑為說，喜之象。先否後喜，為傾否者勗也。

《象》曰：否終則傾，何可長也。

言否無長否之理，惟賴傾否者之有德有才而已。

附 解

天地一元運化，二氣循環，雖物有終始，而太和之理無終始。安有否時？或因人道不能承天，泰而滿，滿而溢，則泰轉為否。及其否也，又諉于天道之常，而不修人事，于是否者不復泰，而否遂成矣。聖人以扶衰濟世望人，故于《否》卦不重天道，首揭明否之匪人，不利君子貞，大往小來，言由小人疾害君子，遂成否運，而大往小來也。輔嗣以為非人道之常，晦翁以為之匪人三字衍，來瞿唐、汪容川等又以利字為句，均不得經意。至三陰三陽上下不交，否之所以成，而註家必牽連上下解之，故於各爻本義不明，今悉正之。又按一陰一陽之謂道，分言則天陽地陰，合言則天地各有陰陽，陰陽互相為用，交濟其功，不可偏重。《易》惟陰陽亢而失正，始不吉。自先儒誤解抑陰扶陽，不識《泰》《否》二卦孔子之意，謂陽為君子，陰為小人，不知陰陽和平乃成功化，反之則凶，故夫子因此二卦發明陰陽不可偏廢之義。於《泰》曰則是天地交云云，喜之也；於《否》曰則是天地不交云云，慨之也。陰陽不和，而天地之功用息；五倫不和，而人事之義理乖。君子道長道消云云，推論其得失，安得以陽為君子，陰為小人哉？陰陽合德而剛柔有體，以體天地之撰，君子豈遂無陰？自來誤解，不可不正。

周易恒解卷二

周易上經

䷌離下乾上

天在上，火炎上而同于天。離為日，而又為火，日即火之精也，且天得火而益光明。于人則離為心，心以火為神，以乾為性，先天乾位轉為後天離位，人之所以生即心之所以異也。此卦離火上應乎天，是人心不昧其本，故為同人。蓋人不同而心同，心同則天下人皆可同也。《序卦》：物不可以終否，故受之以《同人》。謂濟否非同人不可也。

同人于野，亨，利涉大川，利君子貞。

同人，與人同也。離本坤，變乾覆坤。地與天際曰野，人與天際曰于野。乾健行，故利涉。二五中正，君子也。乾，天也。離虛明，人心也。乾在離上，人心之天也。人不同而其心之天同，故欲同人者，貴同于野，不涉藩籬，亦無畛域，則人心之天可以合天下而為一，事無不濟，故亨，而可以涉險矣。然貴其同人者，貴其同天理，惟君子以正相合，得此卦者利如之，若以私同，則非卦義也。

《彖》曰：同人，柔得位得中而應乎乾，曰同人。《同人》曰：同人于野，亨，利涉大川。乾行也。文明以健，中正而應，君子正也。惟君子為能通天下之志。

《同人》《大有》，五剛一柔，并以柔為主，何以能同人？惟得位則至正至大，得中則無偏無黨，應乎乾則以陰從陽，以人合天，而無人之弗同矣。特言同人曰者，明文王不直云同人，而云同人于野之故。乾行，言惟以乾而行，乃畛域化而可涉險，非恃柔以行也。以卦德言，離文明則能察理，乾剛健則能克己。以二五言，中正則內無私，應則外無閒，此皆君子之正道也。人心之同然者為志，君子以正通之，正者感而通，不正者化而通，焉往而不大同哉？

《象》曰：天與火，同人，君子以類族辨物。

後天離位即先天乾位也。天純陽，火生于陰而成于陽，故天以日為明，以火為用，是以天與火可以言同。天上運，火上炎，不同其物同其性，亦猶人與人不同，而其道同，其趨同也，故曰同人。君子法乾覆之無私，于殊分之族而類聚之，于不同者同之也；法離之均照，于有別之物而辨析之，于同者異之也。同其所不得不同，異其所不得不異，所以為同之大也。

初九，同人于門，无咎。

初九陽剛無私。六二耦畫虛中，門之象。九以剛居初，欲同人而無偏私，與二相近，二中而正，是可同之人即在門也。勇于集益，剛直無私，故无咎。

《象》曰：出門同人，又誰咎也。

出門即有同人，同心至近，又誰咎之？誰，對三四而言，三伏莽，四乘墉，皆忌人同而欲咎之。初與二同，則非三四所能咎也。

六二，同人于宗，吝。

宗，黨也。後天之離本先天之乾，六二變則成乾，其與五相應，仍其類也，故為同人于宗象。然同人欲其廣不欲其私，以類相從則狹矣，故吝。

《象》曰：同人于宗，吝道也。

于野為亨，則于宗為吝。吝之道，言其道本狹隘，而非謂所同之非也。

九三，伏戎于莽，升其高陵，三歲不興。

離戈兵，戎象。互巽，隱伏。又巽為陰木，莽象。變艮為高陵。卦惟一陰，諸陽皆欲同之。三，離數也。九三剛而不中，是剛暴之人。與二相比，欲與之同。然二以中正之道，與五相應，三以剛强居二五閒，欲奪而同之，理不直而勢又不敵，故伏戎于莽。心懷不直，升高陵以顧望。至于三歲之久，畏懼終不敢興。

《象》曰：伏戎于莽，敵剛也。三歲不興，安行也。

敵剛也，歎其不自量才，而欲與五剛敵，故有此舉。安行也，喜其終不敢發，安分而行。聖人教人之意深矣。

九四，乘其墉，弗克攻，吉。

離中虛外圍，墉象，與《解》上六變離曰墉同義。五陽皆欲同二，九三在下卦之上，為二之墉。九四在上卦，亦欲同于二。惡二之比三，有陵下之志，為乘墉下攻之象。然去二益遠，以剛而居柔位，故為不克攻而自反之象。能如是則能改過矣，故吉。

《象》曰：乘其墉，義弗克也。其吉，則困而反則也。

義者，理也。困，困窮。則，法則也。二居內，四居外，言乎應，則二與五應，而四非應；言乎比，則三與二比，而四非比。三為二墉，五以剛中應二，攻安能克？故曰義弗克。欲攻不攻，两交戰，故困，知其弗克。困而聽于義，則順乎法則矣。

九五，同人，先號咷而後笑，大師克相遇。

五與二以中正相應，同人之正者也。因三四閒之，暫不得同，故先號咷。然中正相與，終不能閒也，故後笑。離為戈兵，乾以剛健應之，為大師象。克，勝也，謂勝三四。遇，遇六二也。

《象》曰：**同人之先，以中直也。大師相遇，言相克也。**

五與二中正相同，何以先號咷？以五本中直之道，不為隄防詐偽之計，而伏莽乘墉，三四從中阻之，欲同而不能即同，故號咷也。相克，言同以中正，終非三四所能敵，蓋深喜其中直也。

上九，同人于郊，无悔。

乾為郊，上居卦外，亦郊象。國外曰郊，郊外曰野，郊在野內，未至于曠遠，同人象之，是未能極友善之量者。然雖未廣，亦無所爭，故无悔也。

《象》曰：**同人于郊，志未得也。**

同人于野則亨，而于郊則但无悔者，同人以相親相與為義，上九居外而無應，是无與同者。且郊不若野廣遠，是未能通天下之志，合四海為一也，故曰志未得。

附　解

人同此心，心同此理，五倫以正相與，共成有情之世界，則反否為泰，《同人》之所以次《否》也。第同人者，必有至公至明至誠至虛之量，始能合四海為一人。同人于野，即是意也。六爻皆無全吉，故文王開端不第言同人，而言同人于野，蓋特揭明同人之義。繼之曰利涉大川，言如是則無事不可為。又曰利君子貞，言必君子之貞而後可。故孔子申之曰惟君子為能通天下之志，類族辨物，則至公至明至誠至虛該焉，是所以通天下之志也。聖人以天下為一家，中國為一人，而情無不孚、恩無不洽者，豈非同人于野之意哉？于門取善即于至近，故无咎。于宗亦未大失，但狹隘則難推行，故吝。三四伏莽乘墉，始也包藏禍心，繼而歸于分義，故聖人恕其始而嘉其終。五與二中正相遇，而不能不待於大師，以小人阻之也，若非中直，豈得遂其同人之志哉？同人于郊，無應而亦無爭，特免於悔。綜觀六爻之義，聖人貴人之同，又欲人別同中之異，以化異於同，故取君子之貞，又陳小人之狀，莫非所以勉人於中正而已。

☲乾下離上

大有，有者大也。《同人》之離在下，人心也；《大有》之離在上，君心也。日光下照，庶類繁昌，君心下交，賢才彙出。物之盛與人之盛者，君皆有之，故為大有。《序卦》：與人同者物必歸焉，故受之以《大有》。

大有：元亨。

陽為大。一陰虛中下賢，而眾陽從之，蓋居尊不自滿足者。乾健離明，居尊應天，故有元亨之道。《比》亦以九居五，而應之者五陰，則民庶之象；此應之者五陽，則賢人之象。賢人應之，所有孰大于是？故元亨。

《彖》曰：大有，柔得尊位，大中而上下應之，曰大有。其德剛健而文明，應乎天而時行，是以元亨。

柔指六五。六居五，故得尊位。五為中。大中，能以眾陽之大而用其中也。蓋《同人》一陰在下，勢不足以有眾；《大有》一陰在上，人皆為我所有。五陽位得中居尊，而虛衷下賢，是有大中之德者。上下謂五陽，內剛健則克勝其私，外文明則灼見其理。火在天上，又離本乾體也，故曰應乎天。時行，以尊下賢，不恃其有，而善用其有，是以元亨也。

《象》曰：火在天上，大有，君子以遏惡揚善，順天休命。

火在天上，日麗于天，無所不照，而長養生成，恩無不包，是故物之大有，天之休明也。君子法之，雖明無不照，而于惡則遏之使歸善，于善則揚之使終善，所以順天之休命，長保其大有也。

初九，无交害，匪咎，艱則无咎。

離為戈兵，惡人傷害之象。居大有之初，去離尚遠，是无交也。而離火尅乾金，有來害之象，此非初之咎也。然以大有之故，故來傷害須處以艱難，保其大有，乃可无咎。

《象》曰：大有初九，无交害也。

初為下位，初九，凡民之象。富有者禍之招，大有而在初九，无交亦有害也。歎之而欲人艱以免咎。

九二，大車以載，有攸往，无咎。

乾為圜，為輪，又為馬，大車象。三陽上征，大車載以攸往之象，九二剛中，上應六五，合群賢以事一人，任重而不專往，故无咎。不言吉者，讓功于五也。

《象》曰：大車以載，積中不敗也。

積，積聚，陽多之卦皆曰積。敗，壞也，以金遇火必有敗象。九二象大車以載而不敗者，積陽剛中，為合眾賢以將誠，無致敗之理也。

九三，公用亨于天子，小人弗克。

亨，《春秋傳》作享，謂朝獻也。九三居下之上，公侯之象。剛正而上交，當大有之時，為公侯富盛用享于天子之象。然不私其所有以奉上，貴其乾剛之體得乎正者也。若小人無剛正之德，而以貢獻致媚，則弗克當。此戒占者也。

《象》曰：公用亨于天子，小人害也。

公用亨于天子，本忠順之事，小人則反為害，以其無剛正之德也。

九四，匪其彭，无咎。

彭，音旁。

彭，盛貌。一陰而有五陽，故為大有。四獨近五，五之有皆四有也。然以剛居柔，知君所有非其所有，而謙以自居，懼以奉上，故无咎。

《象》曰：匪其彭，无咎，明辨晳也。

晳，明貌。九四近五，五之所有疑為四有，而四能知五之大有，匪其所有，是明辨甚晳。處盛而不自以為盛，贊之也。離明之始，所以辨而能晳。

六五，厥孚交如，威如，吉。

居尊而虛中下賢，上下相孚，其志交契。曰交如者，上下勢懸，疑于不交，惟五具中德，故有此孚交。威，五居尊也。如，形容之詞。居尊而虛中，孚于無形，不嚴而威，柔剛兼濟，故吉。

《象》曰：厥孚交如，信以發志也。威如之吉，易而无備也。

誠能動物，一人之信足以發上下相孚之志。威而曰如者，平易無防閑逆億之私，而人自信之，不怒而威也。

上九，自天祐之，吉无不利。

五陽皆為六五所有，九雖在上，而全卦陽爻皆其類。乾，天也，離，亦乾體也，故為自天祐之之象。祐，助也。上九以剛明之德居《大有》之盛，而下順六五，是崇高而能信順有德者，故自天助之，吉无不利也。

《象》曰：大有上吉，自天祐也。

上居《大有》之極，疑乎過亢，而上乃吉者，以其同眾陽以下順六五，合乎天理，自天祐也。《繫詞》言：履信思乎順，又以尚賢也。信謂六五，在五上，故曰履。思順，本卦五陽皆順乎六五也。尚賢，六五虛中以信眾賢，上九同眾賢助順於六五，為尚賢之義也。

附　解

有而曰大，有之盛也。然其有也，乃由一陰虛中，信乎五陽，五陽從之，是以德而非以勢也。故於有害者戒其艱，有攸往者明其積中，享天子者戒乎小人。匪彭之无咎，上九之吉利，皆以順乎五之故也。至六五能有眾賢，則曰信曰易，此其所以為大中而上下應之也。凡處大有者，不可曉然其義乎？至亨、享字，古本通用，《左傳》又明作享，則必解為亨者，非《大有》上吉，據《繫辭》而以為解六五之義者固非，不用《繫辭》而以為別有說者亦非也。

䷎艮下坤上

有而不居曰謙。艮内止，坤外順，謙之意；地卑下，山高大而居其下，謙之象；以崇高之德而處于卑下，謙之意也。《序卦》：有大者不可以盈，故受之以《謙》。

謙：亨，君子有終。

謙退自處，無往不宜，故亨。乾之上爻交于坤而成艮，本卦艮止成《謙》。九三為成卦之主，以其本《乾》卦之九三，故稱君子。謙之道，惟君子能盡之，坤以大終，艮成始成終，故曰君子有終。言惟君子能謙，亦惟謙終成其為君子也。

《彖》曰：謙亨，天道下濟而光明，地道卑而上行。天道虧盈而益謙，地道變盈而流謙，鬼神害盈而福謙，人道惡盈而好謙。謙尊而光，卑而不可踰，君子之終也。

濟，施也。天位乎上，而氣則施于下。光明者，生成萬物化育昭著而不可掩。卑，地位乎下也。上行者，地氣上交乎天。本卦艮本坤體，乾一陽下交之，故為下濟，地居上卦，故為上行。天下濟，謙也，而光明則亨矣。地卑，謙也，而上行則亨矣。此釋謙之必亨也。虧盈益謙以氣言，變盈流謙以形言。變者傾壞，流者流注。害福以理言，好惡以情言。此四句統言天地鬼神人皆好謙，釋謙之所以亨也。踰，過也。尊，尊人，尊而光如天；卑，卑己，卑不可踰如地。其始似屈，其終必伸。君子惟知持謙，始終不渝，所以為君子也。

《象》曰：地中有山，謙，君子以裒多益寡，稱物平施。

地體卑下，山高大而在地中，外卑下而内藴高大之象，故為謙。裒，減也。君子平其情以應理，減多益寡，稱物之宜而平其施，如損山之高益地之卑，以趨于平也。

初六，謙謙君子，用涉大川，吉。

六柔，謙德也；初卑下，謙位也。謙德以處卑位，謙而又謙，君子之事。雖涉險亦吉，平居可知矣。九三為成卦之主稱君子，而此亦稱君子，何也？三在下卦之上，勞而能謙，在上之君子；初在下卦之下，謙而又謙，在下之君子。在上者尊而光，在下者卑而不可踰，所以為君子之終也。

《象》曰：謙謙君子，卑以自牧也。

牧，即牧牛羊之牧，謂馴服也。養德基于至卑，初卑位，六卑德，故云然。

六二，鳴謙，貞吉。

變巽為雞，故鳴。又中爻震為善鳴，雌雄相應則鳴，故以陰陽唱和寄之于鳴。六二與六五皆柔中之德，而上下相應，故為鳴謙。貞吉，中正而吉也。

《象》曰：鳴謙貞吉，中心得也。

二五皆中，其心相得，故謙德合而吉，此鳴而得其應者也。

九三，勞謙君子，有終，吉。

一陽而給五陰之求，故勞。九三剛正之德，宜在上位，而止於下，勞而能謙者也，惟君子克當之。艮成終，君子任勞履謙，久而不變，故有終而無不吉也。

《象》曰：勞謙君子，萬民服也。

陰為民眾，陰歸之，故曰萬民服。九三承上接下，勞而不伐，大臣功高望重，不居其勞，故曰萬民悅服也。

六四，无不利，撝謙。

撝、揮同。六四柔而得正，處坤之下，卑順之至者。上有謙德之君，下有謙德之臣，處聖主賢臣閒，卑順得正，是有謙德而上下信之，無處不利其撝謙也。

《象》曰：无不利撝謙，不違則也。

則，法則。聖主賢臣皆有謙德，處其閒而撝謙，是不違乎謙之則也。

六五，不富以其鄰，利用侵伐，无不利。

陰虛中，故不富。鄰，臣鄰。六五居尊，而鳴謙、勞謙、撝謙諸臣輔之，可謂富矣，然乃不恃其富，彌益謙下，是君德之盛者。占者若得此爻，利用侵伐，无不利。蓋謙德如此，人無不感，而有不服者，必負固不軌之徒，故利侵伐。言自反無闕也。

《象》曰：利用侵伐，征不服也。

征，正也。侵伐爭事，而惟謙德之君宜之，何哉？蓋君德極盛，謙而不服，則頑梗太甚。且言此以見六五之謙，非一味姑容，乃德盛而能謙也。

上六，鳴謙，利用行師，征邑國。

九三互震，上與之應，故亦曰鳴謙。且此爻變艮，則亦與九三同，兩相唱和，故鳴。邑國，坤土象，謂己私邑之國。上六處謙之極，知勞謙之美而欲與九三唱和，然去三甚遠，閒於四五兩爻，志未遽得，是極其謙而無同志者。極其謙則自反無闕，故利用行師；無同志則難成大功，故利征邑國而已。

《象》曰：鳴謙，志未得也。可用行師，征邑國也。

言志未得，見所志未遂，非鳴謙之過。征邑國也，歎其功止于此。

附 解

《易》抑陰而扶陽，惡夫陰之淩陽耳，非謂陰之不可用也。故於坤德皆以乾德為德，而曰利永貞；若夫陽亦以能用乎陰為正，而不喜其亢，蓋陰陽和平乃天地之正也。此卦名謙，謂地能蘊山，亦取山能下地，平其亢，抑其高，而不失於正，故六爻全吉。《乾》《坤》二卦之位罕純吉若此者。又坤艮皆土也，其德博厚而平，人德如之，則為君子。聖人以謙望人，實乃天地之德本如此也。學者若非從克己復禮用功，亦不能全其道如卦爻所云，可弗勉歟？

䷏坤下震上

豫，和也。陽氣潛于地中，動而發聲，通暢生機，時之和也。一陽用事，五陰從之，位之和也。順理而動，人之和也。《序卦》：有大而能謙，必豫，故受之以《豫》。

豫：利建侯行師。

坤為眾，震其師也。坤為邦國，國人愛戴，則立君而民服；大眾同心，則師出而有功，故利建侯行師。《屯》有震無坤，則第言建侯；《謙》有坤無震，則第言行師；此合震坤，故兼言之。

《彖》曰：豫，剛應而志行，順以動，豫。豫順以動，故天地如之，而況建侯行師乎？天地以順動，故日月不過，而四時不忒；聖人以順動，則刑罰清而民服。《豫》之時義大矣哉。

坤為眾，五陰同類，為眾志。四以一陽當心腹之爻，應眾陰而震動，眾志皆賴以行，故曰剛應而志行。眾志和樂，而順理以動，雖天地之大且如之，而況建侯行師，不過人和而已，何弗利乎？天左旋，順也，地靜而順天。天地順其常運而動，則日月之行無過差，而四時序無愆忒。民同此理順聖人順理以順民心而動，則刑罰以清，教化而民心悅服。故豫者，順理和樂之謂，天地聖人皆然，時義大矣哉。義而言時，時中然後精義也。

《象》曰：雷出地奮，豫，先王以作樂崇德，殷薦之上帝，以配祖考。

震者，陽氣奮發，德蘊于中，發而為聲，樂之義。坤順而震發，樂之象。互坎亦有樂律象。陽為德，五陰而向一陽，崇德之象。帝出乎震，故稱上帝。中爻艮為門闕，坎為隱伏，宗廟祖宗之象。殷，盛也。薦，進也。陽氣潛于地中，及動而出，奮發成聲，則陽氣和暢，萬物生遂，故為豫也。先王法天地之義，知人心之德，乃天地人所同貫，因而作樂。萬物本乎天，人本乎祖，以樂暢其德音，象天地之豫，使人崇德。而于是殷薦于上帝，帝格其和，以殷薦于祖考，欲祖考亦配德于天地，皆本乎天地人心自然之豫，以通天祖也。

初六，鳴豫，凶。

初應震，又變震為決躁，善鳴象。初與四應，四為豫主，近君得權。初不中正，上下懸絕，欲與之應，己無可樂，而恃其配以為樂，凶之道也。

《象》曰：初六鳴豫，志窮凶也。

豫之為義，以德順動而和。初本無德，恃四為援，欲相唱和為樂，不求諸己而求諸人，其志必窮，故致凶也。

六二，介于石，不終日，貞吉。

介，際也，特也，謂居初三之間。互艮有石象。介于石，謂居其間而操守堅確如石也。不終日，不久居豫。六二處豫樂之時，而以中正自守。初鳴豫以援四，三盱豫以望四，二處其間，特然自立，如石堅確，而不易其操，不溺于豫樂，不終日而即去，如此守正，吉之道也。

《象》曰：不終日貞吉，以中正也。

以中正言其不終日，非矯情，非戾俗，乃不過乎則，而得處豫之中正也。

六三，盱豫悔，遲有悔。

盱，目上視也。變巽為多白眼，故象盱；又為不果，故象遲。六三陰居陽位，位不中正，宜靜以聽命于四，待時而從之。若時未至而妄思攀援，盱豫則有悔；若時已至而不從其上，遲亦有悔也。

《象》曰：盱豫有悔，位不當也。

盱遲皆悔，而遲不過失豫而已，盱則失己，故專就盱豫釋之。位不當，以爻義言也。

九四，由豫，大有得。勿疑，朋盍簪。

由，從也。一陽動而群陰附之，由豫之理以動也。以象言，九四震之主，萬物莫不由震以豫。以爻言，九四陽之動，五陰莫不由陽以豫。陽為大，眾陰皆為一陽所得，故曰大有得。四多懼，互坎有疑象，又互艮止，故戒勿疑。朋謂五陰，陰以得陽為朋也。盍，合也。簪以束髮，一陽橫貫于五陰，以簪括髮之象。九四為成卦之主，由豫而行，眾陰從之，大有得人之助。占者得之，勿以陰多為疑，推誠行之，則朋類自然合聚，如盍簪束髮，不虞其散漫也。

《象》曰：由豫大有得，志大行也。

一陽統群陰而豫動，大得群陰之助，其志大行也。

六五，貞疾，恒不死。

居中故言貞。下卦坤為腹，中爻互坎為心疾，疾象。六五居尊，宜豫者也，受制于四而不得豫，心有病焉。常病人之豫不由己，亦病己之豫不得自由也，或①貞疾。然因疾則戒，損其驕淫而益其畏慎，恒不死，所謂生于憂患者也。

《象》曰：六五貞疾，乘剛也。恒不死，中未亡也。

六五居尊，貞而有疾者，何也？以乘九四之剛，君陰皆附之，五獨無權故也。恒不死者，以位中而貞，知戒懼也。

上六，冥豫成，有渝无咎。

以陰柔居豫之極，為昏冥于豫之象。上處豫終，故成。動極而變，故渝也。冥豫之事已成，幸震體動而能變，一旦悔悟盡反其所為，則復于無過矣，故无咎。

《象》曰：冥豫在上，何可長也。

冥豫已極，災咎必至，何可長溺而不變乎？故渝則无咎也。

附　解

天地氣化，以和暢為美，人心亦然。但所貴乎豫者，天地之和，心德之

---

① 或，《周易學說》作故。

暢，人倫之樂，非徒娛耳目，悅心志，耽溺為尚也。故聖人於《豫》卦深明其時義之大。而初六鳴豫，即戒其凶，所以遏其惡於始。上六成有渝，即許其无咎，所以開其善於終。六二不溺於豫，九四能合眾人之豫以為豫，皆美之。盱豫之悔，希冀非分之豫以為豫也。貞疾之不死，因不豫而深戒懼也。然則人之所以處豫者可知矣。惟聖人道合天地，以天地和氣順人心之和氣，陰陽調，風雨時，倫物遂而萬彙昌，故作樂崇德，薦上帝而配祖考，大鳴其豫。學者苟非從事於致中致和，亦安知豫之時義大矣哉？

䷐震下兌上

剛下柔而說之，故曰隨。少女從長男，隨之義也。雷動而澤隨之，隨之象也。以二體言，震剛下，兌柔上。以卦畫言，剛爻皆下于柔爻，動而說，說而動，皆隨之義也。《序卦》：豫必有隨，故受之以《隨》。

隨：元亨，利貞，无咎。

不自是而屈己隨人，故可大亨。然苟不正則為詭隨，故必利于正乃无咎。《春秋傳》穆姜之語得占法矣。其所謂四德則非本旨。

《彖》曰：隨，剛來而下柔，動而說，隨。大亨，貞无咎，而天下隨時。隨時之義大矣哉。

剛，震；柔，兌也。內為來，為下；外為往，為上。隨時，隨其理之所在而以時處之也。隨時處中，非精義入神者不能，故曰隨時之義大。言剛來而下于柔，動而人心說之，所以名隨也。大亨得其正而所往无咎，則措諸天下，無往不宜，天下隨時矣。夫隨時處中，通變宜民，邦家無怨，此其義豈不大哉？贊其大以為隨之法也。

《象》曰：澤中有雷，隨，君子以嚮晦入宴息。

嚮、向同。晦，昏暮。宴，安。息，休也。震，東方之卦；兌，西方之卦。雷二月動，八月息。澤中有雷，陽氣收斂之候。人事與天地相準，故君子法之，以嚮晦則入而宴息。蓋陰陽動靜，造化之自然，即人事之當然也。

初九，官有渝，貞吉，出門交有功。

官，得主有權之稱。震長子，主器官之象。初為震主，動而為隨，有渝象。二互艮，門象。隨之為卦，以相隨為義，故其爻皆下隨上，不論應與。初九陽剛得正，本震之主也，隨時以動，變而隨二，二居中正，其隨得正為吉。且二與初近，為出門而即交得其人，可有功也。

《象》曰：官有渝，從正吉也。出門交有功，不失也。

二中正，故從之得吉，不然則失所隨矣。言有功，以明不負所隨之意。

六二，係小子，失丈夫。

中爻巽，為繩係之象。以剛從人謂之隨，以柔從人謂之係。隨則公，故無失；係則私，故有失也。陽大陰小，故陽爻為丈夫，陰爻為小子。六二中正。當隨之時，義當隨三，然三不正，初得正，故有係小子失丈夫象。不言凶咎者，明言係失，決擇在乎人，有如是之象，而不如是行，則无害也。

《象》曰：係小子，弗兼與也。

弗兼與者，從此則失彼，無兩是之理。居位如是，是在人之自戒耳。

六三，係丈夫，失小子，隨有求得，利居貞。

丈夫，九四。小子，六二也。六三當隨之時，義當隨四，為係丈夫而失小子。四近君，為大臣，隨之而有所求，可以得志。但四不中正，而六三陰柔，利于自處以正，否則非隨之義矣。

《象》曰：係丈夫，志舍下也。

此爻在下，而一意隨四，得陽倡陰隨之常，故聖人猶嘉其志，而以係丈夫象之。志舍下，不隨初與二也。

九四，隨有獲，貞凶。有孚在道，以明，何咎？

陽爻實，故有孚。震為大塗，道之象。互艮輝光，明之象。九四以剛居上之下，為大臣隨君而得眾人之心，為隨有所獲。第大臣義當隨君，威則不可擅也。恃其隨以有獲，雖所隨得正，豈不凶哉？若至誠以結主，知言行皆在於道，而以明哲處之，何咎？

《象》曰：隨有獲，其義凶也。有孚在道，明功也。

義凶，有凶之理。明功，言有孚在道，要皆明哲之功也。蓋明哲則知，心不可欺，行不可苟，所以无咎也。

九五，孚于嘉，吉。

嘉，善也。上為兑主，說以隨時，居上無位，蓋有德而隱者。九五隨之，而與相孚，是孚于善矣。自天子至于庶人，隨之道惟在隨善而已，故吉。

《象》曰：孚于嘉吉，位正中也。

正中，言不下係也。當隨之時，居尊位而有正中之德，故能孚于嘉也。

上六，拘係之，乃從維之，王用亨于西山。

互艮手，為拘係。變乾王象，指九五。兑為西。伏艮，山象，上居高位，亦山象。上六為兑說之主，處隨之極，無所隨而遠舉，然德自可隨。九五以孚隨之，恐其不固，則拘係之，又從而維縶之，其好賢如此，隨之美無有加焉者。其占為王者尚賢崇德，舍己從人，用以亨于西山之象。

《象》曰：拘係之，上窮也。

窮，謂居卦之終。上六居隨之極，無所隨而將遯，非九五拘係之，則失賢矣，故言上窮也，以戒必拘係之乃善。

附　解

卦以相隨為義，隨以時中為美。先儒乃以應與詁六爻，故多失其旨，九

五、上六二爻尤為鮮當。夫卦以剛來而下柔為隨，初剛下於二柔，則九五之剛亦下於上柔，故九五之孚嘉，隨上六也。上六之係維，係維之者九五，所以可係維者，自在上六爻，從九五取象，以其隨故也。賢人嶽降崧生，王用亨于西山，以其好善之誠，克當天心，不負地靈也。《比》卦比之无首，凶，以其相說而入于不正；此卦以剛下柔，相隨以正，故曰孚于嘉，異于兌之孚于剝也。他說之誤尚多，今不悉辨，學者但玩本註可也。

䷑巽下艮上

蠱者，物久敗壞而蟲生也。於文皿蟲為蠱，《左氏傳》云：女惑男，風落山。以長女下於少男，其情亂矣。以卦德言，在上者止息而不動，在下者巽順而无違，委靡因循，積成敗壞，所以蠱也。又二體則陽卦居上，陰卦居下；六位則剛爻居上，柔爻居下，陰陽剛柔不相交，尊卑上下不相接，百弊生而萬事隳，蠱之義也。《序卦》：以喜隨人者必有事，故受之以《蠱》。蠱非訓事，蠱乃有事也。

蠱：元亨，利涉大川。先甲三日，後甲三日。

蠱，物敗壞而生蟲，凡事敗壞而後有事。文王恐人以蠱棄之，言占得此卦者大亨，其利如涉大川。蓋事壞亟須治安，如大川雖險，亦必涉之，但濟險扶危，需有為之才耳。先甲，未事；後甲，已事也。天地生機在木，以喻人事。三日猶三月，《詩》曰：一之日，二之日。甲木旺于春，水生木，其原在冬三月；甲木至巳而盈，子洩母氣，衰謝在夏三月。先甲三日，言治蠱者當審其機於未萌、未蠱之時，即豫為救蠱之地。後甲三日，言治蠱者當察其機於將衰、方蠱之時，即豫為防蠱之道也。本卦艮居上，陽生於嚴冬之時，是寅甲生盛①之機，而艮以止之，成一年之歲功，即啓二年之春景。巽居下，陰生於盛暑之時，是甲木將盡之兆，而巽以動之，萬物皆潔齊以相見，實萬物皆發洩而無餘。先甲三日，後甲三日，戒占者凡事必豫為防慎為備，法斯義也。言三日者，陰陽之氣三而盛，盛而衰，循環不窮。占者遇事審之，是所以元亨也。

《彖》曰：蠱，剛上而柔下，巽而止，蠱。蠱元亨而天下治也。利涉大川，往有事也。先甲三日，後甲三日，終則有始，天行也。

剛上而不下交，柔下而不從，上安於卑，巽止而不遷，萬事隳頹，所以名為蠱也。而文王言元亨者，知蠱之可為，不以蠱而棄之，則必有見幾之明，勘亂之略，蠱不終于蠱，故曰蠱元亨而天下治也。利涉大川，非徒冒險以行，蓋寔有治蠱之寔功，往而有事也。先甲三日，後甲三日，審于其始，慎于其終。蓋終則有始，天道循環之自然，占者能法而慎之則吉也。

《象》曰：山下有風，蠱，君子以振民育德。

---

① 寅甲生盛，《周易學說》作甲木含生。

山下有風，所謂風落山也。山木風摧，蠱敗之象。振民者，振作而維新之象，巽風之行于下也。育德者，涵養而擴充之象，艮山之止于上也。成己成人皆此義。

初六，幹父之蠱，有子，考无咎，厲終吉。

蘇氏曰：器久不用而蟲生曰蠱，人久晏溺而疾生曰蠱，天下久安而弊生曰蠱。蠱非一日之故也，必世而見，故爻多以父子言之。幹，木身也。木有幹而後能載枝葉，人有才而後能振家聲，故曰幹蠱。父死曰考。厲，危也。初六陰居陽下，當蠱之初，壞亂未甚，其占為幹父之蠱，則克蓋前愆，有子而考亦无咎。雖當蠱之時，不免危厲，然惕慮正所以有成。始雖悚惕，終則吉也。

《象》曰：幹父之蠱，意承考也。

巽主于順，子道亦然。而云幹父之蠱者，蓋其意主于蓋前愆，不必襲父之為正，所以善承考也。武、周善繼善述以此，紹聖之非亦以此。

九二，幹母之蠱，不可貞。

六五陰柔處尊，母象。九二剛而處柔，上應六五，子幹母蠱象。陰性安，無事而惡有為？其蠱幹之尤難者，正之則傷愛，不正則傷義，故不可以貞自恃，言當巽以成之也。戒占者如是。

《象》曰：幹母之蠱，得中道也。

九二得巽之中正，上應六五，故能幹母之蠱。得中道即不可貞之義也。惟不恃貞，故為得中。

九三，幹父之蠱，小有悔，无大咎。

悔以心言，因九三過剛，則幹蠱之事更張，未免太急，所以悔也。咎以理言，巽順得正，能制其剛，則意主幹蠱，非同私意妄行，故无咎。九三陽剛之才，能幹父蠱者，第過剛自用，不免小有悔，而意主幹蠱，无大咎也。聖人教人，欲并其小悔而亦無之。

《象》曰：幹父之蠱，終无咎也。

人子以成親之美為孝，故孔子許其終无咎，以為天下勸也。

六四，裕父之蠱，往見吝。

裕，寬裕也。強以立事為幹，怠而委事為裕，正相反也。六四以陰居陰，不能有為，裕父蠱象。治蠱如拯焚溺，惟恐不及，怠緩則蠱日益深。以此往治其蠱，立見其吝，蓋必不可行也。

《象》曰：裕父之蠱，往未得也。

未得，未得遂其治蠱之意，蓋惜才不足也。

六五，幹父之蠱，用譽。

六五以柔居剛，又能得中，其幹蠱也，善繼善述，引咎而歸美于親，不彰其父之失，而人因子以頌其父，故為用譽。此幹蠱之最善者也。

《象》曰：幹父用譽，承以德也。

德，善繼善述之事，不承以才而承以德，乃能不彰父惡，光大前人，極美之也。

上九，不事王侯，高尚其事。

上事，事奉；下事，事體也。五居尊，故為王。三互震，故為侯。上九在其上，故為不事。巽為高，艮為山，上在艮上，故象高尚。蠱當有事之時，家事責之子，國事責之臣，上高無位，故王侯之事有不事者焉。夫其不為王侯之事者，蓋有更高于王侯之事者也。天下有事蠱，有心蠱，事蠱在一時，心蠱在萬世。上以事外之身，抱道而處，高風介節，立懦廉頑，不治事蠱而治心蠱，不治一時之蠱，而治萬世之蠱。是人以事為事，上以不事為其事，不事之事，更高于事，其尚之也宜哉。

《象》曰：不事王侯，志可則也。

高尚其事，即孟子言居仁由義，尚志之事，非以放情物外為尚高已也，故曰志可則。

附　解

天地無蠱之時，人心有蠱之事，失其所以承天地之理，而蠱生焉矣。聖人以救蠱為心，治蠱為事，故繫之以元亨，象之以幹蠱。夫氣運之盛衰，人以為天為之也，而不知人為之。人心動而失中，由無以養其本體之明，復無以察其事理之正也。一心之蠱，見於一身，著於萬事，而事父事君皆不得其正矣。然君臣以義合，故容有不遇於時，不能成其幹蠱之功者。若父子則一家，繼述恩義兩無所逃，故聖人就其切近者立論。幹父母之蠱如是，即幹君之蠱視此也。惟上九一爻，乃就君臣論，而以不事王侯為言。蓋賢人君子憂時憫俗之心，即忠君愛國之心，惟君不之用，則志無可展，惟有高尚其事。然其高尚也，正所以勵一世之人心，存萬古之名教，而忠愛之心固未嘗一日忘也，故子曰志可則。而欽定《述義》更能曲暢其說，今敬從之。至先甲、後甲，《彖傳》明言終則有始天行（也），而先儒穿鑿之過矣。又來、汪諸人以艮止於上，為父道尊而無為之象，巽順於下，為子道服勞承順之象，故爻多以父子言。義亦可通，然無解於六五一爻也，不如東坡之說為允。

䷒兑下坤上

臨，莅也，大也。二陽方長而盛大，臨乎四陰，故為臨，十二月之卦也。為卦下兑說，上坤順。天下之物密近相臨者，莫如地與水，故地上有水則為《比》，澤上有地則為《臨》。《序卦》：有事而後可大，故受之以《臨》。臨者，大也。韓康伯曰：可大之業，由事而生。二陽方長而盛大，故次於《蠱》。

臨：元亨，利貞。至于八月有凶。

八月，建未之月，由《復》至《遯》也。言占得此卦者，大亨。蓋自子一陽生，至丑月而陽壯，陽氣方盛，天運日趨於泰；人事得之為君子得志之時，故大亨也。但所以元亨者，以其陽長陰衰，理盛欲除，占者必利於正，乃合天地之義。又恐人恃盛而驕也，戒之曰至于八月有凶。蓋由子而至于《遯》卦之月，則二陰又為主而陽消矣。方盛而即戒其衰，所以長保其盛之道也。

《彖》曰：臨，剛浸而長，說而順，剛中而應。大亨以正，天之道也。至于八月有凶，消不久也。

浸，漸也。說而順，內說而外順也；內說則陽進不逼，外順則陰從不逆。剛中，九二。應，六五應之。天道，天生成萬物之道。言《臨》之所以為名，以陽剛浸長而日大也。然其體內說外順，九二以剛中之德，而六五應之，六五應則群陰無不應者，剛柔相濟。大亨而以正，此乃天之道也，人事如之，其吉豈不大乎？故繫曰元亨也。然亨不長，亨必有否時。至于八月有凶，所以明陽雖方盛，而其消亦不久，所以戒乎人之自滿也。

《象》曰：澤上有地，臨，君子以教思無窮，容保民無疆。

臨者，大也。地大容澤，澤滿等地，大之義也。君子法之，教化斯民。至誠惻怛之心无窮，與兌澤同其淵深；含容保固斯民，无有疆域，與坤土同其博大。以是相臨，臨之至大者也。

初九，咸臨，貞吉。

咸，感也。初陽在下，前臨四陰，無位而臨人，不能强其服也，必有所以感之。初九剛正，感之以正，而人心說從，故吉。

《象》曰：咸臨貞吉，志行正也。

初九以陽剛之才，出以兌說，是其志在感人，非徒剛也，故曰志行正。陽健故曰行，互震亦為行。

九二，咸臨，吉无不利。

九二上臨四陰，而以剛中感之，如此臨人，於理為吉，於事為无不利也。

《象》曰：咸臨吉无不利，未順命也。

命，謂六五之命。六五為群陰之主，舉五可以該眾陰也。九二陽剛，而為兌說之本體，故為咸臨。然二與五應者也，以陽臨陰，乃以說而順感之，恐人疑其屈從于陰，故釋之曰未順命也。言其所以吉无不利，乃以剛而得中，自能說以感人，未嘗順群陰之命也。

六三，甘臨，无攸利；既憂之，无咎。

三當兌口，以言說人，故曰甘。互震恐懼，變乾惕若，故憂也。柔不中正，逼近二陽，德不及而位過之，以此臨人，憂其不服，則為甘言以說之，故曰甘臨。然其以甘臨也，固已自知其不及而憂之矣，誠即其所憂而修德以踐言，則无咎。戒占者以救過之法也。

《象》曰：甘臨，位不當也。既憂之，咎不長也。

位不當，陰柔不中正也。咎不長，既憂則必改過，非徒憂也。

六四，至臨，无咎。

至，至其地也。四近君，大臣之位，而六以順臨下，下卦兑說上臨。又當坤兑之交，地澤相比，最為親切，上下以順說相臨，是至而後臨，情無隔閡者也，故无咎。

《象》曰：至臨无咎，位當也。

以陰居陰為位當。上近五之君而見信任，下應初之賢而信從，至而後臨，非强服也。

六五，知臨，大君之宜，吉。

五以柔中下應剛中，知九二之賢而任之，是不自用而取諸人者。有知人之明而臨人，大君之宜，莫先於此，故吉。

《象》曰：大君之宜，行中之謂也。

九二中，六五亦中，行其中以相應，故曰大君之宜。若非中而徒以任人為重，則非知臨，不得為宜也。

上六，敦臨，吉无咎。

坤土敦厚，上六居《臨》之終，為敦厚以臨人之象。以厚待人，義當得吉，而事必无咎也。

《象》曰：敦臨之吉，志在內也。

內，謂內卦，內卦兑說。上六居臨之極，而陰性柔順，又坤體敦厚，故志在二陽。尊而應卑，高而從下，其意甚厚，故吉也。

附　解

《臨》以盛大為義，物之相臨者，惟盛大可以相服。下卦兑說感人，則以以德臨人立象。初二咸臨之吉，德盛臨人而人自感也。甘臨之无攸利，德不足而欲强人之感也。上卦坤順，則以以位臨人立象。六四之无咎，順下情以事君。六五之吉，任賢臣以得眾。上六之吉，蓄厚德以從人。皆有位而順以臨人也。蓋居下以臨人，無勢位之尊，惟賴德以服人。居上以臨人，雖有勢位，亦必順人情以相孚。此聖人教人之至意也。舊解以凌逼為義，於各爻取象，多不分明。今遵夫子臨者大也之意，而各就本文釋之，其他牽强諸說，概不置辨。至八月之說，諸儒說各不同，然卦取陽盛為義，自當從自子至乾、陽極陰生之說，方合夫子消不久之義。所謂八月，由復計之也；非文王居殷之世即改正朔，以六月為八月。

䷓坤下巽上

觀者，有象以示人，而為人所觀仰也。凡觀視于物則為觀平聲，為觀于下則為觀去聲。風行地上，徧觸萬類，周觀之象也。二陽尊而在上為四陰所觀，仰觀之義也。《序卦》：物大然後可觀，故受之以《觀》。此八月之卦也。

觀：盥而不薦，有孚顒若。

觀，去聲。

卦象疊艮，門闕重複，有宫觀之象。艮手，巽潔，故象盥。艮止，故象不薦。顒，大頭也。仰也。盥，將祭而潔手。薦，奉酒食以祭。言觀之為義，有以示人，而為人所仰也。若有心求人之觀，則無以觀。卦體二陽尊而在上，四陰翕然從之，象之以觀，當如祭祀者誠敬積于中，素為民所信服，則不待其以觀示人。方盥而不薦之時，而有孚存於心，下已仰望而尊信，有顒若之象也。

《彖》曰：大觀在上，順而巽，中正以觀天下。觀，盥而不薦，有孚顒若，下觀而化也。觀天之神道，而四時不忒。聖人以神道設教，而天下服矣。

下觀之觀，平聲，餘皆去聲。

陽大陰小，陽上陰下，故曰大觀在上。順，順理。巽，順民情也。大觀，統謂二陽；中正以觀，獨舉九五。天道至神，故曰神道。聖德如天，其道亦至神，故亦曰神道。言卦體陽德為群陰所觀瞻，正如人君為群黎所尊仰，為大觀在上之象。坤順巽柔，九五中正，人君體之，順理而巽從民願，中正以觀天下，以其中正觀天下之不中正，而天下潛孚默契於不知。觀，盥而不薦，有孚顒若，言下之人觀上所行，自然感化也。蓋盥薦者，文也；有孚者，誠也。誠存於禮文之先，即誠通於未祭之始，不特神格，而人亦可通。所以然者，天地人神，莫非一誠之所貫注也。故觀天之神道，曷嘗有言有為，而四時不忒，誠為之也。聖人誠身，而本天以治民，禮樂刑教，皆有至誠宰之，故以神道設教，而天下服矣。不言而信，無為而成，亦何異不薦之孚哉？

《象》曰：風行地上，觀，先王以省方觀民設教。

上觀，去聲。下觀，平聲。

省方，即巡狩。觀民，觀民俗，如陳詩納價之類。設教，因俗以設教，不違乎中正也。風行地上，無所不至，有歷覽周遍之象。坤為方，方之象。巽以申命，設教之象。

初六，童觀，小人无咎，君子吝。

觀，平聲。

卦以觀示為義，九五為主也；爻以觀瞻為義，皆觀九五也。互艮少男，童象。初在下居陽，亦童象。故二居陰，取女象。小人，下民也。陽為君子，陰為小人。初六以陰居下，去五最遠，不能觀五中正之德，猶童子之識見不遠也。其占在小人則无咎，蓋不識不知，順帝之則，民之常也；若君子亦局於所見，則吝。

《象》曰：初六童觀，小人道也。

小人之分，原不可責以遠大之觀，而君子之所以吝，不待言矣。

六二，闚觀，利女貞。

觀，平聲。

闚、窺同。互艮門象。坤有闔戶之義，閉門而觀，故曰闚觀。二五正應，能觀五者，宜莫如二。二以陰闇不能觀光，居於內以闚外，故為闚觀。占者在女子得之，亦必利於守正。蓋闚觀非女子之正也，故戒之；而丈夫得之，其象可知矣。

《象》曰：闚觀女貞，亦可醜也。

可醜，謂其不能觀國之光，而僅以窺為事，雖貞亦可醜也，況不貞乎？然六二得中，無不貞之事。《易》為君子謀，以丈夫望人，故于闚觀雖貞，亦以為可醜。

六三，觀我生進退。

觀，平聲。

下爻皆觀乎五，四觀國之光，三為四隔，處坤順之極，有可進之時，亦有可退之地，故為觀我生進退象。我生，我生之所行。王氏申子曰：君子進退，當觀乎時，今不觀時而觀我生者，九五以陽剛中正觀示天下，時不待觀，但觀吾之所有以為進退可也。

《象》曰：觀我生進退，未失道也。

當可進可退之時，而返己自審，則進退可不失道。恐人以當觀而不觀為非，故釋之曰未失道。夫乘時觀光，固君子之志也，然六三居下之上，居上之下，上有已觀光之大臣，下有觀而化之小民，是可進可退之時，觀我生以進退，豈至失道哉？他卦三不中，多不吉，惟本卦此爻曰未失道。聖人欲人觀光，尤恐人務于觀光，而不自審也。

六四，觀國之光，利用賓于王。

觀，平聲。

國光，國之盛德光輝。不言君身而言國者，人君以四海為家，觀國之政化，則君德可知矣。坤為國，互艮光輝，五為王。九五陽剛中正，觀示天下，四巽順近之，親炙光輝，五待之如賓，四乘時有為，故曰觀國之光，利用賓于王。

《象》曰：觀國之光，尚賓也。

尚，崇尚。九五中正以觀天下，尊賢尚德，禮之如賓，故可觀光。言非自居于賓，乃君以賓處之也，所以戒觀光者躁進。

九五，觀我生，君子无咎。

觀，平聲。君子二字句，下同。

我，九五自謂。觀我生，自省有生所行。九五為觀之主，群陰皆仰觀之，而陽剛中正，未嘗有意求人之觀，惟自觀我生有君子之行。占者如是，則无咎也。

《象》曰：觀我生，觀民也。

下觀，去聲。

言其觀我生者，正九五之所以為中正而為法于天下也。觀民，即中正以觀意。

上九，觀其生，君子无咎。

其，自人言之也。上九處觀之極，貴而無位，然為眾陰所觀，人心所瞻仰，故有觀其生之象。蓋賢者之責備愈嚴，二老繫西周之歸，終南譏仕宦之徑，故上雖無五之位，而人亦必觀其生也。君子陽剛與九五同體，是誠有君子之德，可為人觀者，故无咎。

《象》曰：觀其生，志未平也。

志謂四陰仰觀之志。上九陽剛處觀之極，雖無權位，而實居尊。九五已為觀之主，群陰皆仰之矣，而上更居五上，人心有未釋然者，故觀其生。蓋言虛聲之不可盜也。

附　解

自上示下曰觀，自下觀上曰觀。然下之觀者視乎其上之觀者何如耳？若有心求人之觀，務為觀美而無中正之德，又何以成大觀？故成卦雖以九五為主，而於下之觀上也，惟以六四為美，以其近君而觀光最切也；於上之觀下也，亦以觀我生、觀其生為象，言盡其所以可觀者，而後觀示於天下也。《彖傳》兼取九五、上九二爻言大觀，爻辭於五、上二爻皆言君子，蓋以其皆陽剛之德，為下所觀也。第九五得位，則以觀我生為中正觀天下之道；上九高無位，則以人觀其生為責備賢者之心，要無非欲觀示天下者自省其德。至下之觀上，童觀則限於識，闚觀則蔽於私，所以然者，以其去君太遠，闇於觀者，固陋妄為，觀者亦醜也。惟六三審出處，六四際有為，乃許以觀。聖人豈強人以觀，而不自立乎？前人未融通卦爻，故說多牽強。

䷔震下離上

噬，齧也。嗑，合也。頤中有物，閒之齧而後合。上下兩陽而中虛，頤之象；四一陽閒于其中，頤中有物之象也。為卦震下離上，物有為造化之梗者，必以刑獄治之。噬嗑去頤中之梗，雷電去天地之梗，刑獄去天下之梗，其義一也。《序卦》：可觀而後有所合，故受之以《噬嗑》。

噬嗑：亨，利用獄。

言噬嗑自有亨義。事之不通，以有閒也，去其閒則通矣。此概舉天下事而言，利用獄則《噬嗑》中之一事。六五為治獄之主，柔而得中，凡治獄之道，惟以威與明得中為貴。震有威，離有明，五柔得中，故利用獄也。

《彖》曰：頤中有物，曰噬嗑。噬嗑而亨，剛柔分，動而明，雷電合而章。柔得中而上行，雖不當位，利用獄也。

剛柔分者，震剛離柔分居内外，剛爻與柔爻相閒，剛柔分而不相雜，明辨之象。動，震也。明，離也。震雷動于下，離電明于上，合以成文，故曰章。得中，六柔五中。上行，震動離明，皆上行之象。於人事為人君以柔居心，下情上達。雖六五以陰居陽，位不為當，而治獄之道，則最宜也。言頤中有物，故名噬嗑。物梗則不通。噬而得合，故亨也。卦德剛柔两分，動而文明，于天象為雷電合而成章。六五柔得中道而居尊，雖不當位，利于用獄。蓋不柔則失之暴，過柔則失之寬，柔得中則寬猛得宜，有哀矜之心，無姑息之過，如雷之斷，如電之明，濟以仁術，獄無冤濫矣。

《象》曰：雷電噬嗑，先王以明罰勅法。

雷震必電，電掣必雷，無不相合者。不曰電雷而曰雷電者，噬之合自下而合上，以震陽之動為先也。罰，一時所用之法；法，平日所定之罰。明，辨也，辨其輕重，象電之明。勅，正也，正其得失，象雷之威。明之勅之，使民知畏而已，非尚罰也。

初九，屨校滅趾，无咎。

震為足，在下則趾也。校，械也。震為木，校也。屨校以足，受校如屨。滅趾，沒其趾。僅滅趾，械小也。九居初無位，下民之象。恃陽剛而不柔順，未有不犯刑者。然方動之初，其惡未甚，止惡於初而用刑輕，所謂小懲而大戒也，故屨械僅滅其趾。占者知止惡，於初則无咎。初、上無位，受刑之人；中四爻，用刑之人。

《象》曰：屨校滅趾，不行也。

趾者，人之所以行，屨校滅趾則不得行。爻言无咎，而《象》歎其不行，戒人勿以小惡而為之也。

六二，噬膚滅鼻，无咎。

祭有膚鼎，蓋肉之柔脆，噬而易嗑者。二重柔，去胏遠，故為膚。互艮，故為鼻。滅鼻，深入至滅沒其鼻也。六二中正，故其所治如噬膚之易。因初剛不能即服，不免用刑，如噬膚至於滅鼻，然罪所當罪，无咎也。

《象》曰：噬膚滅鼻，乘剛也。

膚，易噬也。而何以滅鼻以乘初剛？是倔强之人，不能不深嚴以治之。歎剛之難服，非六二中正，則幾無以服也。

六三，噬腊肉，遇毒，小吝，无咎。

腊，音昔。

腊，肉之陳久味厚者。三在膚裏，故為肉；離日熯之，故為腊。毒，《說文》云厚也，味厚者為毒。又互坎為毒，故《師》亦言毒。六三居下之上，陰柔不中正，治獄而遇多年陳久煩難之事，一時艱于斷理，如噬腊肉而遇陳久有毒之物，故小有所吝。然噬之欲其合之，无咎也。

《象》曰：遇毒，位不當也。

處位不當，謂下之上，上之下。所噬雖當，而德望不足以遽服人，非所行有不當也。

九四，噬乾胏，得金矢，利艱貞，吉。

剛居柔，肉帶骨，故曰胏。離火薰之，故乾。金矢，金鏃也。離之外爻，乾之匡廓也。乾，金。互坎為矢。乾胏難噬。九四陽剛，臣之位，治難治之獄，搏豪强，治貴近，如噬乾胏，而胏中又得金矢，非可噬者。蓋其以剛明治獄，獄不難治，如噬乾胏而中得金矢，則有未可盡以剛服者。故利于思艱持正，徐而去之，則吉。

《象》曰：利艱貞吉，未光也。

九四雖剛正，然未能以德服人，故不免噬乾胏而得金矢。離本光明，居離之初，故曰未光。知其未光，而持以艱貞，則亦無難光也，聖人戒剛之意。

六五，噬乾肉，得黄金，貞厲，无咎。

五質柔，故為肉。在離中，故乾。變乾為金。得坤之中爻，故黄。六五柔中居尊，治人而人服之，且抒誠以獻，為噬乾肉而嗑之。又得黄金之象，黄金喻人心之堅貞也。所以然者，六五柔中，噬之以貞，又常存危厲之見，占者如是，則无咎也。

《象》曰：貞厲无咎，得當也。

惟貞厲乃得无咎。得當，得用刑之當，戒六五也。

上九，何校滅耳，凶。

卦上為首。離為科上槁，校象。何與荷通。施校于首，故荷之也。互坎為耳，又為耳痛。滅耳，校厚可知。上九過乎尊位，偏剛不服乎六五，是稔惡而不悛者。居至明之世，遇雷動之威，必有嚴刑，故為荷校滅耳象。占者得之必凶也。

《象》曰：何校滅耳，聰不明也。

六五為噬嗑之主，柔中聽治。上九無位而居其上，偏剛不服，是有耳無聽，遇明斷而不聞知，故得荷校滅耳之凶。至于滅耳，則雖欲聽而亦無能矣。

附　解

五倫皆以和合為貴，有閒之者，而乖違之風熾矣。正如噬嗑飲食，取其融化，頤中有物，梗而不通，必噬之使嗑。天下人情亦然，聖人以禮樂化天下，而有頑梗不順者，必以刑罰治之。六爻，五君位也，為治獄之主；四大臣位也，為治獄之卿；三、二又其下也，為治獄之吏；初下民也，止惡於初，得以无咎；上非民非君，偏剛不馴，是上有聖明，為惡不悛，故其凶特甚，盛世之頑讒，山澤之狂夫，皆其類也。夫噬之所以合之，明刑所以弼教，聖人非尚猛也。故治獄者戒其過剛，而受罰者欲其改惡，無非仁民之心也。

䷕離下艮上

賁，飾也。山止于上而火發之，蒸成文物之盛，故曰賁。蓋火在天上為日，在地為火。山者，地之形高接于天者也。人知日乃陽精，而不知中藏陰火，即地之靈也。火伏于地，其焰上燭于山，文明之象，故為賁也。《序卦》：物不可以苟合而已，故受之以《賁》。則以人事言，必相接以文，乃能合而不亂也。

賁：亨，小利有攸往。

有質不可無文，故占得《賁》者可亨。然文以濟質，非可專尚也，故但小利于所往，恐人專鶩乎文，故戒之也。

《彖》曰：賁亨，柔來而文剛，故亨。分剛上而文柔，故小利有攸往，天文也。文明以止，人文也。觀乎天文以察時變，觀乎人文以化成天下。

釋《賁》之所以亨，故曰賁亨也。柔來，離中一陰，從坤中爻而來也。本乾體而一陰來，變為離，文其剛德，則不偏于剛，故亨。分剛上，謂上九也。乾之中爻變離，分此一陽居于艮上，而文德盡以柔主之，故不若陽剛之大有為，而但小利有攸往。然天道純陽，而著為萬象，則賴離火發生之，是柔以濟剛，乃天文之道也。若夫有文明之美，而止乎其則，又人文之道也。觀乎天文以察時變，而裁成輔相之事興；觀乎人文以化成天下，而禮樂文為之法詳。凡此皆順乎自然，而止乎其所當然，此二句申文明以止之義也。止乎其則，則文不徒文，否則但求觀美，并不得為文矣。陽大陰小，故曰小利。離明于下，艮止于上，故曰文明以止。

《象》曰：山下有火，賁，君子以明庶政，无敢折獄。

山者，地之高接于天者，火在其下而炎上，庶物露生，發越繁盛，故為賁。庶政，一切政事。明庶政，如火之無所不照，而萬物長養。折獄，民命所係，非徒文察可了。賁之時，君子敷文德以明庶政，而折獄則不敢以文，正《彖傳》所謂文明以止者也。非謂庶政皆明，而折獄不可；亦非謂庶政小而折獄大也。

初九，賁其趾，舍車而徒。

卦下為趾，互坎為車，艮止故舍也。乘車，貴者之事。初九居賁之時，有剛德而在下，二為賁主，初以非應不與之比，安於徒行，自賁其趾。蓋以德義自榮，不以外飾為務者也。

《象》曰：舍車而徒，義弗乘也。

初應四正也，從二非正也。居于下位，剛正自守，舍車而徒，義本不可乘，非故與世之賁相違也。

六二，賁其須。

在頤曰須，在口曰髭，在頰曰髯。須不能以自動，附頤而動，三在上有頤象，二附三故為須。六二柔來而文剛者也，柔之文剛，非有加于剛之外也，文其不及者以成禮。陰隨陽而動，文附質而行，如須附頤而動，故曰賁其須也。

《象》曰：賁其須，與上興也。

上謂九三，火炎上故象興。二陰柔為賁主，實乃與三俱興，故能成賁。蓋剛為質，柔為文，文不附質，焉得為文？聖人右質左文之意也。

九三，賁如，濡如，永貞吉。

如，語助辭，又兩端不進之詞。濡，沾濡也。互坎，故有濡象。九三陽剛有質，二陰比而文之，故賁如。而居離之終，極賁之後，易陷溺焉，故濡如。蓋柔能文剛，亦能溺質，當文之盛，持以戒心，賁如而又恐其濡如，永守剛正則吉也。

《象》曰：永貞之吉，終莫之陵也。

陵，侮而上之也。九三居離之上，永守剛正，則柔能文之，不能溺之，故言終莫之陵，蓋深幸其貞也。

六四，賁如，皤如，白馬翰如，匪寇婚媾。

皤，白也。變巽為白，互震為馵足，為的顙，白馬之象。翰，馬白色。《禮記》曰：商人尚白，戎事乘翰。互坎，寇象。初與四為正應，婚媾象。六四已入艮體，文明將止，賁道將變矣。故雖從事文飾，而心懷疑懼，賁如皤如，相持于文質之閒，而未有決也。有白馬翰如而來者，謂初九也，初與四為正應，來輔以質，相須而非相敵，共成其賁，故曰匪寇婚媾。

《象》曰：六四當位，疑也。匪寇婚媾，終无尤也。

當，平聲。

六四居離之外，艮之始，文勝質而將變，當其位者不得不疑。然有此疑畏，則必以質輔文，而不自恃其文，故與初九相須而賁，匪寇婚媾，正以質來輔文，雖始疑而終无尤也。

六五，賁于丘園，帛戔戔，吝，終吉。

丘園，謂在外而近者，指上九也。艮為山，邱象。艮為果蓏，震為林木，園象。變巽為帛，五疋為束，爻數五，故為束帛。戔戔，淺小意。五艮體得中，文明以止，柔中而密比于上九之賢，賁于丘園之中，以求賢士。其束帛戔戔然，雖似于吝，然體薄意厚，不過乎文，終有吉也。

《象》曰：六五之吉，有喜也。

喜，慶也。陰陽需而成賁，六五與二為應，兩陰不能賁，與上九近而賁之，是能求賢自輔，以成賁之治者，故曰有喜也。

上九，白賁，无咎。

上，艮之終，止之極也。盡去其華，歸于無色，故白也。白非賁也，賁極而反于白，以白為賁，正所以善其賁。无咎者，返本復始，救敗之道也。

《象》曰：白賁无咎，上得志也。

上得志，謂上九當賁之極，陽德而止於事外，六五亦從之，救弊扶衰，得行其志也。

附　解

質與文相資而成賁，柔來而文剛，以剛過則純乎質，故坤之一陰入於乾中而為離，以文其剛。分剛上而文柔，以柔過而弊於文，故乾之一陽上居坤末而為艮，以止其文，文質中而賁乃善也。然人情易趨於文，故聖人戒之。《彖》曰小利有攸往，《象》曰无敢折獄，慎之至也。而初九則曰義弗乘，許其不務華；二曰與上興，朂其能從質。至於莫之陵也，永貞吉也，婚媾无尤，束帛終吉，莫非所以明乎文之必依乎質。而《雜卦》則直曰：賁，无色也。蓋天文、人文，皆自然當然之理，而聖人品節之以適於中，對質言則曰文，自聖人出之，則無質非文，無文非質。蓋法天地自然之文，故以為无色也。凡卦皆從乾坤而生，則柔來剛上，主乾坤言者是也。又邱氏富國謂陰陽二物有應者以應而相賁，無應者以比而相賁，亦深得本卦六爻取象之意。

䷖坤下艮上

剝，落也。五陰盛而逼陽，剝落將盡，故為剝。九月之卦也。又山本高起于地，今乃下附，是頹剝之象。《序卦》：賁者，飾也。致飾然後亨則盡矣，故受之以《剝》。人事日華，則本質日漓，故亨盡而剝。

剝：不利有攸往。

小人之害君子也，萋菲浸潤，使日消月削而不知。此卦陰盛陽消，小人害君子之象，故占得者不利有所往也。為君子謀，欲其安坤之順，守艮之止，晦迹潛身以待時，非第遠害也。

《彖》曰：剝，剝也，柔變剛也。不利有攸往，小人長也。順而止之，觀象也。君子尚消息盈虛，天行也。

剝者，陽剝也。柔變剛者，從乎陽之自變而言，為陰所蝕，浸淫不自覺，以至于剝之將盡，一陽僅存，亦不能久，故不曰柔剝剛，而曰變剛也。陰，小人，五陰方盛，小人長之象，故不利有攸往。法坤之順，守艮之止，占者觀于卦象，理當如此。申之曰君子尚消息盈虛天行也，見無所往者，乃天理之當然，非私智避害之比也。消息者，盈虛之方始；盈虛者，消息之已成。天行，天道自然之運。

《象》曰：山附于地，剝，上以厚下安宅。

山，形峙地上，根蟠地中。言附于地，則圮剝矣，故為剝。上謂民上，一陽在上之象也。宅，上所居之位。民在下為君之基，猶地在下為山之基。居上者厚于民以安其位，高而不危，與剝者異矣，厚如坤，安如山也。

初六，剝牀以足，蔑貞，凶。

以，由也。此爻變震為足，初在下亦足象。一陽而覆五陰，有宅象、廬象、牀象。蔑，滅。貞，正也。陰之剝陽，自下而上。初六剝之始，剝牀以足象。牀以安身，足剝則牀不安矣。此如小人害正，以漸而起，必滅其貞，占者得之，凶也。

《象》曰：剝牀以足，以滅下也。

上者必以下為基，剝牀以足，下剝而上亦傾矣，以滅下也。歎其剝之術毒，所以蔑貞而凶也。

六二，剝牀以辨，蔑貞，凶。

辨，牀之面，即平也。古平、辨字通用，《尚書》平意、平秩，《史記》作便，《索隱》曰：今文《尚書》作辨。六二陰極盛而上凌，居下卦正位，故為剝牀面象。剝足猶陰害之，剝辨則明攻之矣。蔑貞凶，初言其勢，此則實有其事也。

《象》曰：剝牀以辨，未有與也。

陰陽比應，則為有與，二比初應五，前後左右皆陰邪，而无有陽爻相輔救，故無與。言陰何以遂盛極而剝牀以辨？由群陰比應，陽未有與而然也，歎君子之勢不可孤如此。

六三，剝之，无咎。

三亦以陰剝陽，故曰剝之。然居剛而獨與上應，則是處剝之時，能去其黨以從陽，異乎上下之陰矣，占者尚可无咎。

《象》曰：剝之无咎，失上下也。

上下謂四陰。三與上九應，居群陰之中而失其助，故占者得以无咎也。

六四，剝牀以膚，凶。

下坤象牀，上艮象人，四居上體，乃牀上人。剝近下之膚，為害深而益近，故不曰蔑貞，而直曰凶。

《象》曰：剝牀以膚，切近災也。

不早為計，而使陰邪害己，剝牀以膚之象，則切近之災矣，深歎之也。

六五，貫魚以宮人寵，无不利。

變巽為魚，為繩，貫魚象。五君位，陰居之，象後。變巽長女，下體坤，宮人象。上承陽，后妃以宮人受寵于君象。六五陰極盛而將消，上九一陽居于其上，陰不能剝之，剝皆自下而上。六五柔順居正，率群陰以聽命于一陽，為統眾宮人貫魚次序而受寵。占者得之，是陰反聽命之時，故无不利。

《象》曰：以宮人寵，終无尤也。

以宮人寵，疑于陰，或蠱陽。然此爻乃陰極將衰，聽命于陽，故占者得之，可以化陰，而終无尤也。

上九，碩果不食，君子得輿，小人剝廬。

碩，大也。艮為果，陽為碩。在上獨存，不食象。坤為輿，下諸陰承以坤輿，而一陽得之，君子得輿也。艮一陽覆于下，有象于廬，廬所以庇人，輿所以庇身。上九剝極而陰衰，一陽止而不動，如碩果不食，生意獨存，將來生生不窮者賴此也。當剝之極，群陰上順乎陽，為君子得輿，身安而道可行。廬以宅身，今屬于陽而不屬于陰，是小人失所憑依，將藉蔭庇于君子也。

《象》曰：君子得輿，民所載也。小人剝廬，終不可用也。

民所載者，剝極將復，民心翼戴君子，冀其奠安。終不可用者，失其所庇而宅身無所。前此之剝害君子者，至今欲君子之庇蔭，而一切陰謀無所用。自古小人害正于無事之日，而欲求庇于有事之時。究之國亡家破，小人必不能獨全，聖人戒之而歎之。然則為君子謀，亦未始非為小人謀也。

附　解

凡卦義自下而上者五，皆從上，本卦亦然。聖人為君子謀，不為小人謀，故全卦皆就君子處剝之時說。而前人无咎无尤，或主小人言者，非也。剝之事自小人為之，而剝之弊必賴君子救之。上九一陽止于眾陰之上，陰欲破而不能，勢已衰，數已窮也。聖人為君子謀，於其剝時，欲其全身養道，以為將來撥亂反正之機。非但欲其自全，然亦未有不自全而可以救世者也。孔孟栖皇無補，不能治一時之天下，而治萬世之天下，然後知碩果之為世教賴者大。若夫忠孝節義，即或捐身赴難，亦維名教于千秋，不得以為凶咎。在常人處事，占之進退存亡，皆彷是以推，亦思過半矣。

䷗震下坤上

復，陽復生于下也。自五月一陰生，至于十月為純坤之卦。陰陽本相循環，陰極而陽復生，十一月之卦也。《序卦》：物不可以終盡，《剝》窮上反下，故受之以《復》。

復：亨，出入无疾，朋來无咎。反復其道，七日來復，利有攸往。

一陽既生，其機莫遏，故亨。下二句，正言其所以亨也。天地之氣化，以陽為主，出而長養，入而歸藏。動靜無端，陰陽無始者，一元之理氣，周流主宰而不息也。聖人難以顯言，聊即此卦示其機。言陽出而施生，今也復入而含于坤土，其出也于何而出？其入也于何而入？一出一入，無有疾害之者。今既一陽來復，則五陰雖眾，皆為之輔，朋來无咎。卦象如此，安得不亨也？反復，即出入之義。道，天地之理，人得之以承天地者，天地人所共由，如道路然，故曰道。七日，陰陽之數各極于六，自《姤》至《復》凡七月；主陽而言，故曰日。《豳詩》一之日、二之日，古人多呼月為日。人之始生也，與天地會而得其理氣以為人，及其既生，物欲擾之而情不馴。離變為日，陽爻主以坤陰，心神內含雜識，性不全矣。法天地之理，而運化其陰陽，以合於道，七日來復。由反復之後，而陽盛陰衰，天定理純，則人道亦一天道。占者如之，何不可利有攸往也？不曰天道而曰天行者，天以不息為體，其行也，其道也，其動也，其靜也。《復》之一言，特就其機明之，而豈真陽有剝時，至此而始復哉？

《彖》曰：復，亨，剛反動而以順行，是以出入无疾，朋來无咎。反復其道，七日來復，天行也，利有攸往，剛長也。復其見天地之心乎？

反即復也。動者陽性。順行，順其自然之理氣。剛長，就其既盛後言。見天地之心，謂即一陽動處，見天地生生之意未嘗稍息，非謂止此是天地之心。言復之所以亨者，以陽剛反還本體，雖初生而有日盛之勢。其云出入无疾，朋來无咎者，陽雖主動而施生，然乃順乎自然之運，未嘗一毫强為。故一出一入，動静自如，陰不能害，而適為輔，即卦體之震動坤順，可以得其意矣。反復其道，七日來復者，陰陽循環，分為二氣，實止一元。人則不如乎天，法天之行，以復還天理，則静而存其未發之中，動而著為已發之和。一如天之七日來復，未嘗無陰而陰不害。性定而理純，人之道也，即天之行也。剛長即陽氣充盛之意。觀于《復》卦，其不可以見天地之心乎？蓋天心無息，而非從《復》卦觀之，則幾疑純陰之時，眞無陽矣。人心天理，亦未嘗一日亡，而非復性之後觀之，則幾疑為惡之徒，眞無性矣。聖人教人學《易》，反復二句，緊粘利有攸往說，不僅言天道，舊解失之。

《象》曰：雷在地中，復，先王以至日閉關，商旅不行，後不省方。

至日，冬至之日。一陽初復，當安静以養微陽，故先王使上下安静，以合天地。闔戶為坤，一陽承而閉之，閉關象。震為大塗，坤為衆，衆陰為一陽所止，商旅不行象。後，君也。震陽象，坤為方，陽安養于下，故後不省方。聖王立政，無非法天地，此亦但言其概耳。

初九，不遠復，无祗悔，元吉。

祗，但也，至也適也。陽動于初，復之最先者也。在人心則為不遠之復，一念稍非，即復于善，无大失而至于悔恨。占者如是則大吉。

《象》曰：不遠之復，以脩身也。

稍有不善，則為身累。于其念之甫動，即復于善，以之修身，莫吉于此也。

六二，休復，吉。

休，休休有容也。六二虚中，比初之賢而能下之，人之有善，若己有之，是能親師取友以成德者，故吉。

《象》曰：休復之吉，以下仁也。

仁，仁人。謂初九以其下仁，故吉，非但以其柔中也。

六三，頻復，厲无咎。

頻，數也。三居震動之極，上接静坤，旋動旋静，復而又復之象。人心惟危，故厲。旋失而能旋復，故无咎。

《象》曰：頻復之厲，義无咎也。

不能無失，然能旋復，義得无咎。

六四，中行獨復。

四在群陰之中，獨與初陽相應，是與眾俱行而獨能從善也。外不立異，中不苟同，獨立而不計毀譽禍福，故不言吉，以堅獨復之志。

《象》曰：中行獨復，以從道也。

道即仁之眾著者。二近初，能見其心，故曰下仁；四遠初，但循其迹，故曰道。震為大塗，有道象。

六五，敦復，无悔。

六五中德居尊，以其虛中，能知其失，而復之又持以堅固，則既復而不再失，故无悔。坤土敦厚，重陰居尊，故象敦復。

《象》曰：敦復无悔，中以自考也。

考，察也。六五虛中而有順德，中常自考其得失，故復而能敦，不至有悔。蓋能守之固者，故美之也。

上六，迷復，凶，有災眚。用行師，終有大敗，以其國君凶，至于十年不克征。

陰終不返，故為迷。迷復，迷而不知復位，高而遠于仁賢，積惡已厚，迷而不返，故凶。災眚又凶之大者也。若用以行師，終必大敗，害其國以及其君，至于十年而未已，極言迷復之害大也。震帥坤眾，故象行師。坤為國象，震君象。十年，土之成數。

《象》曰：迷復之凶，反君道也。

君道，六五之道。本卦以初爻為復之主，自二至四，皆以下從初而復為吉。以六五之尊，而敦復自考，則能從善，亦可知上六位高而危，迷復不悛，與敦復者大相反，故宜其凶也。

附　解

伏羲取《復》卦象，主天道意多，文王、周公乃皆引之於人事。孔子兼天道與人事言，而曰復其見天地之心乎，蓋合人與天而一之矣。陰陽之氣本無終始，物之得天下不備，則有終始，而天地一元之理，固未嘗息也。《復》之為卦，一陽含于地中，是動極而靜之時，靜極而動之機。夫子曰動而以順行，明乎陽之為用，動而無動，所以常主靜也。出入无疾，朋來无咎，本無有動，故亦无疾咎。第就氣機之端倪言，則姑言出入；就卦象言，則姑言朋來耳。反復其道，七日來復，反復者天行之常，來復者本卦之象，于來復見天地之心，而天心正未始離于反復中也。特自人觀天，則以是察之，若夫天道之在人，亦猶是也。乾孕于坤之中而為性，坤藏于乾之中而為命，後天性情之所以顛倒，而人心之所以惟危也。養其純陽之氣，以全天地之理，則乾坤各得其所而天地位。靜而含乎一陽，動而順乎天則，靜中有動，動中有靜，靜而無靜，動而無動，一天心之渾全，一天行之自然。所謂七日來復者，不在天而在人。故利有攸往者，不徒占象，而當察理也。邵子曰：冬至子之半，天心無改移，一陽初動處，萬物未生時。明乎體察天心，以是為端，而養其乾元之氣，以為萬事萬物之本。非謂天心止在於此，而發育流行，獨無天心也。反復其道，一陰一陽，不違乎則，故七日來復，渾然在中。後人以心為性，則但制其有覺之心，無以養先天浩然之氣。而所謂反復其道者，莫得其方，即所謂七日來復者，亦但泥於象數耳。不知文王以二句明利有攸往之義，夫子申之曰天行也，剛長也，謂法天行而養其浩然。陽統乎陰，性主乎命，天地之性在我，可以無往不宜，故曰利有攸往也。識者參之。

䷘震下乾上

无妄者，誠實之名。誠實而无虛妄，動于理則天矣，動于人則欲也。本卦乾上震下，乾為天性，而震得乾之初爻，動而合乎天理，故名无妄。文王、孔子恐人不審于理，而但貴无妄，故又發明之。本體則第主天理言也。《序卦》：復則不妄矣，故受之以《无妄》。復于天理故无妄，是卦之正義也。

无妄：元亨，利貞。其匪正有眚，不利有攸往。

其字指无妄而言。言占得《无妄》者，大亨，然必利于正。其以无妄而動，不合乎正則有眚，不利于所往。蓋无妄者誠之理，非但以實心行事，而不審乎理也。

《彖》曰：无妄，剛自外來而為主于內，動而健，剛中而應。大亨以正，天之命也。其匪正有眚，不利有攸往。无妄之往，何之矣？天命不祐，行矣哉。

剛，乾剛。外，上卦。內，下卦。為主，為震動之主。得乾體故健。剛中，九五。應，同以健動應也。大亨以正，萬物各得乾健之氣以亨通，而不失其正。命為理氣之流行，皆由无妄主宰之。言卦何以名无妄，以天體純陽至剛，而震得乾之初爻，以成雷動。卦上乾下震，剛自外來而為主于內，動而能健，不失乾性之本然。九五以剛中應之，天道健行，所以流行于萬物，而大亨以正者也，故占者元亨。然其元亨以其正也，其匪正有眚，不利有攸往，則違乎天理，恃其无妄，欲有所往，亦何所之？天命既不祐矣，尚能行矣哉？《彖詞》本明，故夫子第就本文詠歎而深戒之。

《象》曰：天下雷行，物與无妄，先王以茂對時育萬物。

天純陽，雷在天之下，而載陽氣以行，萬物皆各得其氣以生。一誠之所發越，物物而與以无妄之理，所謂天之命也。先王，聖人之得天德而履天位者。茂，盛也。對，與天為兩也。德盛而時行，配天之時，養育萬物，禮樂教化皆在其中矣。

初九，无妄，往吉。

初九得乾初爻，陽剛誠一之性，任天而動，所往无不吉者，蓋至誠可以貫萬事也。

《象》曰：无妄之往，得志也。

震動以發育為心。初以誠一而往，故無不得志。

六二，不耕穫，不菑畬，則利有攸往。

六二柔順得中，隨初九陽剛以動，而無急躁之心，故有不計功利之象。占者如是，則利有攸往。蓋方耕而望穫，方菑而望畬，不惟穫畬之願皆虛，并耕菑之功亦曠矣。震本坤卦，得乾之初爻而成震。震木臨坤，土耕象。震為稼穡，艮為手，穫象。初，地位，二在地上，為田，故取菑畬象。

《象》曰：不耕穫，未富也。

富，謂陽之盛入巽則為富。言其所居之位本當未富之時，故宜耕不求穫，菑不望畬也。

六三，无妄之災，或繫之牛，行人之得，邑人之災。

坤為牛，變離亦為牛。伏坎為寇盜，互巽為繩，繫象。震為足；三，人位，行人象。乾為行人，坤土為邑人。六三以柔順而居震動之極，恃无妄以往，去初已遠，上逼于乾，占者有意外之患，故為无妄之災。其象則或繫之牛，行人得之，而邑人被災。雖事非己致，然以无妄之故，動非其時，故有此象也。

《象》曰：行人得牛，邑人災也。

言意外之患往往而然，雖動以无妄，必審其時，故歎之也。

九四，可貞，无咎。

九四乾之初爻，本无妄者，但本卦以震初爻為動主，四以陽居陰位，不中正，故可貞守其无妄。占者如是則无咎。

《象》曰：可貞无咎，固有之也。

四剛而不中，然可貞者，以无妄者天之性。九四乾之初爻，于人為天性之初，固有之理，故可貞而得无咎也。

九五，无妄之疾，勿藥有喜。

變坎為心病，疾象。中爻巽木、艮石，藥象。九五乾性之本體，陽剛中正而居尊，无妄之至者也。如是而或有為之害者，為无妄之疾，當靜以待之，勿藥自然有喜。蓋靜專者，乾之本性，五居中正，動而無動，意外之患，不足為患，故戒以勿藥。人有自返无妄，而患出意外者，順其自然，患當自息，勿復用智以生他咎也。

《象》曰：无妄之藥，不可試也。

試，少嘗之也。无妄本无可藥，藥之則反妄而致疾，故不可嘗試也。

上九，无妄，行有眚，无攸利。

乾剛故无妄。時窮位極，故行則有眚，而无攸利。乾健行，應下卦震，為行。動成坎，為有眚。

《象》曰：无妄之行，窮之災也。

時窮勢極，恃其无妄以行，必有災也。此與《乾》上九亢龍同義，故《小象傳》語亦同。

附　解

无妄者，天之實理也。為卦乾健震動，以至誠發育萬物，故名本無不美。第人之占象，所以趨吉避凶，占得《无妄》而曰元亨，不復審其理之是非則謬矣，故聖人曉以匪正有眚。若夫六爻皆以无妄為義，則宜皆吉矣。而時不同則動靜行止不同，苟恃其无妄，不擇時而動，則有災疾與眚。故无妄之貴，貴其以誠，尤貴其時中也。《大象》恐人无妄而不本于天理，六爻恐人无妄而不得乎時宜。身心性命之理，日用倫常之道，本至誠以行時中，無餘蘊矣。《中庸》言至誠，《孟子》言大人不失其赤子之心，皆无妄之義。第不可以知覺運動之心，為先天无妄之性耳。先儒泥元亨利貞為天之四德，于匪正有眚及《大象》之詞，皆不分明，識者當細參之。又六爻皆无妄，无妄之災，意外生患，故子歎之，說者以為有妄亦非。

☶☰乾下艮上

天在山中，所畜至大，非如巽以陰畜陽之小也。兼畜止、畜聚、畜養三義：天在山中，畜聚；艮止乾，畜止；剛上尚賢，畜養也。《序卦》：有无妄然後可畜，故受之以《大畜》。實而不虛，乃可積畜，故次《无妄》也。

大畜：利貞，不家食吉，利涉大川。

乾至大也，而為艮所畜止，占者蘊畜其德，不為苟進，亦當如之，故利于貞固。陽為君子，五為君位，六五虛中，畜止乾陽，尊尚上九之賢，是有明君在位，占者不家食而祿食可吉。又天實非山所能畜止也，特養其德以有為之象。故占者可以濟險，利涉大川。

《彖》曰：大畜剛健篤實輝光，日新其德。剛上而尚賢，能止健，大正也。不家食吉，養賢也。利涉大川，應乎天也。

剛健，乾象，以內之存主言。篤實，艮象，以外之踐履言。艮陽外煥，輝光象。剛上，謂上九。尚賢，六五虛中從上。大正，不自用故大，能尊賢故正也。養賢，以六五有養賢之德應乎天，乾，天德也。言大畜卦體，占者如之，則有剛健篤實輝光，日新其德之象。《彖》言利貞者，以陽剛居上，賢人之象，六五能虛中以尊尚之，又能畜止乾健，是舍己從人，有廣大之量，而不失君人之正者，故占者利貞。不家食吉，以養賢之君在位也。利涉大川，占者有乾之德則應乎天，故可大有為也。

《象》曰：天在山中，大畜，君子以多識前言往行，以畜其德。

天包乎地，非徒在山也，第即卦象言，山止天而畜之，則所畜至大。識，記也。德本于天，前言往行皆德之所著，見多識而畜之，益以養成大德，猶乎天在山，而天之大益盛也。

初九，有厲，利已。

已，音以。

初九陽剛健進，然當大畜之時，為六四所畜止而不得伸，輕進則危，故有厲，利于止也。他卦以相應為相援，此卦以相應為相止畜。

《象》曰：有厲利已，不犯災也。

厲即災也。止而不往，則不犯災。

九二，輿說輹。

乾為圜，錯坤為輿，中爻兑為毀折，脱輹象。輹，車上伏兔以承輪者。二以剛居柔，雖健行而能審處，乘輿而行，中道脱輹，暫止不進，蓋相時而動，寧需勿躁者也。《大畜》初、二與《小畜》同，皆不受陰畜，故不進。然輹與輻異，脱輻其脱重，車輪散而不能行；脱輹其脱微，車暫止而旋可行者也。

《象》曰：輿說輹，中无尤也。

九二剛中有中德而自止，故无妄進之尤。

九三，良馬逐，利艱貞，日閑輿衛，利有攸往。

乾為良馬，互震而動，故逐也。三與上同道，引初二以并進，如良馬之相逐。然四、五有阻，故利于克艱，不可有易心，利于貞固，不可有速志。其艱貞也，奈何日閑其輿衛？輿所以利行，衛所以周身，可以濟世，亦可以保身，則利有攸往也。初慮其進，二喜其不進，三可進又恐其輕進，君子之難進也如是夫。

《象》曰：利有攸往，上合志也。

上九無位而尊，為五所尊尚；三慎于進，則有用世之心而不輕進者。上合志，上自重之志與之合也。

六四，童牛之牿，元吉。

童，未角之稱。牿，施横木於角端，以防其觸。此爻變離為牛，艮少故童，一陽横亘于其首，牿象也。四畜初，止之于初，如童牛而加牿，用力少而成功易。占者得之，用以止惡，元吉也。

《象》曰：六四元吉，有喜也。

四畜陽于初，初安為所畜。喜者，喜其畜之不勞也。

六五，豶豕之牙，吉。

震為決躁，故有豕象。《爾雅》云：豕，子豬；豮，豶。故豶豕與童牛同義。牙，繫豕之杙也。艮止，有木杙象。豶豕善走，有牙以繫之則止。九二陽剛方盛，五以柔中畜之，無嚴法而九二自為所畜，如豶豕之牙禁豕而不酷也。

《象》曰：六五之吉，有慶也。

喜就一己而言，慶兼人己而言。六五居尊虛中，以柔畜剛，九二安為所畜，無相制之嫌，而有相容之美，故有慶也。

上九，何天之衢，亨。

何與荷通。《詩》曰：何天之龍。天衢，天路也。本卦雖取艮止為畜，然六五以陰畜陽，實畜之主也。上九陽德而居五之上，為五所尚，《象》所謂剛上而尚賢也。當畜賢之時，為五所尚，主張賢路，賢者得志莫盛于斯，故曰何天之衢。占者亨也。

《象》曰：何天之衢，道大行也。

上九畜極而通，何五之寵，賢路大通，則道無不行，故美之也。

附　解

《大畜》以所畜者大為義，脩身莫大于德，治世莫大于養賢，本卦四陽皆賢人也。下卦取其自畜，以自重而不輕進為美；上卦取其畜彼，以相畜而無妨害為貴。舊解于童牛、豶豕謂為止惡，夫下卦乾德，豈可以惡視之耶？第人君養賢，原非一端，幼而服習，長而教訓，涵養之，變化之，學成而優以祿，德大而隆以師保，莫非畜養賢士之道也。童牛之牿，豶豕之牙，納之于禮、樂、詩、書之途，共安于仁義中正之則，故吉而有喜慶。爻言童牛、豶豕，而《象》但言六四、六五有喜慶，以二爻為畜陽之主。至何天之衢，乃畜極而賢路大通，上九一賢為五所尚，而初二三之賢亦畜久而進，故道大行。經義自明，為眾說所亂，學者細味本文，必有以知其得失也。

䷚震下艮上

頤，口旁也。口食物以自養，故取養義。以卦之二體言，雷震于山下，根荄發生，養之象。以上下言，上止下動，頤頷之象。以卦形言，上下二陽中含四陰，外實內虛，頤口之象。《序卦》：物畜然後可養，故受之以《頤》。物畜聚而無以養之，則不能存，故次《大畜》。

頤：貞吉，觀頤，自求口實。

貞吉，得正則吉也。本卦大象離目，故言觀。口實，頤中之物。本卦內二陰同初陽成動，外二陰同上陽成止。止者不求動，動者不求止，既不同德又不取應，而合體為頤，故彼此相觀以知其正不正。自求口實，自考所以養我之口實得正與否。孟子曰，所以考其善不善者，于己取之而已矣，即此意。

《象》曰：頤，貞吉，養正則吉也。觀頤，觀其所養也。自求口實，觀其自養也。天地養萬物，聖人養賢以及萬民，頤之時大矣哉。

釋卦辭，而因極贊養之為道。觀其所養之正不正，謂上下二陽，觀其自養之正不正，謂中間四陰。陽實陰虛，實者養人，虛者求人之養。本卦頤原從口，無養德之意，惟養得其正，則養德即在其中矣。不但養人、自養，以至天地、聖人養物養民，無非養之所在，故曰頤之時大矣哉。

《象》曰：山下有雷，頤，君子以慎言語，節飲食。

帝出乎震，萬物得養而生；成言乎艮，萬物得養而成。君子慎言語，以養其德；節飲食，以養其體。言語、飲食動之象；慎、節，止之象。此處方說出養德。傅元《口銘》：病從口入，禍從口出，亦斯意。

初九，舍爾靈龜，觀我朶頤，凶。

大象離，故言龜。龜陰物而含陽，故能服氣不食。此爻一陽伏于群陰之下，故象龜，喻性分之樂也。初九陽德居卑，無養人之位而足以自養，因震動為頤，與四應，動其口腹之欲，為舍己靈龜，觀人朶頤之象。爾謂初，我謂四，因其動而慕外，故設為四語初之詞。朶，垂也。芻豢說口，不如義理可以說心，故凶。

《象》曰：觀我朶頤，亦不足貴也。

爻言其凶，此言不足貴，蓋以理斷之，欲人知艮貴也。

六二，顛頤，拂經，于邱頤，征凶。

顛，頂也，謂上卦也。拂，違悖意。邱，高阜，謂上九。本卦四陰皆以求養于同體之陽為正，六二陰柔，不能自養，求養于人，舍初九而上求上九，為顛頤。周公言其拂頤之正道，而往邱頤以求養，征必有凶也。

《象》曰：六二征凶，行失類也。

震為行。言六二之所以征凶，以其陰柔妄動，求養于人，舍初九而求上九，上非己之類也。

六三，拂頤，貞凶，十年勿用，无攸利。

諸爻皆以求養于同體為義，六三陰柔居震動之極，拂養之道，不求養于初而求養于上，上雖正應，然為口腹而求之，雖貞亦凶。占者得之，當戒妄動。十年勿用，以其无攸利也。中爻互坤，故象十年。

《象》曰：十年勿用，道大悖也。

養道以靜為主，妄動求人，大悖頤之正道，故戒以十年勿用。來氏曰：口容止，故下三爻養于動者皆凶，上三爻養于止者皆吉。

六四，顛頤，吉。虎視眈眈，其欲逐逐，无咎。

顛，頂也。四與上為同體，故求養而吉。上九本乾體，故象虎。耽耽，視近而志專也。六四當頤養之時，求養于上，有顛頤之象。自求其類，故吉。蓋上九以養人為志，居高而下賢，如虎視眈眈，志甚專一，而六四求養之志正切，其欲逐逐，不患其不合，故无咎。此二句申明所以吉也。六四連下卦震動而來，故逐逐。

《象》曰：顛頤之吉，上施光也。

施，及也。上九以養人為心，四以同體而求之，故受其光而吉。言上施光者，明有養我之心而後求之，非妄求者比也。

六五，拂經，居貞吉，不可涉大川。

六五居尊，能自養者也，但陰柔不正，无養人之才，而待養于上，以君待養于臣，似拂其養之常理。然養賢及民，君道之正，故教占者順以從上，守此正道則吉。但不可自用而妄有作為，如涉大川也。

《象》曰：居貞之吉，順以從上也。

互坤順，變巽亦順，順以從上，從上九之賢以養天下，所謂養賢以及萬民也。

上九，由頤，厲，吉，利涉大川。

由，從也。上九以陽剛居上位，天下之養皆從上九養之。厲者，君知而順我，恐其權尊而逼；民仰望于我，恐其恩膏不逮，心懷危懼也。如此存心則吉，可以濟險而無不濟矣。

《象》曰：由頤厲吉，大有慶也。

君民皆待養于己，故言大有慶，慶其得君志行，非徒自喜也。

附　解

卦象頤，以其上止下動。然養道以靜而守正為主，故下卦動而求養，為營口腹之私者；上卦止而求養、養人，皆得義理之正者。且初、上皆陽，可以養人，然初無位而上位尊，六五亦順從之，是賢而得君者，苟能養人以輔治，尤吉，故《象》美之曰大有慶。夫物非養不能生也，况于人乎？然養體有義，匪正而求養，則為飲食之人；養賢有方，匪正而待養，則有覆餗之凶。故聖人以陽為主，尤以陽之得位者為主。至于養德之義，則但于初九一爻象以靈龜，蓋靈龜服氣而生，人生天性之良如之。養性者無取乎膏粱，養身者豈徇于嗜欲？舍靈龜而觀朶頤，孟子所謂以口腹之害為心害者也。聖人知天下之不可無養，而又慮人失養之正，故于《彖》《象》詳為示焉。然則養人與自養者，可以瞭然矣。然而自古及今，為養之故，辱己而求人；挾養之權，尊己而傲物。卒之所養非賢，自養者失身，而養人者亦不得其力，豈非此卦不明之故哉？

䷛巽下兑上

大者，陽也。大過，陽過于陰也。澤本潤木，而乃至滅木，則大過矣。四陽之卦亦多，惟此相聚居中而過盛，故名大過。大者過[1]，過之大與大事過也。聖賢道德功業，大過於人，非有過於理也。非常所見，故謂之大過。《序卦》：頤者，養也。不養則不可動，故受之以《大過》。

大過：棟橈，利有攸往，亨。

屋脊曰棟，以承椽瓦者也。木曲曰橈，本末弱而棟不正，故曰橈。大象似坎，二[2]中直，棟象。兩陰上下，象坎之險陷與矯輮。又卦上缺下斷，皆橈象。以理論之，本弱則无所承，末弱則无所附，故象棟橈。然陽雖過而二、五得中，內巽外説，道實可行，故利有攸往而亨。棟橈者，卦象；利往而亨者，卦之德與才也。

《彖》曰：大過，大者過也。棟橈，本末弱也。剛過而中，巽而説行，利有攸往，乃亨。大過之時大矣哉。

大過者，陽之過也。在人事則凡大者皆是，非一端也。本謂初，末謂上，弱謂陰柔。四陽聚于中，故曰剛過。中者，二五內外卦之中，三四全卦之中。巽而説行，內巽而外以説行也。體質剛毅，本足發奮有為，而又能用之以中；德性巽順，本足深入義理，而又能行之以和，所以利有攸往。惟利往，是以亨，不如此則不亨，故曰乃亨。大過之時，非時大過，人當大過之時也。立非常之大事，興不世之大功，成絕俗之大德，皆是。非其時，或有其時而無其德與才，皆不得藉口于大過。

《象》曰：澤滅木，大過，君子以獨立不懼，遯世无悶。

上一句《大過》之象，下二句《大過》之行。不懼，兼窮達言，守理至精，不苟同世俗也；无悶，道足自樂，不以世莫知而含悶，此非有大過人之才德不能也。獨立象巽木，无悶象兑説。

初六，藉用白茅，无咎。

藉，承也。位在下，上承四剛，故曰藉。巽陰木，茅象，又為白，白茅象。為事之始，必須敬慎，然後免咎，况當大過之時，其事至重，尤不易為初。六陰居巽體之下，慎而又慎，如物不措地而藉之，且必藉以茅之白者，過于慎矣。然慎于事始，執柔處下，不犯乎剛，于此而過，其誰咎之？

《象》曰：藉用白茅，柔在下也。

柔在下，以剛在上也，以是而過慎，過所以无咎也。

九二，枯楊生稊，老夫得其女妻，无不利。

木生于澤下者，楊獨多，楊乃木之弱者。二五近本末之弱，故皆象楊。曰枯者，大過于時之義。稊，木蘖也。二爻陰在下，故言生稊，稊者下之根生也。五爻陰在

① 大者過，《周易學説》作大過者。
② 二，《周易學説》作二五。

上，故言生華，華者上之枝生也。生稊則生意不息，故曰過以相與；生華則生意將竭，故曰何可久。下卦錯震，長男，故象老夫。老夫，已娶之夫也。應兑，少女，故象女妻。女妻者，未嫁之女。九二陽剛得中，當大過之時，而應于少女，取諸物有枯物生稊，取諸身有老夫得其女妻之象，終成生育之功，故无不利。老夫而女妻，雖過乎常，然陰陽相與，以成生育之功，過而不過，故无不利。當大過之時，老陽得少陰，則剛不過于剛，而相與以成事，可例觀也。

《象》曰：老夫女妻，過以相與也。

老陽而應少女，雖若大過，然陰陽相與以有成，故无不利也。

九三，棟橈，凶。

三、四二爻居卦之中，棟象也。居大過之時，成大過人之事，必剛柔相濟。九三以剛居剛，不勝重任，故象棟橈而凶。

《象》曰：棟橈之凶，不可以有輔也。

剛强之過，而不能取于人，人亦不能親輔之，歎其不可，深為剛愎自用者戒也。

九四，棟隆吉，有它吝。

隆，高起貌。屋以棟為中，故三、四皆有棟象。而三橈四隆者，三以剛居剛，太剛則折；四以剛居柔，權重心下。又三在下，四在上，三于下卦為上實下虛，四于上卦為上虛下實也。四乃大臣之位，以柔濟剛，能肩大事，故象棟隆而吉。然其吉也，謂其近君任大過之事，有大過人之才。若舍五而下應初六，是為有它，則吝也。

《象》曰：棟隆之吉，不橈乎下也。

不橈曲以就下，而一意當君之大事，故吉。而有它之所以吝，亦可知矣。

九五，枯楊生華，老婦得其士夫，无咎无譽。

九五兑錯艮，少男，士夫之象。士夫，未娶者也。應爻巽為長女，故象老婦。老婦，已嫁而老者也。餘見九二爻下。九五以陽剛應過時之長女，故為枯楊生華，老婦得其士夫之象。陰從陽，故不曰士夫得，而曰老婦得，以陰求陽，非陽之咎，故无咎。然亦非配合之美也，安得有譽哉？

《象》曰：枯楊生華，何可久也？老婦士夫，亦可醜也。

過時而將衰，苟為一時之遇合，故不久而可醜。凡當大過之時，欲成大過之功，而所與非人，皆類此。

上六，過涉滅頂，凶，无咎。

兑澤而至其極，過涉之象。變乾為首，而此爻在上，頂象。澤水在首，過涉滅頂之象。當大過已極之時，勇于必濟，有冒險過涉而滅其頂之象，故凶。然殺身成仁，于義為无咎也。

《象》曰：過涉之凶，不可咎也。

无咎者，上六本无咎也；不可咎者，人不得而咎之也。以人事論，過涉之凶，雖不量其淺深以取禍，然有死難之節，而无苟免之羞，論其心不論其功，論是非不論利害，人惡得而咎之？

附 解

大過本為陽過，若復以陽居陽，則愈過，故諸爻以陽居陰者皆吉，以陽居陽者皆凶。與《大壯》諸爻取義略同。然大過者，謂大過之時，大過之事功，大過之才德，非可以一端限也，故《彖傳》贊其時大，而六爻雜取諸象，初無一例。藉用白茅，過于居心敬慎，枯楊生稊，過于情誼相與，此皆過而不嫌其過者也。棟橈，過于自恃，棟隆，過于任事，以其位斷吉凶，占者必自擇焉。枯楊生華，時已過而猶强為歡；過涉滅頂，事已過而必欲求濟，為兒女之私情則可醜，為天下之公義則无咎。聖人設象以示人，可謂曲盡矣。夫理惟中道，大過非過，因常人所不及而似過。君子則行其時中而已，獨立不懼，遯世无悶，此豈非脩身樂道之常，何所過者？而人不能然，則以為過。推至於堯舜禪讓、湯武放伐、孔子作《春秋》、孟子好辯，皆曰過也，而其實非過也。非仁熟而義精，亦惡知大過之時大哉？

䷜坎下坎上

坎，陷也。一陽陷于二陰之中，坎陷之義。乾坤為老父母，而乾交于坤，坤中孕乾，則為坎。坎，水也，水行于地中，實來于天上，天施而地所以生也。于人則身中有性，陰中含陽，為義理之心所寓。本卦上下皆坎，以象言為重險。《序卦》：物不可以終過，故受之以《坎》。過極而陷，故次《大過》也。

習坎：有孚，維心亨，行有尚。

習，重也，又便習之義。坎本先天坤體，孕眞陽于中，而天氣行于地矣。人秉天之理氣，得之陽者為性，得之陰者為命，陽交于陰而命中有性，性轉為情，心之所以不正，事之所以多險也。此卦上下皆坎，重重險閉，人心牿于形質，蔽于私欲，正以陽陷于陰之故。聖人獨加習字，以此卦重坎，是天地所以交，而氣質所以陷溺天良。習于坎而不能復性，常人之所以流蕩而忘返。習于坎而保其天良，君子之所以立命而修身。有孚，誠實。維，語助詞。心亨，性得其正，故心善其用也。行，行事。尚，上達。言此卦重坎，占者有孚而得乎理之正，則心乃為性而得亨通，行事有日新月盛之美也。

《彖》曰：習坎，重險也。水流而不盈，行險而不失其信。維心亨，乃以剛中也。行有尚，往有功也。天險不可升也，地險山川丘陵也，王公設險以守其國，險之時用大矣哉。

習，即重字之義。重險，歎之也。天交于地，而坤中孕乾，萬物之精浮而為水。人心稟天之良，其氣則天地之所以合，其理則天之所以主也。天不能以有陽而無陰，人心不能有理而無欲，此天之所無如何也。聖人補造化之憾，以復性望人，欲人得其剛中之理，而返乎純乾之性，故即水以示人。流而不盈，謂流行各足而無泛濫，理之即物而各如其分者，視此也。行險而不失其信，謂經歷幽阻，而卒達四海，氣之充周而無間斷者，視此也。剛中，中爻眞陽。維心亨，由有孚而得眞陽之義，故但釋心亨而不釋有孚也。往有功，心亨則事無不成也。天之險以氣，地之險以形，王公設險守國，則人為也。天地之理，充周流行，曷嘗有險？形氣則居然險也。王公體天養民，何必恃險？不得已而然，因險而轉得其平，險曷足為累哉？聖人欲人化形氣之拘，而全剛中之性，故曰險之時用大矣哉。險非大，用險者因時之義大，此所以為習坎也。

《象》曰：水洊至，習坎，君子以常德行，習教事。

洊，流相續也。德行，德之行；教事，教之事。始終如一曰常，一再不已曰習。言坎為水，水何以習？蓋水之至也，循序不息而成其險，故曰習坎。君子象之，常其德行，習乎教事，學而不厭，誨人不倦，如水洊至，此習坎之實也。

初六，習坎，入于坎窞，凶。

窞，坎中之小坎。初六陰柔居下位，習為險難之事，而不以剛正自守，機智日甚，險亦日深，為入于坎窞，其凶必矣。

《象》曰：習坎入坎，失道凶也。

習坎何以入坎？以其陰柔，失正道也。

九二，坎有險，求小得。

陽陷陰中，二陰附之甚固，故坎而有險。然九二剛居柔位，不遽求出險，實未嘗為險所困。第從容觀變，求小者之得，不急求成大功也。

《象》曰：求小得，未出中也。

剛中宜可大有為，而求小得者，以未出險中，義當如此也。

六三，來之坎坎，險且枕，入于坎窞，勿用。

之，往也。上下皆坎，故曰坎坎。中爻互震木、艮止，枕象。六三履重險之閒，來則下入于坎，往則上入于坎，其險甚矣，占者宜靜以俟時。且枕險而居，入于坎窞，切勿用也，妄動者致險。六三位險而性柔，故戒以且枕勿用。

《象》曰：來之坎坎，終无功也。

處坎以出險為功，終无功，言動不能出，徒益之險，故且枕勿用。

六四，樽酒，簋貳，用缶，納約自牖，終无咎。

四變互離巽，巽為木，離中虛，樽象。坎水，酒象。震為竹，簋，竹器；缶，瓦器，所以盛酒漿，亦可節樂。約，繩也，變巽為繩。在牆曰牖，在壁曰牕。二至五中虛，牖象。出險之道，必剛柔相繼。四大臣近君之位，九五剛德，能出險而下求四。六四以柔居柔，上親于君，君臣相求，去繁文而就悃摯。一樽之酒，貳簋之食，用缶為樂，禮質而情歡，如納約自牖，雖險未能出，而彼此已通，終得濟險而无咎也。

《象》曰：樽酒簋貳，剛柔際也。

儉薄之物，可以通情，由剛柔相際，皆求出險，故情通而交可固也。

九五，坎不盈，祇既平，无咎。

盈，滿。祇，適也。險生於自滿，水流而不盈，不必高于坎，適與坎平，則无坎矣。九五剛中，在險中而不自滿足，如坎水不盈，適得其平，險者悉化，故无咎。

《象》曰：坎不盈，中未大也。

九五陽居尊位，宜可大有為，而曰坎不盈者，以方在坎中，陽德尚未光大，故當以不盈處之，乃可平險也。

上六，係用徽纆，寘于叢棘，三歲不得，凶。

係，縛也。徽、纆皆索名，三股曰徽，二股曰纆。坎黑色，變巽為繩，徽繹象。寘，置也，囚禁之意。坎為堅多心，棘也。重坎，叢棘也。上居險極，陰柔不正，象為係用徽纆，寘于叢棘，三歲而不得其出險之道，罪戾日深，凶也。《周官》：司圜收教罷民，能改者，上罪三年而舍，其不能改而出圜土者，殺。

《象》曰：上六失道，凶三歲也。

道，濟險之道。歎其自取，欲其早求出險也。

附　解

乾坤生六子，長少男女皆得乾坤偏體，惟坎離得乾坤正體。而坎又乾宮眞陽所寓，故坎為中男，位北為水。水流行於天地之閒，無乎不到，風雲雷雨，皆挾水火之氣，而水尤天精，萬物所以生成也。人秉乾坤之精氣，獨靈於物，其性則天之心，其命則坤之氣。乾交于坤而成坎，一點純陽眞性蔽于形質，故心中之陰氣難除，即義理之天良難保。惟天下至誠為能盡其性，盡其性者，化其氣質之私，復其純一之性，本卦所謂剛中也。習坎而有孚，所以全剛中之性，而不為形氣所拘。維心亨，行有尚，心純乎性，故行當于理，而往有功，可必也。六十四卦惟此指心示人。章氏潢謂，一陽陷于二陰之內，所謂道心惟微是也。《彖》《象》略示人以機緘，六爻則第以險為象，以天地之藏固不可盡洩也。剛中者，中存剛正而不偏任乎剛。初六、上六皆陰柔，故皆失道而凶；二、五皆剛中，故小得无咎；六三陰居陽位，亦有剛柔意，故教以且枕勿用；六四與九五際，剛柔相求，故獨佳。夫險非人所樂居也，然天地未嘗無險，人事尤多有險，惟恃有剛中之德，則戒懼愼獨，操心慮患，履險而得其平，此聖人教人習坎之意也。《象詞》明以樽酒簋貳為句，而晁氏以貳用缶為句，非。貳簋而曰簋貳，倒詞耳。坎不盈，祇既平，言不盈而適得其平，水之象然，濟險者亦然。前人何多謬說？三歲不得，《周官》所謂不能改者，不得即失道，聖人于險之初即戒其失道，險之終尤欲其得道，所以拯民之意至矣。

䷝離下離上

離，麗也。明也。一陰附麗于上下之陽中，虛明之象也。火外陽而內陰，陰必待陽而明，故為離，火無常形，麗物而明。《序卦》：坎者，陷也。陷必有所麗，故受之以《離》。謂陷于中而欲出，則必有所附麗而後能。坎內陽而外陰，性之含也，離內陰而外陽，情之著也。明暗互代，陰陽相需，夫子第就次序之意言之，非本卦正義也。

離：利貞，亨。畜牝牛，吉。

占得《離》者，利于貞則亨通。蓋陰麗陽以成其明，陽光外發，必內含貞德，始不盡用其明，而其明可久。其象如畜牝牛，則吉。蓋牝非牡敵也，然牝牛健而馴，實牡牛之所自出，含剛健于柔順。人之韜光孕德如之，則與卦體相合，故吉也。離中之陰本坤體，故象牝牛。

《彖》曰：離，麗也。日月麗乎天，百穀草木麗乎土，重明以麗乎正，乃化成天下。柔麗乎中正，故亨，是以畜牝牛吉也。

離以一柔附于兩剛之間，附麗而錯然成文，故曰麗也。天地之氣，陰以含光，陽以發洩，然其體用相資，即文質相麗。如日月麗乎天，而明無不照；百穀草木麗乎土，而象无不呈。天地非日月百物則无文，然日月百物非麗乎天地，亦無以成其美盛也。卦體重明，二陰皆麗於二陽，是所麗者正，人能如之，則得乎文明之正，乃可以化成天下也。《彖詞》之所以言亨，正以二柔麗乎四陽之中，得其中正，不自用其明，而其明愈著，故亨，是以畜牝牛吉也。日月四句，極贊離之義；柔麗以下，乃釋《彖詞》也。

《象》曰：明兩作，離，大人以繼明照于四方。

作，起也。火炎上，故曰作。上離下離，明照兩并而作，附麗以成文明，故曰離。大人，大德之人，在下則聖人，在上則王者。繼明，繼天之明。照于四方，無地不明。蓋其明德如天，內含章而外發育，故能繼天以照天下也。

初九，履錯然，敬之，无咎。

履，行也。錯，交錯。初在下，變艮為徑路，故象履。然，語助詞。在卦之初，日出之離也。朝日初出，群動交作，故履錯然，言事雜亂也。然心為事主，旦氣方清道心，宜守敬以束心，使長保其明，則无咎。

《象》曰：履錯之敬，以辟咎也。

辟，避也，又除也。人心之動，如火之始，然朝日之方升，平旦之氣未遠，履紛錯之事，而敬以直之，所以辟咎也。深美其敬之善。

六二，黃離，元吉。

二在卦中，日中之離也。以其得中，本坤土，故曰黃離，所謂柔麗乎中正也。備中正之德，以坤貞葆其乾元，可以無所不宜，故元吉。

《象》曰：黃離元吉，得中道也。

中道，天地之正道。天地之文盛矣，然其美在中，蘊于不窮，六二得之，故元吉也。

九三，日昃之離，不鼓缶而歌，則大耋之嗟，凶。

三在卦上，日昃之離也。離中虛，本坤土，故象缶。八十曰耋。坤數八，三雖陽，以離之正體言，故從坤數取象。日之有昃，人之有老，常也。明德之人，身老而神明不衰。九三居日昃之時，素未能明其德，欲及時行樂，則鼓缶而歌；憂死期將至，則大耋之嗟。不如彼則如此，不明而為物役，哀樂無常，凶可知矣。苟能緝熙于光明，則不知老之將至，何非禮哀樂之有？故曰夭壽不貳，脩身以俟之，所以立命也。

《象》曰：日昃之離，何可久也。

日昃則明將盡，德昏則人不久，笑歌嗟歎，皆非可久之道，故凶也。

九四，突如其來如，焚如，死如，棄如。

如，形容之詞。四在昃後，日入明息之時。九四剛燄不正，前無所因，後無所襲，如火突起，燄燄方來。然五以柔居尊，四不能犯之；三火炎已甚，四又不能禁之。不戢其暴，必至于焚，焚而死，死而棄。聖人深戒剛暴之流，而極其禍如此。

《象》曰：突如其來如，无所容也。

卦以養德繼明為美。四當两火相繼之際，剛而不中，見逼于三，見棄于五，故有焚死棄之凶。无所容，非人不容，自失其所以容之道也。凡人剛忿私心類此，俗謂無明業火。無明，不明；業，罪也。夫子言辨惑而曰一朝之忿，即此意歟？

六五，出涕沱若，戚嗟若，吉。

沱，涕下垂貌。離為目，重火炎上熏目，故涕。錯坎為加憂，故象戚。中爻兑口，故象嗟。六五居重明之上，火性炎上，重離薰蒸，其象為目被火而出涕沱若，面被火而戚嗟若。夫火取其明，明惡其太盛。六五明之盛矣，不戒則焚。處此位者，果能持以憂懼之心，如出涕沱若，戚嗟若，則方且避炎畏熱之不暇，而暇自恃其明乎？故占者若是則吉。蓋六五以柔居尊，故善用其明如此。

《象》曰：六五之吉，離王公也。

離，音麗。

以六居五，不恃其明，而懷憂懼，乃王公之德，所以能繼明照四方也。五本王公之位，不患不明，患過用其明，故言離之者當如此。

上九，王用出征，有嘉。折首，獲匪其醜，无咎。

離為甲胄，為戈兵，故象出征。兵猶火也，故夏官掌之。嘉，美也。折首，折其魁首。醜，類也。離火戒猛，故不用剛而用柔。然道非一端，如上九之剛明及遠，王者亦可用之以出征。蓋禁暴止亂，有嘉之道也。但當折首而不獲其醜類，如《書》所謂殲厥渠魁，脅從罔治，則猛而不殘，無用剛之咎矣。五乃君位，此爻云王用出征者，上九本乾剛之體，且命將出師，即是王用也。

《象》曰：王用出征，以正邦也。

征之為言正也。離象城郭，故曰邦。言王用出征，非黷武也，但取殘伐暴，正其邦耳。蓋聖人惟恐人黷武而云然。

附　解

離于八卦為日，為火，日即火之精也。水火為天地之精，金木即水火之神，土則中氣之運四象者也。人秉天地之靈而生，即秉水火以為精神，神藏于心，心之靈，神之妙也。心有人心、道心，以心本火精，地二生火，天七成之，內陰而外陽，質所以滯神，神遂不能純一也。聖人者，有覺之心統于虛靈之性，性定而情為之使，情皆得中，由性無駁雜也。故離卦二陽乾體，其中一陰坤也，陰為主而陽反居外，故人心易昏而難明。在天地則火之中凝者水，水之中凝者火，故坎離分用，日月互形，而功化以成，未嘗為天地之病。在人心則木液流而難制，邪火妄而易行，心之發于私者恒多，當于理者恒少，故離中之陰私不除，天理之純全不復。夫子言克己復禮，即克去此陰邪，以清其源，而由中達外，當于天則也。六子乾坤所化，而坎離獨得中氣，故羲圖乾南坤北，而文圖離南坎北。日月不運行，天地無以為功化；人心不合天，身世無以為事功。然乾坤交而坎離分，天地之所以生生而不窮；坎離合而天地泰，乾坤之所以一元而不已。在天地則有分有合，實無合無分；而在物則分者難合，合者竟分。故復性之功，非體天地之撰，而通神明之德，無以全性也。然此理至秘，前聖罕言，故于卦明示其機，而爻象別為之說。利貞，亨。畜牝牛，吉。火本無質，有所麗而炎生；心本無形，有所麗而神發。所麗者不可不正，麗于理則正而明，明則通，故亨；麗于欲則邪而昏，昏則塞，塞則窒，不亨矣。此以心之萌動省察而言。坤為子母牛，牝牛則所以孕陽也。離中一陰本坤，人心靜而存養，專氣致柔，以坤之順，馴伏陽光，安敦之意，止于中黃，以是為畜牝牛象。此則靜存之理也。蓋後天之離，本先天之乾，而後天之坎，即先天之坤。坤以藏之，乾以君之，此天地之性也。人性何獨不然？乾性寓于坤命，靜專而後動直。若以有形者言，則不過詁為順德而已。然聖人意無不包，學者最當審之。二五皆柔麗乎中正，而或以為專指二言，則非。八卦惟乾坤總稱行健、地勢，其餘六子皆以上下重卦言之，震坎云洊，皆取連續相因，風曰隨，山曰兼，澤曰麗，皆各以其體言。若火之為用，相得而益輝煌，繼續而彌光大，兩離并作，附麗之盛莫有逾于斯者，故曰明兩作離。舊說亦殊，未醒大人兼德位言。各爻舊多誤解，茲已見于正文，不再贅。

周易恒解卷三

周易下經

䷞艮下兌上

咸，感也。不曰感而曰咸，咸，皆也，男女皆相感也。男女相感之深莫如少者，男下于女，女悅而應之，夫婦之道，萬物所由生化也。《序卦》：有天地然後有萬物，有萬物然後有男女，有男女然後有夫婦，有夫婦然後有父子，有父子然後有君臣，有君臣然後有上下，有上下然後禮義有所錯。此所以《咸》為下經之首也。

咸：亨，利貞，取女吉。

山澤通氣，上下相感，曰咸。天地之間，感應而已。有感無不通者，特患其不貞耳。以性相通，不以情私，則冥漠之訢合，皆天理之流行也。卦以二少相感，男下乎女，婚姻之正，故以取女則吉，貴其貞也。夫婦者，人倫之始，婚姻之禮正，然後品物遂而天命全。故《詩》始《關雎》，禮重大婚，而此經以《咸》《恒》配《乾》《坤》也。

《彖》曰：咸，感也。柔上而剛下，二氣感應以相與。止而說，男下女，是以亨，利貞，取女吉也。天地感而萬物化生，聖人感人心而天下和平，觀其所感，而天地萬物之情可見矣。

咸者，無心之感，無心于感，乃無所不感，故為咸。卦體兌柔在上，艮剛在下，山澤之氣相通，一感一應，陰陽之正，彼此相與。卦德內止外說，人心之說，易失其正，惟止而說，則無徇情縱欲之私。卦象少男下于少女，女守貞靜，男先下之，得婚姻之正。此咸道之所以亨而利貞，取女吉也。化者，氣化；生者，形生。天地以氣感萬物，而萬物無不通。和者無乖戾，平者無反側。聖人以德感人心，而天下無不通。蓋天地萬物雖異位，其氣則同；聖人億兆雖異勢，其誠則一。觀其所感，而天地萬物止此一誠之所通也，故曰天地萬物之情可見。

《象》曰：山上有澤，咸，君子以虛受人。

山本高，澤本下，今澤在上而下潤于山，山在下而上蒸於澤，一氣交感，故爲咸。君子觀象，知山惟中虛乃能受澤，心惟中虛乃能受人，廓然大公，無所係累，以誠相感，而萬感皆通。亦如山澤之通氣也。《彖》言貞《象》言虛，惟虛故貞。虛其心者，誠于理者也。

初六，咸其拇。

感通之機，莫捷于心身，聖人通天下爲一身，知所以感身，則知所以感天地萬物矣，故六爻皆以身取象。拇，足大指。艮錯震，初在下，故象拇。人心欲有所往，身未動而拇先伸，是動之微、幾之先見者也。人不知而己獨知，謹之則吉，不謹則凶。不言占者，謹幾也。

《象》曰：咸其拇，志在外也。

外謂四。身未動而志已應之，如拇之常向外也。

六二，咸其腓，凶，居吉。

腓，足肚。二在股足之間，故爲腓。腓不自動，因足而動，且不能自止，動而不能止，凶道也。然不能止腓，當止其足，去躁去妄，常居而不行，則腓無由動，亦因之以得吉矣。二以陰在下，與五爲正應，若不待上之求而妄動，則凶，故設爲此象以戒慎動。

《象》曰：雖凶居吉，順不害也。

順，順理。靜守而不妄干，則順于理而不害也。

九三，咸其股，執其隨，往吝。

三在腓上，互巽爲股。隨指下二陰而言，足之拇腓乃隨股者。今拇腓因感而動，股亦隨之而動，爲咸其股象。執，拘執。九三陽剛之才，宜乎自以正道感人，乃因初二之動，隨之而動，如股反隨拇腓以動，拘執隨人之義，不能自主，以此而往，其吝必也。

《象》曰：咸其股，亦不處也。志在隨人，所執下也。

亦蒙上六二之詞，處即居也。下謂初與二在三之下。言六二以不處而凶，陰柔隨人，不足怪矣。今九三剛明，宜卓然自立，乃亦不處而隨拇腓而動，則妄感之動，不能自禁，深可危也。九三本可自主，今乃志在隨人，所執者卑下不堪，故往吝也。

九四，貞吉，悔亡，憧憧往來，朋從爾思。

四在股上脢下，心之位也。不言咸其心者，心司感者也。心之所感不正，則有悔，無所係累，則貞而吉。九四居三陽爻之中，爲乾體，當兑說之始，感人以貞則吉，而悔可以亡。然陽居陰位，于爻不爲中正，未能應以無心，虛己感人也，故有憧憧往來、朋從爾思之象。憧憧，往來貌。往來，通上下諸爻言之，咸拇腓股，已往者也，咸脢輔頰舌，來者也，朋謂三五二陽。四居心位，爲感之主，有心感人，朋類從之，感雖貞而紛紜亦甚矣。

《象》曰：貞吉悔亡，未感害也。憧憧往來，未光大也。

害，害理。貞則能靜，未感于害理之事，故悔亡。然兑悦居陰位，不能常貞，感于往來之事而憧憧，故未光大。

九五，咸其脢，无悔。

脢，脊也。心繫于脊，一身皆動，惟脢不動。咸其脢，是感于不動之處，其志有定，而感不足亂之矣，故无悔。九五陽剛中正，兑說正體，故有此象。

《象》曰：咸其脢，志末也。

末對本而言，謂一身形體，拇腓股輔頰舌之類。感者心，而脢則心之所繫，感于不動之處，則感之本得，本正而末亦正矣。故咸其脢者，其志在末，而特清其本也。聖人以無所感爲感之本，故云然。

上六，咸其輔頰舌。

上當兑口，輔在口旁，頰在輔下，舌在中。上六以一陰居兑說之終，急於感人，不覺其輔頰舌之皆動。以言感人，未爲全非，但所感者淺耳。故不言吉凶，俟占者之自審而自戒焉。

《象》曰：咸其輔頰舌，滕口說也。

滕，張口騁詞貌。感人而徒以口說，難矣，故歎之。

附　解

易例各爻取應比立義，然亦視乎卦體卦義，不可一概論也。如此卦義主感通，《彖詞》統論其理，而有吉無凶，爻象則近取諸身以例萬事，而有吉有否，然皆不主應比言，以咸主動也。九四爲心位，曰貞吉悔亡，則非謂心可無感，特恐所感者不正耳。憧憧往來，朋從爾思，所以狀有心之感，雖正而亦不免紛紜，欲無思而無不通，則非克己復禮，未易使有覺之心皆爲虚明之性也。《繫傳》乃申之，此未及詳。貞故無害，未能感以無心，故未光大。詞義自明，不用伺他索解。脢字諸説不同，以《正字通》爲是。脢本不動，何感之有，因九五陽剛中正，故設爲此象，言能正其心，感于不動之處，則其本立而末自舉。悔之所以无，志之所以得。九四之悔亡，猶有悔而亡之，五之无悔則絕无也。而前人以爲志在上六，王註又以爲志在淺末，均失之。咸其輔頰舌，象口之内外皆動，傳一滕字正形容之。舊解以爲口舌感人，蘇張之事，小人女子之常態。殊不知卦體下止上說，義無不吉，此爻當兑口說極，急於感人，故不覺其輔頰舌之俱動。聖人不言吉凶，以君子覺世牖民，木鐸也，好辨也，亦有滕口說時，不過感人者淺，其意豈得爲非？若以小人當之，則必曰凶咎矣。夫子曰滕口說也，一也字無限慨歎，言感人而至此，即所感者正，亦已勞矣，況不正乎？《咸》《艮》二卦，爻象皆取諸身，蓋一動一靜者，天道之常，動靜協宜者，人事之正，靜者所以爲動之根，動者所以達靜之理。前人分下卦靜，上卦動，離艮止兑說而二之，於咸之義已戾，故其說多不合聖人也。夫天地之道，一陰一陽而已，陰陽合而萬化生，二氣交而感應起。《咸》之爲象，取于下男上女，以有情之感，乃天地自然之氣機，陰陽生化之由來也。然得正則吉，失正則凶者，天地無心成化，感而實未嘗感，陰陽闔闢，自然翕應，一元之理，主宰之正大光明者，萬古未嘗息也。人心則不能然，氣動而心隨之，役于形，逐于物，有感而遷，其去天日遠矣。故聖人以人之一身言感，名感而名咸，無心之感，天地之本體也。人受天地之中以生，何獨不然？特有生以後，性逐情移，理爲欲溺，故感者非耳。由拇而腓而股而晦而輔頰舌，由下而上，喻氣動于陰，乃後天之心所以多感也。四爲心位，狀以憧憧朋從，心主如是，一身形體安得不如是？夫不感則不成乾坤，多感又違乎中正，復性之功安可一日緩哉？聖人感人心而天下和平，盡性立命以通萬物之情，亦一天地無心之感也。故惟聖人爲能感，而世之逐情以言感者戾。

䷟巽下震上

恒，常久也。男在女上，男動乎外，女順乎內，人道之常。又《彖詞》所言皆恒之義也。《序卦》：夫婦之道不可以不久也，故受之以《恒》。言夫婦偕老，終身不變也。《咸》，少男少女，以男下女，是男女交感之義。《恒》長男長女，男尊女卑，乃夫婦居室之常。論交感則少爲親切，論尊卑則長常謹正，所以次《咸》也。

恒：亨，无咎，利貞，利有攸往。

闔闢之機，始于風雷；男女之正，通乎造化。故占得《恒》者，亨而事得无咎。然必利于貞，蓋貞則可以亨而无咎，否則不利矣。貞而恒，則無所不通，無由獲咎，隨所攸往皆利。是故五性五倫，人道之常經，即天地之常理，久于其貞亨无不利也。

《彖》曰：恒，久也。剛上而柔下，雷風相與，巽而動，剛柔皆應，恒。恒，亨，无咎，利貞，久于其道也。天地之道，恒久而不已也。利有攸往，終則有始也。日月得天而能久照，四時變化而能久成，聖人久于其道，而天下化成。觀其所恒，而天地萬物之情可見矣。

剛上而柔下，乾之初上居於四，坤之初下居于初。震剛巽柔，剛上柔下，天地之常。雷資風而益遠，風假雷以增威，相須以成功用，氣化之常，巽順震動，動不順豈能常，剛柔不相應豈能久？四者皆恒之道，卦所以爲恒也。恒之所以亨无咎利貞，以貞乃能久，天地之道，恒久不已，惟其貞也。利有攸往，以恒久則終又復始，循環不窮，故所往無不利也。天純一不已，日月陰陽之精，得天之健以行，而能久照。四時一天道之卷舒，陰陽變化不息，而能久成。聖人法天，久于其道，而修己治人之事洽浹，天下化成。觀其所恒，可見萬古此天地，萬古此恒；萬古此萬物，萬古此恒也。若當春而夏，當秋而冬，當生不生，當成不成，則爲變怪，安得謂之恒。

《象》曰：雷風恒，君子以立不易方。

雷動風散，若無常也。然收發溫凉，不爽其時，剛動巽入，互成其功，無常而實有常。凡事之來，萬變不窮，而君子以時中處之，有定而實無定，無定而實有定，是爲立不易方。震巽皆木，有立象。巽入在内，震動在外，各居其所，不易方象。

初六，浚恒，貞凶，无攸利。

浚，深也。初六巽主，其性善入，故以浚爲恒，强求深也。庸德庸言，事近而理平；强求其深，雖正亦凶。以此爲恒，失之鑿求諸難。修己則鋭進者易退，爲政則欲速者不達，无攸利也。

《象》曰：浚恒之凶，始求深也。

始謂初也。可恒之道，必久而成，始即求深，其志不愜。四雖與初正應，而不能合，故凶也。

九二，悔亡。

以陽居陰，宜有悔者。以其得中，所應又中，時位不當，而能素位以求中，隨時以處中，則不正之悔皆亡矣。此與《大壯》九二、《解》初六，皆不著其所以然，蓋卦惟此爻以剛居中；《大壯》之壯，戒于太過，而四陽爻惟二得中；《解》利西南，貴處後，而惟初六爲最後。此皆合乎卦義而甚明者，故直繫以吉占，而詞可畧也。

《象》曰：九二悔亡，能久中也。

可久之道，中而已矣。九二能以中爲久，尚何悔焉。

九三，不恒其德，或承之羞，貞吝。

以陽居陽，本有德者也。在巽之極，爲進退不果，當内外相接之際，變坎又爲狐疑，故象不恒。或者，不知何人之詞。承，奉也。恒以久于中爲貴，三過中而剛，過剛則躁矣。巽極則爲進退不果，是不恒其德之人，羞辱無端而至，故曰或承之。吝滯于行，雖貞亦吝。不能保其德，則不能亨也。

《象》曰：不恒其德，无所容也。

當内外相際之間，非躁即不果，進不能爲震之動，退不能安巽之順，無所容其身。凡無恒者類此也。

九四，田无禽。

震，馬動，田象。又爲大塗，无禽之處。四在震初，不中；以陽居陰，不正。不中不正，動而不已，是恒于所不當恒者，如田于无禽之地，雖久而終無得也。三有德而不恒，四能恒而無德，是以恒必利貞。

《象》曰：久非其位，安得禽也。

非其位而久焉，安得有功，故无禽也。

六五，恒其德，貞。婦人吉，夫子凶。

以柔中之德，應二剛中，常久不易，是恒其德也。有德能恒，故貞。然以柔從剛，久而不變，是婦人之貞，而非夫子之義，故吉凶異。

《象》曰：婦人貞吉，從一而終也。夫子制義，從婦凶也。

婦人無專制義，當從一夫以終，故其吉者乃其貞也。夫子以義制事，乃反從婦，則凶矣。

上六，振恒，凶。

振，變動貌。上居震，極柔不能守而變動不已。是以振爲恒變而不得其正，故凶。

《象》曰：振恒在上，大无功也。

恒不得其正則當變，得其正則不當變。振恒而在上，則是陰柔妄動，所謂天下本無事，庸人自擾之也，不惟无功，且大无功而足以敗也。

附　解

道中而已矣，惟中故可久。然中之爲道，非膠于一定之謂。天道莫大于時，聖人法天而時行，故至無定至有定，千變萬化不離乎中，此堯舜禹湯文武周公，跡不同而心同理同也。雷風變動不拘之物，而名其卦曰恒，聖人正恐人以膠泥失之。夫子《象傳》極詳其義，而于六爻復條析之。初在下體之下，四在上體之下，皆未及乎恒者。故泥常而不知變，初浚恒而四田无禽也。三在下體之上，上在上體之上，皆已過乎恒者，故好變而失其常，三不恒而上振恒也。惟二五得上下體之中，知恒之義者。而五不能制義，則爲婦人之吉。惟二剛中柔位，是能守其正，而又能隨時變易以從道者，故无悔，而夫子讚之。蓋不變所以守中，能變所以時中。變不變之跡異，而其中則同。此所以惟精惟一，然後可協于中也。

䷠艮下乾上

遯，避去也。二陰浸長，陽勢不勝而避去，在人事則小人道長，君子避而退之。山高上淩乎天，陽氣若避而去之，故爲遯。《序卦》：恒者久也，物不可以久居其所，故受之《遯》。此六月之卦也。

遯，亨，小利貞。

陰盛，陽當退避，故占得遯者亨。然所謂亨者，非徒苟以全身，蓋仍守其貞而不渝。特自晦其貞，不等于有道之時大行其志，小利貞耳。聖人恐人舍貞而遯，故云然。

《彖》曰：遯，亨，遯而亨也。剛當位而應，與時行也。小利貞，浸而長也。遯之時義大矣哉。

遯而亨，惟遯乃亨，見其不可不遯也。剛當位，謂九五之應六二而遯，知幾于微，與時偕行之義也。貞宜大利，而云小利者，以二陰浸而長，善用其貞，乃善全其遯也。是非有明哲之智，見幾之勇，安能踐之，故歎其時義之大。蓋遯非難而貞爲難，小利貞以遯，時而止者，亦可時而行，遯者非遂忘世也，大矣哉，此中有許多經濟在。

《象》曰：天下有山，遯，君子以遠小人，不惡而嚴。

天下有山，山勢淩天，天不拒之，而山自不能及天，遯之象也。小人，二陰之象。惡者，聲色俱厲，絕之已甚。嚴者，以禮自持，凜不可犯也。不惡而嚴，與天之無心于遠山，而山自絕於天者，同矣。遠小人，艮止象。不惡而嚴，乾剛象。

初六，遯尾，厲，勿用有攸往。

卦以上爲首，初爲尾。在遯之初一，陰雖微，已有浸長之勢，其幾危厲。占者得此，勿用有攸往，不可以有爲也。

《象》曰：遯尾之厲，不往何災也。

在遯之初，一陰方長，而即決其幾，斷乎不往，何由取災也。

六二，執之用黄牛之革，莫之勝說。

黄牛，坤爻居中之象。互巽爲繩。艮爲手，執之象。革，皮繩也。互見乾巽之象。執，固留之意。六二陰長，陽之所由遯也。夫賢人之遯，亦豈小人之利哉。故爲六二謀，當親固君子，執而留之，恭順聽命，如用黄牛之革，莫之勝說，則陰無妨于陽，而且爲陽用，均受其福也。因六二中順，上與五應，故設此象以導之。聖人抑陰扶陽，爲君子謀，未嘗非愛小人也。

《象》曰：執用黄牛，固志也。

六二陰盛，賢人遯志已決，而二能承順之象，以執用黄牛，固賢者不去之志也。詩曰：縶之維之，毋金玉爾音，而有遐心。此爻之義。

九三，係遯，有疾厲。畜臣妾，吉。

九三陽剛，處遯之時，宜知遯者。因艮止，初二两陰緊躡其後，爲其所係，不能決去。而心知不可，常懷憂懼，如有疾者然，如此豈不危厲。然陽德小人不能即害，但能善馭小人，如畜臣妾，則吉。蓋臣妾則爲我所役而不爲所役，可以免禍也。

《象》曰：係遯之厲有疾，憊也。畜臣妾吉，不可大事也。

遯貴見幾明決，係遯自危而有疾，則困憊不能自立矣。畜臣妾吉，不過不爲所役。然以小人爲臣妾，終非善計，故不可大事。爻，幸其能免；象，終惜其係遯也。

九四，好遯，君子吉，小人否。

好，如字。

好者，惡之反。好遯，以禮而遯，無遯之形。孔子之以微罪行，孟子之三宿出晝是也。君子之遯世[1]由小人，然君子從容而去，道全身安。小人自恃其燄，將不旋踵而覆矣，故此吉彼否。九四陽剛居乾健之始，故能决然以遯而無所係。

《象》曰：君子好遯，小人否也。

猶有君子，則事尚可爲，而小人得禍亦淺。君子從容而去，小人必不能自保矣。故歎以惕之。

九五，嘉遯，貞吉。

嘉遯，守禮也。身不遯而心遯也。小人道長，君子皆去，孰與維持。九五乾剛中正，以禮自防，不必潛踪匿迹，而小人自不能害，所謂不惡而嚴者也。身雖未遯，而心實超然物外。其道甚貞，其占甚吉。自古國有小人，得一二嘉遯之君子而再造者，不可勝數，故深與之。

《象》曰：嘉遯貞吉，以正志也。

以正志者，身不遯而心實超然，所以正其志而正人之不正。實天命人心所依賴，故爲嘉而吉也。

上九，肥遯，无不利。

肥，光大寬裕之意，心廣體胖，疾憊之反也。上九以陽剛而居卦外，是有德無位，蕭然世外之人，俯仰自如，道安身泰，故无不利。

《象》曰：肥遯无不利，无所疑也。

本无官守言責，舍則藏之，何疑之有。

附　解

卦之名遯，以二陰盛而諸陽遯去。下卦山下止，上卦天上行。六爻取象不離乎卦體，立義不以應與立説。初二皆陰，陽之所以遯也。《易》爲君子謀，不爲小人謀，故戒以勿往，導以執用黄牛，以君子見幾必遯，故戒小人安之。九三比二陰，故係遯，然以陽剛，故畜臣妾吉。是三爻者皆止，就艮義立象也。至上三爻爲乾卦，純於陽德，故無不吉。前人拘於上下應與之説，各爻意義多牽强不通，今悉正之。學者博觀諸家，則知得失，今不悉辨。夫遯之爲義，取於天行，山止於下而欲淩上，天不可淩，益自遠於天。有德而遯者，德雖不一，然皆分天之德以爲德者也。好遯、嘉遯、肥遯，行不同而遯之美同，以純乾之體故也。三之一陽因在艮止，故係遯，然則遯者豈不以能遠於陰爲貴哉。若夫初二兩爻，則遯之所以成。聖人各就陰爻意設象，不可與諸陽牽合論也，識者詳之。

① 世，《周易學説》作事。

䷡乾下震上

大壯，大者壯也。大謂陽，四陽盛長也。爲卦震上乾下，乾剛而震動，以剛而動，大壯之義。《序卦》：遯者退也，物不可以終遯，故受之以《大壯》。此二月之卦也。

大壯：利貞。

四陽壯，則君子道長之時。然陽長過中，恐恃剛不能審理，好動不能需時，故欲其貞，不恃勢而守理，則剛不過而動得中矣。

《彖》曰：大壯，大者壯也。剛以動，故壯。大壯，利貞，大者正也。正大而天地之情可見矣。

大者，壯也。正月泰，陽雖長未盛，三月夬，陽已盛將衰，皆不可以言壯，惟四陽則壯矣。剛則能勝其人欲之私，動則能奮其必爲之志，何事不可行哉？此其所以壯也。其曰利貞者，大者正也，大與正非二理，不正不可爲大。天地之情，一正大而已。情謂發育之情。大者壯以氣言，乃壯之本體；大者正以理言，所以運壯之道也。人能以天地之情爲情，則剛合天德，動合天行，其爲壯也，可以配道義而塞天地。此孟子至大至剛之論，所由出也。俞琰曰：復，雷在地中，天地生物之功未露，故聖人有以見其心。大壯，雷在天上，天地生物之心已達，故聖人有以見其情。

《象》曰：雷在天上，大壯，君子以非禮弗履。

震爲足，象履。震在正大之乾上，故有非禮勿履象。雷震天上，陽德施威，而沴氣咸戢。非禮弗履，克己存仁，而天命在我。古云自勝之謂强，《中庸》言强哉矯，皆是義也。

初九，壯于趾，征凶，有孚。

乾初震體在下而動，趾象也。恃剛而動，壯于趾象。剛壯忌其大過，初在下，恃剛而躁進，故往必獲凶。有孚謂九四也。初之所以躁進，恃四之剛與己相孚而然。然從來剛猛妄動之人，未嘗無與，但不可恃耳。

《象》曰：壯于趾，其孚窮也。

在趾而壯，躁進妄行，即有所孚，亦無足恃，故以窮惕之，言所以終不免於凶也。

九二，貞吉。

二陰位，乾陽正體居之，是爲剛中有柔。壯或過剛，九二得其正，故貞而占者亦吉。

《象》曰：九二貞吉，以中也。

以九居二，疑於非貞，而云貞吉者，以其居中，爲乾之中爻，壯而得中，故貞吉也。

九三，小人用壯，君子用罔，貞厲，羝羊觸藩，羸其角。

罔，无也。羝羊，牡羊。本卦大象似兑，中爻為兑，皆羊之象，散諸爻皆有羊象。三重剛，故象羝羊。震爲竹，爲葦，藩之象。羸，病也，弱也。九三以陽居陽，過剛不中，小人恃其勝而壯往，君子則必審理度義，視有如无。所以然者何也？此爻陽剛本貞，而過剛不正，實可爲厲。若用壯，則必陵物，而反爲物制。如羝羊觸藩，反爲藩所困，而羸其角也。

《象》曰：小人用壯，君子罔也。

歎用壯者，君子所必無，而壯之不可用審矣。

九四，貞吉悔亡，藩決不羸，壯于大輿之輹。

決，破也。三前阻於四，猶有藩焉。四前二陰，故藩決而可進。輹，車輪之幹也。車之敗多在折輹，輹壯則車强。乾爲輿，變坤亦爲輿，故爲大爲輿。震陽善動，宜有悔也。以其居柔，得時義之正，故與二同其貞吉，而好動之悔皆亡。三用剛，前阻於四，勢不克行，故觸藩羸角。四以柔處剛，前無所阻象，爲藩決不羸。壯於大輿之輹，不用壯而彌壯，此大壯之義也。

《象》曰：藩決不羸，尚往也。

尚、上同。惟前無所阻，故可以上往而吉，歎往之得時也。

六五，喪羊于易，无悔。

易，忽易。六五以柔居尊，下四陽并進，而己以柔中處之，忘乎其壯，如喪羊於率易之時，雖不壯，而實无悔也。

《象》曰：喪羊于易，位不當也。

位不當，陽剛上往則爲壯。五之所處，不當壯之位，故如喪羊于易，而无悔。五爲君位，以柔處剛，剛皆自失，人君大度包荒似之矣。

上六，羝羊觸藩，不能退，不能遂，无攸利，艱則吉。

震錯巽，爲進退，退遂之象。觸者，互兑，羊動於下也。六五已喪羊，而上六又言觸藩者，處一卦之窮，適當角位，羊動則必有觸也。不能退者，在衆爻之上。不能遂者，亢而不可前進也。進退維谷，故无攸利。然質柔非剛，能艱以處之，則无咎。

《象》曰：不能退，不能遂，不詳也。艱則吉，咎不長也。

詳，審也。壯終動極，不能度德量力，而詳審以處之，故有不能退不能遂之咎。艱則知其難而詳慎，咎自不長，所以教人善補過也。

附　解

雷在天上，造物之大壯以時，本無不善。在人則或恃其質，或恃其勢，昧乎義理之中，而剛以妄動。六爻取象，所以兢兢致戒也。夫德非剛不成，事非剛不決。有爲之志氣，君子所貴也。然必審於義理之中正，得其時勢之攸宜，而其源尤在養浩然之氣。天地以一元之理，馭一元之氣，而乾健不息，得乎至中至和。人性本於天，其理固粹然無疵，而其氣亦渾然至善。自生質牿之人欲亂之，而至大至剛之本體亡矣。養浩然之氣者，靜而存養，動而省察，克治擴充，馴至乎美大。聖神則心通造化，氣塞乾坤，大壯以動，不剛不柔，亦如天地矣。即或功未純全，而謹幾度理，以小心行其剛健，亦吉。否則恃壯而行，其不罹咎者幾希。

☷☲坤下離上

晉者，進也。日出地上，進而益明。不曰進而曰晉者，進止前進之義，晉則有進而光明之義。《序卦》：物不可以終壯，故受之以《晉》。

晉：康侯用錫馬蕃庶，晝日三接。

康侯，能安國之侯。錫，賜與也。坤錯乾，故象馬。坤有臣道，離爲日，君象。離在坤上，日出照臨地上，其光進而益明。人臣有貞順之德，能安其國象。爲康侯人君寵之以馬，極其蕃庶，且晝日三接之。占者有是德，則有是占矣。坤爲衆，蕃庶象。晝日，離象。三，離數也。

《彖》曰：晉，進也。明出地上，順而麗乎大明，柔進而上行，是以康侯用錫馬蕃庶，晝日三接也。

晉，進也，明卦體以進爲義，下詳言之。順謂坤，臣也。大明謂離，君也。柔進，六五之陰本坤中爻之陰，進居乾中。上行，柔陰愈進而益明也。火必有所附麗而明，坤以順德麗乎大明。柔進而上行，是臣忠順之至，而上合君心，君有至明之德，照臨於下而沛恩榮，是以康侯用錫馬蕃庶，晝日三接也。此與《咸卦》彖傳文意相同，既用以釋卦名，而即以之釋卦辭，故皆用是以字接下。

《象》曰：明出地上，晉，君子以自昭明德。

昭，明之也。自我固有，而不待外求。日本明，入於地則晦，出地進而益上，則明無不燭。德本於天，本至明也，爲陰私所蔽則晦。君子觀晉之象，自明其明德，明而益明，如日之進。胡氏炳文曰：至健莫如天，故君子以之自强。至明莫如日，故君子以之自昭。是也。自昭之功，動静交相養，本末無不貫，乃是。

初六，晉如摧如，貞吉，罔孚，裕无咎。

摧，折抑也。孚，信。裕，寬綽自如意。初六當晉之時，位下而去五尚遠，爲九四所阻抑，欲晉而不果，於晉爲晉如摧如之象。初，民位，不苟於晉，得正而吉。所以然者，既遠於五，二三又不同志，罔有相孚者，惟守貞自重，則寬裕自得，可无咎也。

《象》曰：晉如摧如，獨行正也。裕无咎，未受命也。

當晉之時，衆人皆進，初獨慮其摧而不進，獨行其正道也。裕无咎，六五明君非不知己，特爲四所阻，初未受其寵命，故惟裕以待時，則无咎也。命即錫馬三接之命。及二而不及初，故言未受。

六二，晉如愁如，貞吉。受兹介福，于其王母。

二變坎，爲加憂，爲心病，愁象。王母，祖母，陰之至尊者，且喻慈蔭之意。不曰母而曰王母者，禮重昭穆，故孫祔於祖，孫婦祔於祖姑。蓋昭穆相配，易爻以相配喻相應也。二五本相應者，當晉之時，而晉非强進也。然應五陰柔，則愁其不斷；間四邪僻，則愁其見阻，故有晉如愁如象。君子難進，義貞而吉。且二本中正，與五同德，五必信任之，而受茲介福於其王母。介，大也。王母謂六五。離日象王，五亦王象。離中女，故象王母也。凡二五以陰應陽，則象君臣，以陰應陰，故象王母。夫母子一氣相親者也，王母則親而尊。二五柔中正同，一氣相親者也，而中隔三四，上下君臣之分迥殊，故象王母。王母之愛育其孫也，無異於子，而孫之親王母也，尤甚於親，然其尊益甚，以此明受介福之義。蓋其意彌摯，而其蔭彌遠矣。

《象》曰：受茲介福，以中正也。

以中正，明非陰柔阿合也。

六三，眾允，悔亡。

坤爲眾。允，誠信也，亦坤土象。三近四而不相得，違五而不相應，宜有悔也。以居坤上，其順已極。二陰同心而進，上陽相應，故眾皆誠信，五亦信焉。九四之媢嫉，不能有阻，而悔亡矣。人臣精白乃心，信友獲上，其象如斯。

《象》曰：眾允之志，上行也。

上行，謂三陰之志，皆上行，而順麗乎大明也。初罔孚，眾未允。二愁如，猶有悔也。三德孚於眾志，已上行，故進得所願而悔亡。

九四，晉如鼫鼠，貞厲。

鼫同碩，大也。陽大陰小，四爻陽，故爲大。中爻艮，變爻亦艮，鼠之象。鼠晝伏夜動，畏人者也。離爲日，晉晝也，鼠豈能見之哉。但當晉之時，見眾人俱進，彼亦同進，竊位而居，上畏六五大君之明，下畏眾人之逼，故其晉如鼫鼠之象。當晉之時，其晉非不正也，然其人如此，則可危厲，言不能久安其位也。

《象》曰：鼫鼠貞厲，位不當也。

位不當，不中不正。晉之道，以順而麗乎大明爲主，四失柔順之道，故如鼫鼠而不得遂。

六五，悔亡，失得勿恤，往吉，无不利。

以陰居陽，宜有悔矣。以大明在上，爲自昭明德之主，下皆順從，而悔亡。又戒以虛心應物，失得勿恤，則所往皆吉，而无不利。離火無定形，倏起倏滅，故多以失德取象。中爻互坎，爲加憂，恤象。失得勿恤，虛中之義。往即晉意。或謂不言晉，非也。

《象》曰：失得勿恤，往有慶也。

失得勿恤，則至明至虛，無心而當於理，故往有慶。兼人己言，故曰慶也。

上九，晉其角，維用伐邑厲吉，无咎，貞吝。

剛在上，角象。坤邑，離戈兵，有伐邑象。維惟同，獨也。以剛服人，故厲。順動，故吉。吉言其理，无咎言其事。貞吝者，居大明之世，不能化其私邑而待剛克，於理雖正，不免於吝。吝進之難，上窮於進，而又以剛，不得柔順之義，故云然也。

《象》曰：維用伐邑，道未光也。

居大明之時，惟能以剛克邑，於道未爲光大。古者天子諸侯之卿，各有私邑。六五君位，上九臣位之尊者。蓋世卿乏柔中之德者，故曰道未光。

附 解

晉、升、漸皆進之義，而晉以日出地上爲象，故於義尤美。在人事爲明君在上，群臣忠順之道。夫德感以柔，推誠以順。故君虛中以涖下，明無万照，而未嘗恃威；臣小心以事上，順理以動，而非有阿諛。則君德晉而益明，往吉无不利；臣德晉而彌光，錫馬晝三接。然則柔者柔其心，順者順乎道，非陰柔阿順之謂也。九四、上九两爻皆剛，四近君當國之臣，上遠君養尊之臣，四竊位而畏人，上恃正以伐人。當六五大明之時，四不能行其志，而徒自疑懼，上雖能伐其邑，而不免艱難。乃六五之君以大度處之，無心應之，賢者順，權者儆，世臣有私邑者，未嘗禁而自正厥屬，皆無不在照臨中也。此所以爲自昭明德之君，而主乎晉者也。舊說見象與爻象取義微別，遂齟齬，而至以九四、六五爲康侯之位，失之遠矣。

䷣离下坤上

日出地中，非有傷也，爲其光爲地掩，聖人藉以明有德見蔽害之象。坤上離下，與《晉》相反。《晉》爲明君在上，群賢并進。《明夷》爲暗君在上，明者見傷之時。《序卦》：晉者進也，進必有所傷，故受之以《明夷》。

明夷：利艱貞。

當明夷之時，賢人君子利艱難而不失其正。蓋不貞則波靡，貞則恐危身。利在神明其德，有貞之心，無貞之跡，艱難而不失其正。

《彖》曰：明入地中，明夷。內文明而外柔順，以蒙大難，文王以之。利艱貞，晦其明也。內難而能正其志，箕子以之。

明入地中，光掩而明傷，惟能掩而不傷，則善處明夷者也。夫子因即文王、箕子，以明其象。卦德內離文明，外坤柔順。文王用之，內文明而懋敬德，外柔順而篤忠貞，以此蒙犯羑里之大難，而紂莫用其虐云，利艱貞者，晦其明而不息其明。箕子用之，處家庭之內難，而能正其志，跡雖佯狂，心則忠靖，道不與身俱傷。凡天下後世明而夷者，以二聖爲法則得矣。文王之難，關係天下，故曰大。箕子宗臣，忠不能達，義無可逃，故曰內難。互坎爲難，爲幽谷，離爲獄，坤闔戶，皆幽囚之象。

《象》曰：明入地中，明夷，君子以涖眾，用晦而明。

坤爲眾，爲晦。離爲明。涖，臨也。明入地中，跡若有傷，而其明實無損也。君子法此卦之象，雖舉世不明，不必違眾獨立，日用常行，未嘗絕人逃世，與世相蒞。然韜晦其光，不逐俗亦不矯俗，而明自長存，非至德不能也。

初九，明夷于飛，垂其翼。君子于行，三日不食。有攸往，主人有言。

離爲雉，故飛。陽健，故行。離爲日，其數三，又爲腹而中虛，不食象。外卦錯乾，爲言，言謂譏議也。初九陽健離明，有志自展，如鳥欲飛，而有夷之者，象爲垂其翼。蓋小人害正，欲阻其行，故君子于行，必三日不食。有所往託，而主人有言，必不能容其身。象如此，則占者當見幾可知矣。

《象》曰：君子于行，義不失也。

君子于行，非無食也。君子守義，而明夷之時重利輕義，故義不苟食，欲人知幾而早爲計，不可至于三日不食也。

六二，明夷，夷于左股，用拯馬壯，吉。

二在下體之中，故爲股。夷左股，謂傷其行而不甚切也。變乾爲良馬，馬壯之象。六二中順，爲明之主。去上雖遠，較初已近，不能無傷，爲明夷夷于左股之象。然左非便用者，六二以中正至明之才，順其勢而用道以拯之，得馬至壯，控之而行，則股雖傷而終致遠，故吉也。凡救敗扶傾，因時救勢而善全其功，皆類此。

《象》曰：六二之吉，順以則也。

則，謂中正之道。夷而猶吉，以其順處而合乎法則，權而不失其正，故得轉敗爲功也。

九三，明夷于南狩，得其大首，不可疾貞。

離爲戈兵，震馬，坎車，狩象。離位在南，故曰南狩。大首，元惡也。疾貞，急求其正。九三陽剛居下體之上，而屈於下，與上六闇主爲應，故有向明除害，得其首惡之象。夫狩，非必有心求大首也，而其狩也正大光明，元惡無心而得。蓋以至剛至明，闇者自無心而正。占者得之，當以爲法，不可疾求其貞。蓋急于求正，則非無心，且往往不光明矣。戒之之詞。

《象》曰：南狩之志，乃大得也。

狩，武事。向南，光明正大意。乃，不料之詞。南狩之志，非有心于得也，乃大首皆得，惟其無心而得，故爲大也，湯武曷嘗有心征伐，德威惟畏，而天下來同，斯爲大也。夫豈以除元惡爲快哉？讀者詳之。

六四，入于左腹，獲明夷之心，于出門庭。

坤爲腹，震爲左，故象左腹。言與上六親近也。變巽故入。六四與上六同體，故以腹心言之。不言心而言腹，明者非上同，心雖處肺腑，而意初不屬，故以左腹象之。獲明夷之心，深知其嫉正之意。于出門庭，去就自如也。六四位近上六，與之同體，象爲入于左腹，而深得明夷之心，其惡直醜正，亦已瞭如矣。故從容去就，于出門庭，未嘗以入于左腹，依徊不去，有傷其明。古大臣或受任先朝，或受知初載，及其後主闇不容，從容而去。似之坤戶，四六同體，故象門庭。大臣與國同體，國門及己庭戶也。

《象》曰：入于左腹，獲心意也。

人心莫測，入腹則無不知。六四居近闇君，既象入于左腹，則心意無不獲矣。于出門庭，豈容或緩。夫明者之事君也，苟君有可輔，必不遂爾恝然獲心意也。歎其知之已稔，不去，徒爲所傷無益。

六五，箕子之明夷，利貞。

六五尤近于君，同體至切，則宗臣也，義無可逃。明夷已甚，是箕子所處之時與位，故曰箕子之明夷也。利貞者，六五柔順能守其正，但恐不堪其夷，而難以久貞，故戒占者利貞。

《象》曰：箕子之貞，明不可息也。

云箕子之明夷，是欲貞者以箕子爲法。箕子之貞，謂明不可息也。貞外無明，不明何以能貞，故曰不可。

上六，不明晦。初登于天，後入于地。

不明晦，日落而晦也。初登後入，以日升月墜象言。上六陰終闇極，如日不明而晦。初則尊居人上，傷人之明，後則以闇自傷。象如此，而占者可知矣。

《象》曰：初登于天，照四國也。後入于地，失則也。

照四國以位言，失則以德言。有照四國之勢，而以傷人爲事，則失人君之則，故後入于地，自墜厥命也。

附　解

卦曰明夷，以明者爲主，故下五爻皆明者。而上六乃夷明之人，居高而至闇，昏主之象，故以君言。前人乃泥於五爲君位，不無疑詞，非也。夫明夷非一類也，大而君臣父子，小而日用言行，皆有明而見夷之事。惟德造其極，然後文明柔順，艱貞晦明，克全人倫之正，而不失乎明哲之中。聖人即文王、箕子以示法，而天下後世明夷者，可以得其中正矣。六五又云箕子之明夷，以時位適合，亦不過假以立象。前人拘牽過甚，謂此卦就殷之末造言，於是以初九爲夷、齊，六二爲文王，九三爲武王，六四爲微子，上六爲紂王。雖其義亦可通，然於聖人設象之意爲不融矣。故愚推就本文經義釋之，而不專指其事。若夫六二、六四象詞，說尤多謬，今亦正之。要惟即本文字意，爻象本然推闡，而非故好異也，識者詳焉。

䷤離下巽上

家人者，一家之人也。馬融曰：木生火，火以木爲家，故曰家人。火生於木，得風而盛，猶夫婦之道，相須而成。風火一氣相濟，内外一氣相成。又九五、六二各得陰陽之正，皆家人之義也。《序卦》：夷者，傷也，傷於外者必反其家，故受之以《家人》。

家人：利女貞。

馬融曰：家以女爲奥主，長女中女在二四，各得其正，故曰利女貞。女貞乃家人之本，正家之先務也。正雖得女，而所以正之者，則在丈夫，故曰利女貞。

《彖》曰：家人，女正位乎内，男正位乎外。男女正，天地之大義也。家人有嚴君焉，父母之謂也。父父，子子，兄兄，弟弟，夫夫，婦婦，而家道正。正家而天下定矣。

《彖詞》以巽離二體言，故言女貞。《彖傳》以二五兩爻言，故兼言男女。女之正，由於男之正也。二柔得正而居内卦，是女秉順德以正内。五剛得正而居外卦，是男秉健德以正外。男女本於天地，各得其正，則合天地，故曰天地之大義也。嚴謂分尊嚴，非嚴厲。君，主也。父母亦爲一家之主，其尊同，故皆稱嚴君。二五正應，爲男女之尊。凡卦中陰陽之爻，皆分卑而聽命，故象嚴君。父母正則一家無不正，一家正而推以正天下，使人人各正其家，則天下定。然則所謂女貞者，男女正也，非專尚女也。因家以女爲本，故言利女貞，男正而後女正，女正則男可知。舜觀刑二女，文刑于寡妻，皆是故也。至取象以卦畫推之，則上父，初子，五三夫，四二婦，五兄三弟。以遯變言，則乾爲父，艮爲子。三變震，爲兄，艮爲弟。震爲夫，巽爲婦。以卦象言，初上两陽蔽於外，家也，其内則人也。五正外爲父，二正内爲母，以次相承。凡陽爻皆子，上者兄而下者弟。初三五，夫之正位。二四，婦之正位。故曰男女正，家道正，以一人之家，推之天下之家，以一家之男女，推之天下有家之男女。莫非此象，即莫非此道，故曰正家而天下定矣。

《象》曰：風自火出，家人，君子以言有物而行有恒。

火非與風期也，而火熾則風生。離女正位乎内，而丈夫之化彌光，故象家人。然家人之所以發邇而見遠者，言行而已。言行正而後家正，故君子以言有物而行有恒。有物，言皆實踐不虚也。有恒，行皆久遠不變也。言有物象火，行有恒象風。

初九，閑有家，悔亡。

初，家道之始也。限隔内外曰閑。離爲垣墉，閑之象。又爲禮文，閑之義也。初九離明，陽剛之才，有先見豫防之明，而處以嚴肅，則有以潛消其瀆亂，而悔亡。凡教在初，而法在始，初之時當閑也。顔之推曰：教子嬰孩，教婦初來。

《象》曰：閑有家，志未變也。

家人志未變動之始，而即閑之，則邪僻之事無自而生。

六二，无攸遂，在中饋，貞吉。

遂，徑情自遂。中，內；饋，餉也。六二柔中，而上與五應，以家人言，爲妻從夫象焉。故无所徑情自遂，惟在內而主饋食。饋食婦人常業，以此該凡正內之事也。故吉貞，即所謂女貞，而《彖傳》所謂正位乎內者也。互坎爲酒食，離爲烹飪，故象中饋。

《象》曰：六二之吉，順以巽也。

順以巽，順理巽從，非私昵也，故吉。《易》小象言順以巽者三，《蒙》事師之道，《漸》事君之道，此事夫之道也。

九三，家人嗃嗃，悔厲，吉。婦子嘻嘻，終吝。

嗃嗃，猶熇熇也。嘻嘻，笑言之聲。三離體而互坎，兼有水火之象焉。重剛而明，治家過嚴，故家人嗃嗃，病其太剛，非中道也，故悔而有危厲。然介居二陰之間，寧失於嚴，邪慝不作，吉也。若失之寬縱，而婦子嘻嘻，無有禮法，則一時雖若懽洽，終必吝也。

《象》曰：家人嗃嗃，未失也。婦子嘻嘻，失家節也。

節，寬嚴得中也。爲其介于二陰，故嗃嗃而不失爲嚴明之道。嘻嘻則狎昵無度，失治家之法則矣。

六四，富家，大吉。

四爻巽主，變亦互巽，巽爲工，爲帛，爲近市利三倍，富象。富謂福祿昌熾。四在他卦臣道，在本卦妻道。夫主教一家，婦主養一家，老子所謂教父食母是也。自二之在中饋，進而至於四之富家，則內職舉矣。《記》曰：父子篤，兄弟睦，夫婦和，家之肥也。肥即富字意。

《象》曰：富家大吉，順在位也。

位謂相五之位，順理以相家克修其職，是以諸福之祥畢致。

九五，王假有家，勿恤，吉。

假與格同，謂感格也。五尊位，故以王言，恤，憂也。九五陽剛中正居尊，爲一家之主，而巽以正家，爲王者以德假家，不尚威猛之象。雖非以嚴治家之道，而勿恤也。德至誠孚，家道自正，於義甚吉。

《象》曰：王假有家，交相愛也。

王者非無權與威也，而以至德感格，則恩誼浹洽，身修家齊，父父子子，兄兄弟弟，夫夫婦婦，無不交相愛也。

上九，有孚威如，終吉。

上，有家之終也。家道之終，必爲之計久遠，以誠相孚，則心久合而不睽。而又整齊嚴肅，望之常如有威，則孚久無弊，故終吉也。

《象》曰：威如之吉，反身之謂也。

謂非作威也，反身自治，以誠相孚，則人望而畏之，自有不怒之威，故曰威如。

附 解

齊家必本於修身，《大學》言之詳矣，言修身之教必本於夫婦，自古聖帝明王，莫不得賢配之力。即下逮士民，有內助者興，無者則微。故夫婦爲人倫之始，萬化之原也。此卦以長女、中女得位，二五陰陽各正，名爲家人。而《彖》直曰利女貞，明乎女貞者，正家之本也。顧女之貞，必由於男；男之貞，必言有物而行有恒。夫子推言其理，曰天地之大義，正家而天下定矣。則夫正內正外，德不齊，道不備，而能興化致治者，豈理也哉。六爻之爲夫婦，諸說不同，而爻象及傳則第以陽爻爲夫、陰爻爲女而已。初九家道之始，凡家之初肇，事有許多，不及周詳，情有許多，不能融洽者，故常不免於悔。而能閑有家，則禮法既定，規模初立，便已有整齊氣象。九三居二陰之間，故寧失之嚴，毋失之縱。而前人謂治家以嚴爲本，非也。嚴以立法，寬以通情，不可偏廢。卦名家人，聖人以全德示人，無姑就一偏之說。因恐昵於陰，故以嗃嗃爲未失，未失非全美之詞。《象詞》曰悔，曰厲，正是此意。婦子嘻嘻曰失節，節者中也，不得其中，則狎昵放縱，何所不至。古聖人琴瑟鐘鼓之樂，既翕好合之歡，豈必專尚威嚴。然情欲之感，無介儀容，燕私之意，不形動靜，自有節也。嗃嗃之吉僅吉，嘻嘻之吝宜知，聖人固明明兩示其象。九五王假有家，以其剛中正位，巽體善入，王者權勢至尊而不恃威，以盛德感孚一家，故夫子曰交相愛也。恩義兼盡，正家之善，無逾於此。上九之有孚威如，猶是九五之德，而持之以久，善其終耳。凡正位乎外之事，即此四爻，可以類推。至正位乎內之事，則六二勤婦職而守貞靜，六四相夫子以致福祥，雖地道無成，實贊成夫德，家人之義如斯，豈復猶有遺憾乎。勿恤勿字，前人多不體會。并王假有家，義亦不明。夫家者，國與天下之本，正家者，男女各盡其道而已。然無誠意正心之學，則身已不修，而徒以嚴立法，必至恩義之乖，否則失之慢肆而頹敗萬端。故學者必從事於克復之功，更熟玩乎爻象之旨，然後可以有其家人也。

☲☱兑下離上

睽，乖也。爲卦上離下兑，火炎上而澤潤下，二體相違，睽之象也。中女少女雖同居，而志不同行，睽之義也。二女同居之卦亦多，獨於《睽》《革》言之者，以其非長女也。凡家有長嫡，則有所統率而分定，否則各行其志，故生乖異變易。《序卦》：家道窮必乖，故受之以《睽》。

睽：小事吉。

炎上者上，潤下者下，曰睽。人之志行不合，亦猶是也。文王以爲志趣不能强同，各行其是，於小事亦可以吉，蓋欲人之善用其睽也。若大事，則必志同道合，而後可以共濟。

《彖》曰：睽，火動而上，澤動而下。二女同居，其志不同行。說而麗乎明，柔進而上行，得中而應乎剛，是以小事吉。天地睽而其事同也，男女睽而其志通也，萬物睽而其事類也。睽之時用大矣哉。

炎上潤下者，火水之性本異，然苟相濟則合。惟動而益上益下，故睽，此物理之睽也。中女少女，少則同處，長各有歸，雖同居而志異，此人情之睽也。此釋卦名。既曰睽矣，而云小事吉者，以兑說而附麗於明，說則情合，明則理得，又六五陰柔進而上居尊位，得乎其中，下應九二之剛，是雖無剛斷之才，而善用其柔，使睽者不至大睽，是以小事吉也。夫睽者事勢之常，不睽者情理之順。天地高卑，其形睽矣，而陽健陰順，互爲功用，其生成化育之事同也。男外女內，其跡睽矣，而陽教陰教，共成家法，其志通也。萬物露生，其象尤錯雜不齊，而得天地之和，稟陰陽之氣，其消長盛衰之事類也。然則不睽亦無由而合，故聖人以其睽者，類族辨物，而以其不睽者通德類情。睽之時用大矣。文王言小事吉，不强人以同也。而夫子推論之，則又明睽者必合而後貴。蓋其意不同，而其理同，其維世憂民之心則一也。

《象》曰：上火下澤，睽，君子以同而異。

同而異者，事無定，理亦無定，無定而有一定，以時中之理，處紛紜之事，不苟於同，未嘗不同也。非義精仁熟，未易言此。同象兑之說，異象離之明。

初九，悔亡。喪馬，勿逐自復。見惡人，无咎。

四互坎，故爲馬。不與初應，故喪也。初剛能自守，故不逐。五應二而三應上，四與初睽，無所復之，久當自復也。離躁坎險，四兼有之，故象惡人。離爲目，故象見也。初在下而無應，與四相睽，宜有悔矣。以剛正而說，忘乎其睽，當睽之時，不立異同，善處睽者也。是故喪馬勿逐而自復，本同而忽異者任之。惡人來見即見之，本異而忽同者容之。所謂往者不追，來者不拒也，故无咎。

《象》曰：見惡人，以避咎也。

不爲已甚，故无咎。夫睽之始尚可合也，惟絕之太甚，則仇怨生而凶咎至，故避咎爲貴也。

九二，遇主于巷，无咎。

無心而會曰遇。離爲日，主象。五君位，亦主象。巷，委曲之路。離中虚兩陽横亘其外，巷象。變艮爲徑路，變震爲大塗。大塗轉入徑路，亦巷象。二本與五應，因睽之時，義不苟合，乃五得中而應乎剛，自求賢臣，二不意而遇主于巷，睽而得合，然非苟合也，故无咎。

《象》曰：遇主于巷，未失道也。

枉道曰失。九二剛中，不苟於同，而主自求之，故不失道。然巷非周道也，故曰未。鄧禹似之，若伊吕則非巷遇。

六三，見輿曳，其牛掣。其人天且劓。无初有終。

離爲目，見象。又爲牛，變乾，輿象，互坎亦輿象，曳象。兑伏艮，手象，掣象。曳，拖引也。掣，挽也。陰居两陽之中，時際睽乖，雖與上九爲正應，而不能驟合，前曳後掣，進退維谷，物象如此，其睽之甚可知矣。若以其人當之，則三爲人位，上爲天位，三欲與上合而九四梗之，仰首望天，天不可階，而徒傷鼻，其難合又如此。然睽而難合者，以二四阻限之也。三與上剛柔正應，終必得合，非二與四所能終隔，故无初而有終。兑口上爲鼻，伏艮亦鼻象。離爲干戈在前，劓象。天，或作而，謂古文相類而誤也，髡首也。然上與三始睽而終合，《傳》云遇剛，正以上九剛，故能合，不得以爲髡三之首也。

《象》曰：見輿曳，位不當也。无初有終，遇剛也。

位不當，陰居陽位，而二四兩陽又厄之也。剛謂上九。三與上正應，上九剛能克敵，非二與四所能終間也。

九四，睽孤。遇元夫，交孚，厲无咎。

元夫，善士也。初九以陽居下，有德之匹夫，實天下之善士也。九四陽剛，當睽之時，左右二陰皆小人，與己不類，爲睽而孤之象。初九以陽德而居下位，與己同道相應。九四遇之，與之交孚，惟恐不合，常懷危厲，同德相交，可无咎也。蓋以大臣而下交賢士，故可以合睽，不患其孤。

《象》曰：交孚无咎，志行也。

二陽同德，濟睽之志得行也。

六五，悔亡，厥宗噬膚，往何咎。

厥宗，其黨。二爲五之正應，又互離，五之宗也。二變則成噬嗑，噬嗑之二曰噬膚，故睽五亦曰噬膚，言相合甚易，如噬膚之柔脆也。九二言遇主，主者尊之，此言厥宗，宗者親之。臣尊其君，君親其臣，何難合天下之睽。六五[1]當睽之時，以柔居尊，宜有悔矣。然質本文明，柔進上行，有柔中之德，下應九二剛中之賢，故悔亡。而與其黨相親，如噬膚之易，以此而往，更何咎也。

《象》曰：厥宗噬膚，往有慶也。

① 六五，底本作上六，據致福樓本及《續修四庫全書》本改。

得賢臣以濟睽，則睽合，故㬉以往而曰有慶。君往求賢，賢與之遇，聖人之不貴苟合如此。

上九，睽孤。見豕負塗，載鬼一車，先張之弧，後說之弧。匪寇，婚媾，往遇雨則吉。

離互坎爲豕，入於兑澤，故負塗也。坎爲車，又爲隱伏，故載鬼也。離爲弓，坎爲矢。先張，離虚圓也。後說，兑毁折也。坎爲寇盜。三與上正應，故曰婚媾。坎水成澤，故雨。四之孤，以人而孤也，因左右皆陰爻也。上九之孤，自孤也，因猜疑而孤也。見者，上九自見爲然而疑之也。上九剛極而過於用明，睽極而孤，猜疑益甚，所見愈奇。見豕負塗，疑其不潔而汙己。載鬼一車，疑其爲幻而祟己。先張之弧，疑其設機以射己。後說之弧，疑其虚無以誤己。四句皆形容其睽孤之象。所以然者，因上疑三爲寇也。其實三與上應，本非寇而婚媾，特己之私心甚而戾氣昭，變現諸象。是惟以誠相信，猜疑釋而同心，如陰陽和而遇雨，則疑消而明生，睽合而說應，吉也。

《象》曰：遇雨之吉，群疑亡也。

因疑生睽，睽則愈疑。上九離火燄極而昏，象人心過察而疑以誠信。六三火降澤潤，故象遇雨。群疑，謂豕負塗諸象。一誠則無不合也。

附　解

睽非事理之宜也，而事勢則往往有之。君子以同而異，則處睽之道盡矣。六爻設象，皆明睽之狀，而欲人合睽，大要以相應與爲始睽終合。初喪馬自復，四所以遇元夫而无咎；二之遇主，即五之噬膚；三之无初有終，即上之遇雨亡疑也。守正推誠，含宏寬大，泯其私意猜疑，則睽者亦合。惟不能然，是以五倫之誼遂多乖離，而有情世宙長爲缺憾乾坤矣。噫！

䷦艮下坎上

蹇，難也。爲卦坎險艮止，見險而止，不能前進，故爲蹇。《序卦》：睽者乖也，乖必有難，故受之以《蹇》。自屯蒙至蹇解，中隔三十六卦。自蹇解環至屯，中隔二十四卦。此陽四九、陰四六之數也。老陰老陽之策主變，故相沿以陽九陰六爲難限。

蹇：利西南，不利東北，利見大人，貞吉。

後天之坎，即先天之坤，因乾陽居坤中，故成坎。後天卦位，坤在西南，艮在東北，坎在北。本卦坎艮成蹇，往西南則陽據坤中，得位而順，故利。往東北則愈入於險，故不利。大人謂九五也，坎中陽即乾中眞陽，故稱大人，互離，故稱見。出艮而見九五之大人，故利見大人，即上文利西南意耳。

《彖》曰：蹇，難也，險在前也。見險而能止，知矣哉。蹇利西南，往得中也。不利東北，其道窮也。利見大人，往有功也。當位貞吉，以正邦也。蹇

之時用大矣哉。

蹇有艱難之義，坎險在前，不可前進，故難也。然艮止在後，知其爲險而不進，知孰如之。互離，故能見。變坤，故知也。見險雖以能止爲知，而濟險必以能往爲功。坤位西南，致養萬物，乾陽居坤中之正位，乃得中道。入其東北，則愈入於閉藏消歇之所，其道必窮。大人者，濟蹇之人。貞者，濟蹇之道。九五本乾，九五入居坤中，見之而蹇可平，故有功。當位即指得中言。惟當其位，則處之以貞，而不失己，不犯險，故吉。天下之難，非聖智不能平，故曰時用大。

《象》曰：山上有水，蹇，君子以反身修德。

水流下，山上有水，則不得地而險阻難行，蹇之象。君子之行，不得於人似之，反求諸身，益修其德，濟蹇之道也。艮止，反身象。坎勞，修德象。

初六，往蹇，來譽。

處難之始，居止之初，上進則入於險，不進則見幾而有譽。往以坎言，來以艮言也。

《象》曰：往蹇來譽，宜待也。

宜待，言其時當待而勿往也。

六二，王臣蹇蹇，匪躬之故。

二與五應，是爲王臣。委贄爲臣，義不可去，而犯難以救時，蹇君之蹇，故曰蹇蹇。其所以往蹇而不來者，爲君非爲身也。五在坎中，大蹇之時，六二陰柔才弱，然一心與五應，力任其蹇，功未必就，志則貞也。

《象》曰：王臣蹇蹇，終无尤也。

志濟君，大義無虧，尚有何尤。

九三，往蹇，來反。

三爲內卦之主，往與坎接，則入險而蹇。來反，歸其所而比於二也。二有濟險之志而才柔，三以剛反而內止，相資可以共安。

《象》曰：往蹇來反，內喜之也。

內者，內卦之二也。陰喜從陽，故三反而內喜之。以陽爲艮主，內陰之所恃也。凡忠良得賢士內助，皆象此。

六四，往蹇，來連。

連，相連也。六四居大臣之位，而才柔，往與上六應，則益柔，無以濟事而蹇。來則上乘九五，下乘九三，皆剛，爲上有賢君信任，下有賢士相助之象。

《象》曰：往蹇來連，當位實也。

陽實陰虛，凡言實者，皆謂依倚得力之意。居大臣之位，事剛正之君，義當取賢自輔。三五皆陽，故往蹇而來連，得其依仗。

九五，大蹇，朋來。

陽大陰小，九五陽陷坤中，正當險位，爲大蹇。朋來，謂諸爻。變坤爲眾，亦朋象。九五陽剛居尊，當大蹇之時，而其才德可以濟蹇，凡卦中比應之爻，無不仰而賴之。匪躬之二，正應而來；來反之三，又挾二以俱來；來連之四，相比而來；所連之三，亦承四以俱來；同德之三，既因二四而來；應三之上六，與衆以俱來，故曰朋來。自本爻言之，即《彖傳》之當位貞吉，以正邦也。自諸爻言之，即《彖傳》之利見大人，往有功也。

《象》曰：大蹇朋來，以中節也。

中，中德。節，節制也。九五居尊中正，其位足以引援，其德足以動衆。不惟王臣蹇蹇，凡來譽、來反、來連、來碩者，皆欲出而圖君。是諸爻以爲往者，自五視之則爲來；諸爻以爲臣者，自五視之則爲朋。以一中，節制群才，無過不及，而蹇之濟可知矣。

上六，往蹇，來碩，吉，利見大人。

碩，大也。陽爲大，謂九三。上六才柔，若欲濟蹇而獨往，則益其蹇。來而就正應之九三，則吉。蓋剛柔相濟，且當蹇之時，惟有德有位可以濟之。九五大蹇朋來，上六誠來就三，而與之同見大人，則濟蹇之志可遂也。

《象》曰：往蹇來碩，志在内也。利見大人，以從貴也。

内對外卦而言。九三在内卦，且賢者與己同志，有親比意，故爲内也。貴謂九五，下資賢士，與之從王濟蹇，故吉。

附　解

跛行曰蹇。蹇與險異，見險而止之謂也。不肯蹈險前進，固屬不嘉。然天下事皆止足不前，豈成世宙。故聖人第於往來之宜，設象以告，明處蹇非徒以止足爲高，救時之心也。六爻皆蹇中人，故他卦上六多居事外，而本卦以志内從貴爲吉。夫當蹇之時，必思不蹇之道，以上六之位居事外，且喜其就賢從貴濟蹇，其他可知。若夫二與五不言往來，以君臣任天下之責，雖蹇而義無所逃，故臣效匪躬，君以中節，爲去蹇之正道。利西南，不利東北，諸仁厚各有異說。王輔嗣以西南爲地，東北爲山，諸儒從之，作平易險阻解。夫西北多山，東南多水，天地之大勢，故先天八卦艮居西北，澤居東南。以西南爲地，東北爲山，義殊强也。惟虞翻謂坤西南卦，五在坤中，坎爲月，月生西南，故利西南。往得中，謂西南得朋也。艮東北之卦，月消於艮，喪乙滅癸，故不利東北。其道窮也，則東北喪朋矣。荀爽曰：西南謂坤，乾動往居坤五，故得中。東北謂艮，艮在坎下，見險而止，故其道窮。是二説者，於義爲長，而荀尤直截了當，故從之。乃或以月消長之説爲鑿，不知一陰一陽者天地之道，日往月來者懸象之明。《周易》一書，包羅萬象，而其原本於乾坤，乾坤之精爲坎離。六十四卦皆從乾坤而生，則即乾坤以解象，應多合也。況據《彖傳》以釋之，豈爲悖乎。至於來反、來連、來碩，亦多歧說，今悉正之。

䷧坎下震上

解，散也。震動坎險，動而出乎險中，爲患難解散之象。又雷雨交作，陰陽和暢，百物解散，亦解象。《序卦》：蹇者難也，物不可以終難，故受之以《解》。

解：利西南。無所往，其來復吉。有攸往，夙吉。

陽陷於坤中，故成坎險。解者，一陽動而出險也。方免乎險，陽微當就養於坤母，故利西南。因一陽尚稚，未可大有所爲，又震在外卦，五上二爻皆陰，更無外之可往，故無所往。來復，謂震來居下卦也。《復》卦震下坤上，陽得所養而日盛。此卦震雖出險，然居外卦，坎險猶在其下，故占者當法天地之義，方解之初，惟來復而養於坤母，靜以自守，不宜躁動。若必有所往，必夙有成算，理勢既審，然後往而無失。蓋患難初解，以安靜爲吉也。蹇之難在東北，故言利西南，不利東北，示以去蹇之道。此句本已有解象，故不言不利東北。

《彖》曰：解，險以動，動而免乎險，解。解，利西南，往得衆也。其來復吉，乃得中也。有攸往夙吉，往有功也。天地解而雷雨作，雷雨作而百果草木皆甲坼。解之時大矣哉。

險以動，因險而動，不安於險也。動而能免乎險，故名解。若動而不免，猶不得爲解也。所以云利西南者，以坎中一陽動而出險，上居坤之一畫爲震。坤爲衆，位西南，一陽往居，上卦二陰爻皆隨之以動，爲得衆相助象也。其來復吉者，震來居下卦，則坎變爲震，陽長而險無，靜以自養，爲得中道。有攸往夙吉者，不輕於往，夙爲之計而後往，往則有功，不徒往也。下文因推廣言之，天地不交則氣機閉塞，解其鬱而雷雨交作，陰陽和同，百果草木皆甲坼，凡不解者胥解。天地之解，人事如之，則時以動而險盡平，故曰時大矣哉。

《象》曰：雷雨作，解，君子以赦過宥罪。

坎爲獄，爲罪過，震發動之，赦過宥罪象。過，無心之失。罪，有心之惡。鬱結甚而雷雨作，萬物被發生之仁。蹇難後而行寬仁，體天地物與爲新之意也。

初六，无咎。

難既解時，以柔居剛，以陰應陽，爲柔而能剛之義，故无咎。

《象》曰：剛柔之際，義无咎也。

際，交際。初剛六柔，應四剛，剛柔相濟，無不可爲，故有无咎之義。

九二，田獲三狐，得黃矢，貞吉。

坎爲狐，又爲弓矢。互離伏，離數三。三狐，指應比之三陰也。離爲戈兵，戈兵震動，田象。坎中本坤之中，故稱黃。一陽乾金，故稱矢。黃，中正之色。矢直物，所以射狐。解難者，必去難之所由生。小人如狐，九二剛中之才，能去邪媚而不失已，如田獲三狐，狐去而黄矢如故。蓋以中直之道解難，故無難解，非徒以力勝也。故貞吉。

《象》曰：九二貞吉，得中道也。

二陰位，九以陽居之，本坤中位剛直，而以柔居之，不動聲色，小人自除，故曰得中道也。

六三，負且乘，致寇至，貞吝。

坎爲輿，爲盜，故兼有乘寇之象。六三陰柔而居下之上，是無德而欲據高位。取非其有，力不勝重，有如負焉。據非其地，以高陵人，有如乘焉。負而且乘，人將奪之，故致寇至。象如此，占者雖所爲之事貞，而亦難行也。

《象》曰：負且乘，亦可醜也。自我致戎，又誰咎也。

乘者，君子之器。負荷之人而乘，小人竊位爲榮，故可醜。寇自己致，又將誰咎，歎之也。

九四，解而拇，朋至斯孚。

而，汝也。拇，足大指。震爲足。三居震下，故象拇。二與四爲同德之朋，當解難之時，四近君，而二與五爲正應，宜協力以解難，而三陰柔間之，必先去之，然後二與五相孚有成。因象以戒占者，故曰而。

《象》曰：解而拇，未當位也。

以陽居陰，應初比三，爲未當位，故必須解拇而後孚也。

六五，君子維有解，吉，有孚於小人。

五居尊，君子之位。中而應剛，君子之德。維惟同。當解之時，六五以君子之道化人，其於小人，不念舊惡，惟有解之之一術，占者大吉。蓋服小人易，化其心難。惟有解，則小人亦感其德而自新，有孚於小人也。

《象》曰：君子有解，小人退也。

退，即《論語》不仁者遠意。

上六，公用射隼于高墉之上，獲之，无不利。

四近五爲公位，公用與《隨》上《離》上王用同義。隼，鷙鳥，害物者。坎矢居下卦，自下射上象。高墉，王宫之牆。六近五而蔽於外，故象之。四震動，爲解之主，上六陰黨而遠翔，君不能制。四乃大臣，乘高墉以射而獲之。大奸既得，蹇難悉解，故无不利也。

《象》曰：公用射隼，以解悖也。

上居高而黨陰悖陽，自遠于君，射而獲之，更無悖而不順者也。

附　解

陽陷於坤中而成坎，動而出坎成震，是動而免乎險象。夫易不過陰陽二者，乾坤，陰陽正象。乾三爻皆陽，而惟中一爻爲眞陽。坤三爻皆陰，而惟中一爻爲眞陰。眞陽陷而艮止，不敢前進，誠以勢難遽解也。此卦陽動而出，則坎仍爲坤。震者，乾初爻居坤之初爻也。陽動固可出險，而陽微豈可驟施，故利以坤土養稚陽，然後陽益甚而用可大。文王八卦方位，坤居西南，制烈火以孕西金，乾陽眞氣所恃以不敝，《蹇》《解》之利西南，即此義也。《蹇》困於東北，故不宜在東北。《解》則已離東北，特陽尚微弱，更須致養乎坤耳，故不言東北。先儒紛紛，何其謬說。惟本卦以四一陽爲解之主，故初際之而无咎；五惟解而有孚；九二動而出坎成震，兩陽仍是一陽耳，故貞吉。六三陰居二上，上六陰居五上，皆爲小人。上於君子之小人必遭寇盜，上於君之小人必罹誅殛，聖人所以諄諄致戒也。夫惟難由小人，解難必去小人，固已而有剛柔變通之用。九二獲狐，九四解拇，上六射隼，皆以剛去小人，忠賢之用也。六五維有解吉，則以寬大行之，蓋人君任得賢臣，正不必自尚嚴威，而小人自服。堯用舜與皋陶，好生之德，洽於民生，而四凶去，頑讒讋，即其事焉。然六爻皆言君國之事，而一身一家之當解者從畧，以君子反身修德，赦過宥罪，大象已盡其義，故不煩也。

䷨兌下艮上

損，減省也。爲卦兌下艮上，損澤之深，益山之高，損之象。損下卦上畫之陽，益上卦上畫之陰，損之義也。《序卦》：解者，緩也，緩必有所失，故受之以《損》。上經乾坤歷十卦而爲泰否，下經咸恒亦歷十卦而爲損益。泰否以著乾坤之交，而損益則少長男女之交。皆陰陽消長著而爲人事者，故《雜卦》曰：損益，盛衰之始也。

損：有孚，元吉，无咎，可貞，利有攸往。曷之用？二簋可用享。

損，損下之剛以益上也。爻尚剛而卦主内，内剛有損，故謂之損。乾剛變兌説，至誠以孚人之象，故有孚。占者如是，則元吉而无咎。蓋咎生於强人從己，至誠而損己從人，尚何咎之有。可貞，言此理可常守，則居身應世，不特一事无咎而已。曷之用，設爲問詞，舉二簋以明其象。二簋，損減之至，然有孚則可用以享神。凡事損之當者，視此。坤含乾元艮止，故象貞。互震行，故象往。兌説，故利。震象簋。兌數二。兌口坤腹，又眾也，故象享。

《彖》曰：損，損下益上，其道上行。損而有孚，元吉，无咎，可貞，利有攸往。曷之用？二簋可用享。二簋應有時，損剛益柔有時。損益盈虛，與時偕行。

損以三上二爻爲成卦之主，損下卦以益上卦。取下以益上，如人臣致身，百姓服役，必如此然後上下交而志同，故曰其道上行。損而能以有孚行之，則元吉，无咎，可貞，利有攸往何疑。又云曷之用，二簋可用享者，二簋至薄，而可用享，以其時當損，必不能備禮，而後損至二簋以應其時。凡事由此類推。太過者謂之剛，不及者謂之柔。

當損而損，損剛益柔，固有其時。必損益盈虛，乃天時自然之運，與時偕行，不必不損，損之適得其中，與時偕行而已。

《象》曰：山下有澤，損，君子以懲忿窒慾。

深澤山高，損下以增高，損之象也。懲，戒。窒，塞。人之當損者莫如忿與慾，忿心之起，如山之高，慾心不溺，如澤之深。君子觀象反躬，以懲以窒，損之又損，以至於無。虞翻曰：兑說，故懲忿。艮止，故窒慾。是也。少男少女，忿慾尤甚，懲忿窒慾，內則義理說心，外則止於禮法。故曰：損，德之修也。

初九，已事遄往，无咎，酌損之。

已，止也。事謂私事。剛故遄往。初民位，四虛己求益，初九綴[1]。已事而速往應之，義得无咎。蓋酌其當損而損之。急公奉上，損己利人之大者也。

《象》曰：已事遄往，尚合志也。

上謂六四，舍己而往應他人，得以无咎者，以四有虛己之誠，初盡奉上之義，其志合也。

九二，利貞，征凶，弗損益之。

九二剛中，中則正矣。利貞者，安中德以自守。若不守中而往，則非道容說，故凶。蓋守貞而弗損己，正所以益上也。

《象》曰：九二利貞，中以爲志也。

人臣忠貞事上，不爲容說，乃中道也。當損下益上之時，而以不損爲益，要惟適乎其中而已。

六三，三人行，則損一人。一人行，則得其友。

三，人位。乾本三陽，以一與上，是三人而損一人也。陽上陰下，適居應位，是一人而得友也。互震爲大塗，此往彼來，故曰行。一陰一陽之謂道，两而化也。三而損一得两，一而得友亦两也。損有餘以補不足，因自然之理，而两化者一神。此爻卦之主，故於此發明損之不得不然，而天地人義統存焉矣。

《象》曰：一人行，三則疑也。

两相與則專，參以三則疑。一人行，得友而成两，故損其餘以致一也。

六四，損其疾，使遄有喜，无咎。

陰陽之偏爲疾。六四重陰，承乘皆陰，有偏柔之疾。乃虛己求益於初九，是能損其柔疾，以受益於人，遂使遄有喜而疾頓除矣。占者如是，何咎。

《象》曰：損其疾，亦可喜也。

柔非美德，虛己下人，則善用其柔，而疾頓爲喜，亦可喜也。深喜其能自損也。

六五，或益之十朋之龜，弗克違，元吉。

坤爲衆，其數十，朋象。大象似離，龜象。十龜，《爾雅》所謂神靈攝寶文筮山

---

① 綴，致福樓本、《續修四庫全書》本作輟。

澤水火也。六五虛中居尊，當損之時，虛己以受天下之益，故益來於意外。或有益之，雖十朋之龜，亦弗能違，吉無大於此者。《洪範》曰：汝則從，龜從，筮從，卿士從，庶民從，是之謂大同也。

《象》曰：六五元吉，自上祐也。

上，上九也。上本坤體，得三陽益之而成艮。四五皆受上陽之益，而五尤切近，故曰自上祐。以理言，則上謂天也。謙受益者，天祐之而人神皆莫能違也。

上九，弗損益之，无咎，貞吉，利有攸往，得臣無家。

九二弗損，謂損己；益之，謂益人。此弗損，謂損人；益之，謂益己。卦義損下益上，在下卦爲自損，在上卦爲受益。卦以損三益上成義，上爲受益之極，成卦之主，不損人而自有益於己，故无咎，貞吉，而利有攸往。臣謂三，艮象廬，爲家，變坤則无家。得臣无家，正言弗損益之之象也。上得三以自益，爲得賢臣自助，然乃益己以益於國，非自益其私家。蓋上爲臣之尊位，本卦上卦受下卦之益，皆以損三益上，故其象如此。而前人以君當之，非也。

《象》曰：弗損益之，大得志也。

陽大陰小。志，合衆賢以益國之志。

附　解

此損則彼益，太過則必損，故損者天地之理，人事之宜也。然不善用其損，則損己損人損物，均有所失。《象》揭有孚爲損之本，而以二簋明其象，凡損道可類推矣。夫子推言損剛益柔有時，與時偕行，則知損者非知時不能，欲知時非修德不可。故《大象》以懲忿窒慾，爲損道切己之要。初九損己而益人，九二不損己而亦益人。六三就上下交接立象，損此有餘，益彼不足，推之於天下萬物，莫不皆然，則得其平。故小象以三則疑，明其不可不損，而《繫辭》復推言之。若夫上卦三爻，則受益者也。然非損己，亦無以受益。故六四之損其疾，爲其能虛己受初九之益。六五之或益，爲其能虛己受九二之益。上九之弗損而益，爲其能合衆人之益以成益。損者固損，而益者亦必先自損，此損之名卦，所以異於益也。先儒於各象不甚分明，於象爻大象小象，尤多不能貫通。

䷩震下巽上

風烈則雷迅，雷激則風怒，兩相助益，爲益之象。巽震二卦，皆由下變而成。損上卦之陽，以益下卦，損上益下，下厚則上安，故名益。《序卦》：損而不已必益，故受之以《益》。

益：利有攸往，利涉大川。

雷動風行，无所阻滯，故利有攸往。震巽皆木，大象離中虛乘木中虛，舟楫之象，故利涉大川。利往處常，利涉處變也。

《彖》曰：益，損上益下，民說无疆。自上下下，其道大光。利有攸往，中正有慶。利涉大川，木道乃行。益動而巽，日進無疆。天施地生，其益無方。凡益之道，與時偕行。

言益之爲義，損上乾之初以爲巽，益下卦之初以爲震。於人事爲損君益民，民説上恩於無窮矣。蓋上尊下卑，患下情之不達。今上自損以益民，自上下下，其道大光，故民情悦而上通。利有攸往者，九五中正，而位乎上，六二以中正應之，是聖主得賢臣，而交相濟美。利涉大川，則不特宜常，亦可濟變也。其取象於涉大川者，震巽皆木，以涉川爲常而不溺。利涉大川，木道乃通行無滯，而本卦震巽之益，所以無所不益也。若以卦體而言，震動巽入，奮動而順入，日進於益，而不可限以時與地。以卦體言，損天陽以益下地，爲天施地生，而品物咸亨。夫奮動而巽入，事無不可爲。天施而地生，物無所不遂。此皆當乎理之自然，而非强爲相益。凡益之道，準此而推，當益而益，與時偕行，然後合益之義也。

《象》曰：風雷益，君子以見善則遷，有過則改。

風雷之勢，交相助益。善者天理，性所固有，日遷則日益。過者人欲，性所本無，日改則日無。損彼益此，慎於其幾。雷以動陽，風以散陰，速遷速改，象風雷之勇矣。

初九，利用爲大作，元吉，无咎。

大作，大有作爲。初，民位，當損上益下之時，六四大臣傾心以應，故利用爲大作。上之事，非下不成，而非上損以應下，則賤者何敢妄作。爻義不然，則雖動衆勞民，民說無疆，大吉而无咎也。既言吉，又言无咎者，以位卑大作，似非其分，或疑有咎，故重言以決之。

《象》曰：元吉无咎，下不厚事也。

厚事，厚以自益之事。恐人以利大作爲自私自益，故言元吉无咎。乃由上損已以應下，下殫力以事上，上下交而其事益，非謂下受上益，可以自私自便爲身圖，下固不厚事也。

六二，或益之十朋之龜，弗克違，永貞吉。王用享于帝，吉。

損益相綜，益二即損五也，故其象同。六二當益之時，虛中處下，故求益之心切。而五與之應，益自意外而來，雖十朋之龜，弗克違也。然必永守其正，則吉，蓋人臣忠順而不失正。又當益時，王者依爲一德，用以享于上帝，克享天心，人神可知矣。

《象》曰：或益之，自外來也。

外謂意外，卦以外卦益内卦，故無心而得益者曰自外來。

六三，益之用凶事，无咎。有孚中行，告公用圭。

凶事，艱危之事。陰爻而言孚者，中虛且受益也。三四非中而言中者，重卦之中也。公，公侯，謂九五。圭，以通信者也。六三陰柔居下之上，位危才弱，當受益之時，而六四蔽之，益之用凶事，艱難盤錯，在所不免。然困之所以亨之，无咎也。但當有孚存心，中道而行，上交不諂，守信不渝，告公而用圭。圭者，上所命於下，下以此告上，必不能舍此以取信，四安能終間之也。

《象》曰：益用凶事，固有之也。

固有，謂理之固然。才德必從艱難而出，知其爲事所固有，則必勉爲受益。而有孚中行，告公用圭，不待言矣。

六四，中行，告公從，利用爲依遷國。

六四，大臣之位。而巽順當益下之時，能順以從下事上，中道而行，告公而公信從，是能宣上之德意，達下之民情者也，故利用爲依遷國。蓋遷國者，必上下相安，而通上下之情，必賴大臣，故利用依之也。互坤，故象遷國。

《象》曰：告公從，以益志也。

五之志在於益民，而四能宣上意以及下，故告公從也。

九五，有孚惠心，勿問，元吉，有孚惠我德。

惠心，惠下之心。惠我德，以我德爲惠。九五陽剛中正，居尊位而布恩澤，有至誠惠人之心，勿待疑問，至大吉也。蓋惠下者，人君之分，特患不誠耳。今既有至誠之惠心，則下亦至誠而感我之德，天理民彝，不能或外也。恐人不堅其孚，故決以勿問。

《象》曰：有孚惠心，勿問之矣。惠我德，大得志也。

有實心則有實政，益下而有孚惠心，更何所問，歎美以決之。惠我德，則下實受其益，而益下之本志大得也，亦美之之詞。

上九，莫益之，或擊之。立心勿恒，凶。

以上居益之極，剛而不正，不能益人，且反爲人所侮。所以然者，立心不恒，凶之道也。互艮，手。變坎，盜。大象離，戈兵。與動極之三相應，故象擊。巽進退不果，故象勿恒。剛而不中，安能有恒。損言有時者，非常道也。益取日進無疆，立心當恒勿恒，則凶矣。

《象》曰：莫益之，偏辭也。或擊之，自外來也。

偏辭，猶言偏之謂也。惟其偏剛，故不能益人，亦不爲人所益。外，意外。本卦以損上益下爲義，上不能益三，三柔亦未必讐之，而患自意外而來，甚言偏剛之爲害也。《繫辭》言莫之與，則傷之者至。蓋推論其理。

附　解

卦以損陽益陰名爲益，爲卦主者，四與初也。而下卦皆以受益爲義，上卦皆以能益下爲義。惟上九位之亢，勢之窮，不能益人，是以人不益之，而反擊之。蓋益人之事，必能損己，損己者非違道徇人也。理之所在，舍己從人，寧自居於謙菲，此必有中正之行、虛衷之度。四爲益主，故通上下之情以成益。五居尊而虛中，故能有益人之惠心，人亦被惠我之實德。上則無四之位，無五之虛中，恃剛而偏，故莫益而或擊之。若夫下三爻，受人之益者也。初爲民，受上益而元吉无咎。二爲賢，受上益而享帝。三居下之上，位不中正，雖受益而用凶事，賴有孚中行以貞之。統觀六爻，凡益人與受益者，其理可以類推矣。夫益則无往不利，而亦視乎益之之道何如。《彖》言凡益之道，與時偕行，則益固無定法矣。《象》言見善則遷，有過則改，以爲益道莫大於是。體《彖》《象》以得乎益之全，參六爻以盡乎益之變，是在學者之神而明之也。

䷪乾下兑上

夬，決也。兑上乾下，水在天上，勢必下潰。五陽盛長，決去一陰，皆決之象也。《序卦》：益而不已必決，故受之以《夬》。三月之卦也。

夬：揚于王庭，孚號有厲。告自邑，不利即戎。利有攸往。

五陽連彙而進，決去一柔，揚于王庭，以正其罪。雖以誠相孚，號召其衆，協力同心，然不無危懼也。是惟議道自己，由近及遠，告自於邑，以漸而化，不可恃君子之勢盛，遽興兵戎。思以力服如此，則利有攸往，柔不患其不決，小人不患其不化矣。乾王象，五亦王象。陽實孚象，兑口號象，乾惕厲象。乾伏坤，故象邑。乾兑皆金，故象戎。

《彖》曰：夬，決也，剛決柔也。健而說，決而和。揚于王庭，柔乘五剛也。孚號有厲，其危乃光也。告自邑，不利即戎，所尚乃窮也。利有攸往，剛長乃終也。

王剛進決一柔，勢在必決，故曰夬。乾健兑說，健則不怯懦以長惡，說則不猛烈以激變，是以有壅則決，而無決不和。揚于王庭者，以一柔乘于五剛之上，小人而在高位，非明正其罪不可。以孚相號，而云有厲者，其危懼之念，乃所以能光大也。告自邑，不利即戎者，小人之據高位已久，其平日必有籠絡愚人之術，由近明告其非，則衆知小人之罪，不待戎威，而其勢自孤，所尚乃窮也。利有攸往者，決之有道。決之不驟，則剛日長而盡變爲乾，乃有終也。

《象》曰：澤上于天，夬，君子以施祿及下，居德則忌。

澤本下而氣騰於天，勢必潰決成雨，故象爲夬。君子體之，施祿及下，亦如澤自天下。如自居其德澤不下，究如澤壅而不流，必有潰決，是乃所忌也。

初九，壯于前趾，往不勝爲咎。

卦下爲趾，重剛故壯。前猶進也。兌在夬上，初往無應與，而遇毀折，故不勝。當夬之時，前往非咎，然亦必審時量力，期於有濟。若冒昧前往，角而不勝，則不可決矣。是无咎而自爲咎也。

《象》曰：不勝而往，咎也。

君子慮勝而動，所以善全其理，不勝而輕往，自然咎也。歎之也。

九二，惕號，莫夜有戎，勿恤。

變離伏坎，爲加憂，故象惕。上卦兌口，號象。兌西爲日暮，乾西北則夜也。離爲戈兵，伏坎盜，故象暮夜有戎。九二以剛居柔，當夬之時，能知戒備，內乾惕而外號眾。持重如此，雖暮夜有戎，亦勿憂懼也。惕即《彖》所謂厲。惕號即孚號也。

《象》曰：有戎勿恤，得中道也。

中道，乾之中也。得中則不恃其剛，而能惕號，不忘戒備，故有戎勿恤。

九三，壯于頄，有凶。君子夬夬，獨行遇雨，若濡有慍，無咎。

頄，音逵。

頄，觀骨也。乾爲首，三居下乾之上，故象頄。乾體，故稱君子。夬夬，決於夬也。兌澤為雨，三與之應，故遇雨。以其適值而非本心，故稱遇。本非濡也，而跡類之，故稱若。無以自朋，故有慍。九三剛而不中，志夬陰而徵於面色，壯於頄，事未發而機先洩，凶之道也。君子內斷於心，欲決即決，獨行而前，與上相應，迹類和同，不知者謂爲小人所染，遇雨而若濡，君子無以自明，有慍也。然不遽絕小人，實欲變化而夬去之，義无咎也。蓋聖人欲人夬小人，而又貴其善夬，故云然。

《象》曰：君子夬夬，終无咎也。

有慍，疑乎有咎。然君子不妨與小人交，而實欲夬小人，其夬已決，始雖若濡有慍，而終无咎也。

九四，臀无膚，其行次且。牽羊悔亡，聞言不信。

臀，足所附以行也。變坎，故象臀，又上卦之下也。乾兌相比爲膚，兌毀折，故无膚。次且與趑趄同，行不進也。五爲夬主，四故阻而不能行。兌爲羊，綜巽爲繩象，伏艮爲手象。牽羊，牽連三陽，而隨五以進也。牽羊者讓之使前，戒以如是，則悔亡也。兌口言象，變坎爲耳痛，又剛傲，故不信也。諸陽皆同志夬陰，而五爲夬主，四居下上之間，不夬則迫於其下而不能安，欲夬則阻於其上而不能往，爲臀无膚，其行次且之象。是惟若牽羊然，牽三陽以并進，隨五而夬，不自用其夬，則悔可以亡。然四剛險多疑，雖聞善言，不能信也。

《象》曰：其行次且，位不當也。聞言不信，聰不明也。

陽居陰位，與上勢隔，又變坎值兑毁坎陷，故位不當。聰，聽也。變坎爲耳，剛傲故不信。占者知其位而戒不信，則悔亡也。

九五，莧陸夬夬，中行无咎。

莧，音桓。

莧，山羊。陸，平地也。夬夬，決於夬。六爻獨三五言夬夬，三應上，五比上，恐其系累，故欲其決於夬也。卦大象似兑，諸陽上夬一陰，如群羊在陸，縱其觝觸，以必夬爲志，則合於中行，可无咎也。山羊角細，五與上比，其觸不力，故特戒以勗之。

《象》曰：中行无咎，中未光也。

九五剛中，爲夬之主，僅云无咎者，以與上比，同此説體，未甚光明，故勗以夬夬，而僅許无咎。蓋小人惟君授以柄，然後得據高位。今諸陽協力夬陰，而其權必歸於五，五稍狎昵於上，則不可夬矣，故象占如是。

上六，无號，終有凶。

此衆陽之所夬也。垂盡之陰，若無足慮，然一返即姤，不可忽也。惟望衆君子孚號惕號，不忘敬懼，則剛長有終。若易而無備，无號而不協力以去之，則終有凶。蓋戒人除惡之務盡也。

《象》曰：无號之凶，終不可長也。

一陰微矣，何以无號而有凶，以夬之不力，隱忍相安，終非長久之道也。自古君子去小人不盡其類，終貽大患，故聖人深戒之。

附　解

夬之爲卦，以盛進之五剛，決衰退之一柔，其勢似易，然而聖人丁寧告戒之，若防備惟恐不周者，何也？陰居高位，由來豈伊朝夕。五雖夬主，而非下四陽助之，安能勝陰。人君合群賢以去一小人，僅能勝之，甚矣小人之勢之固，而俾得位以成其勢者，爲可歎也。九五所以言中未光，上六所以言无號有凶，皆是故也。終有凶，與剛長乃終，意相反而相足。先儒解未明。夫小人由君而進，亦可由君而退，然非衆君子之協力，一人之剛斷不能夬之。且夫夬小人者，豈必盡誅夷哉，去其元凶，化其醜類而已。本卦之所以詳爲夬陰謀者，以其已據高位，而在君上也。若防之於早，勢未極隆，固可以德柔之，以禮遠之。聖人於《彖》言孚號有厲，告自邑，不利即戎；於《大象》方施禄及下，居德則忌，固未嘗以能夬爲樂。特當夬之時，夬之不可不力，而非善其夬，尤恐反爲君子害耳。然其柄必歸諸二五兩爻，明君賢臣協心，乃可圖也。後世若漢唐黨禍，衆君子無權而欲去小人，或有權矣而去之不得其道，遂爲國家大害，然後知聖人之戒深矣。莧陸，《程傳》《本義》以爲馬齒莧，然莧、陸實二物。陸，商陸也。惟《述義》山羊之說爲長。大抵四五六三爻詞，舊解多强，今酌而存之焉。

䷫巽下乾上

姤，遇也。風行天下，物無不遇者。又一陰生於下，陰與陽遇，本非所望，而猝然值之，故爲姤。《序卦》：夬決也，決必有遇，故受之以《姤》。五月之卦也。

姤：女壯，勿用取女。

巽長女，故壯。又一陰生而在内爲主，陽反爲客，其勢日壯。聖人戒人防其漸，曰勿用取女。蓋小人道長，皆由君子假之以權，若始進而即勿用，彼何能爲哉。

《彖》曰：姤，遇也，柔遇剛也。勿用取女，不可與長也。天地相遇，品物咸章也。剛遇中正，天下大行也。姤之時義大矣哉。

剛來謂之復，復，反也。反其故居，君子之當然也。柔來謂之姤，姤，遇也。不期而會，小人之天幸也。取女者，室家長久之道。一陰而敵五陽，則女德不貞，不可與之長久，故勿用取女也。然此特因人事陰常勝陽，故戒之防其漸耳。若天地之道，則一陰生於下，而五陽方盛於上，於辰爲午，天地相遇，正品物咸亨之時，陰不能爲陽害也。二五皆剛，五位中正，九二以剛中之才，遇中正之君。人事如之，則君正臣賢，天下之教化大行。小人在下，亦不能爲害也。然則陰非不可遇陽，特戒其遇壯耳，姤之時義大矣哉。

《象》曰：天下有風，姤，后以施命誥四方。

天下有風，與風行地上一也。然自地而行者，各以其方，故象觀。天下有風，則風自天而下，周徧四方，無一物不與風遇，故爲姤。天與萬物遠，而鼓舞之以風；后與民相遠，而鼓舞之以命。施命誥四方，丁寧反復，俾微陰之潛伏者，有以振動而發散之，此君與民相與之道也。后施，乾象。命，巽象。誥四方，風行天下之象。

初六，繫于金柅，貞吉。有攸往，見凶。羸豕孚蹢躅。

柅，在車之下，所以止輪，令不動者也。以金爲之。巽爲繩，故象繫。羸豕，小豕也。蹢躅，跳躑也。一陰初生而將長，制之當於未盛之時，止以金柅，繫而又繫之，止之固也，如是則正而吉。若縱之而有所往，立見其凶矣。譬諸羸豕，雖幼弱而其類相孚喜，以蹢躅爲事，蓋淫躁之性然也。若畜小人者，縱之使與類孚，則不可制矣。

《象》曰：繫于金柅，柔道牽也。

柔道當有以牽制之，使爲剛役，乃可也。

九二，包有魚，无咎，不利賓。

以外裹内曰包。初在内，故二四五皆言包。魚，陰物之美者。初一陰爲主，四居應位，乃其賓也。初本應四，以先遇二，遂爲所有。容之於内，而制之於外，所以无咎也。不利賓者，初與四合，則陰勢盛而不可制也，錢一本曰：姤取象曰魚曰瓜，魚爛瓜潰，皆自内始而外，初不覺也。

《象》曰：包有魚，義不及賓也。

固包之，使不及於賓，制陰之義也。凡卦以相應爲義，姤則以相遇爲義。先遇二，故即爲二所包。

九三，臀无膚，其行次且，厲，无大咎。

夬姤相綜，姤三即夬四，故其象同也。但夬四之意在於夬上，姤三之志在於遇初，象同而情不同也。三欲遇初，而爲二所阻，不安其居，有臀無膚象。因心戀於初，故其行次且。然初已爲二所有，不可遇矣。若惕厲而不溺於邪，則无大咎。剛而不正，故有不安不行之象。得乾體，故能厲也。

《象》曰：其行次且，行未牽也。

二與初隔，其行未相牽連，欲遇而終不可得也。

九四，包无魚，起凶。

四與初爲正應，而初已與二遇，二有魚則四包无魚矣。起凶，猶言起釁。四，大臣之位，而无民與之，起凶之道。不曰凶而曰起凶，言凶自此起，咎在自取。

《象》曰：无魚之凶，遠民也。

初爲民，四爲大臣，而自遠于民，故凶由自起也。初本四之正應，大臣本當親民，巽不果而四健行，故不遇。責在于四，故不曰民遠而曰遠民。

九五，以杞包瓜，含章，有隕自天。

杞，杞柳。乾爲圓，瓜果象。九五陽剛中正，能制陰而包含之。如以杞包瓜，内含章美，不露聲色。然一陰爲所包容，久而自化，瓜將自隕，出于天心，如自天而下也。

《象》曰：九五含章，中正也。有隕自天，志不舍命也。

包陰而能含章者，以其中正，故能以大度包之，中正化之。有隕自天者，乾天象，九五中正，志存天德，不敢稍舍天命，故小人爲所化而自隕也。

上九，姤其角，吝无咎。

剛而在上，角象也。窮上則返下，與初有姤之理。然過剛而不能合，故爲姤其角象。吝，難合也。不强合于陰，故无咎。

《象》曰：姤其角，上窮吝也。

乾爲首，而上又處其極，其勢已窮，故難遇而吝也。單釋吝而不釋无咎者，上窮則宜返下，遇初而柔其過剛，可以得其平也。

附解

卦以一陰遇五陽爲義。陰壯者戒其盛，故象之勿用取女。初繫金柅，二包有魚，皆喜其能制陰也。然陽偏而無陰以濟之，亦不爲美，故四爲初正應，而以包无魚起凶。若夫三，則初本非其所遇，上則亦可以遇而不果遇，一以溺陰爲戒，一以窮吝爲占，皆欲其審乎義理之中，而得陰陽配合之宜。非謂初之必不可遇，亦非謂其必遇也。惟五中正而得九二之臣，故初爲所包，含久而自化，有隕自天，志不舍命。惟五有中正之德，故天心合而命默相焉。包瓜自隕，古聖王之靖頑讒而格有苗，用此道也。夫陰壯不可遇，而二五能包，則剛本足制柔，特患己無其德耳。然戒于壯陰，而當遇不遇亦非，故《彖傳》言天地相遇，剛遇中正，以廣其義，使人知姤之道決於己，而不可以一概量也。彖爻大象小象，舊説多牽混不明，今正之。

䷬坤下兑上

萃者，聚也。澤潤之地，物群聚而生，故爲萃。又上説下順，九五剛中，而下以柔順應之，萃之由也。《序卦》：姤者遇也，物相遇而後聚，故受之以《萃》。

萃：亨，王假有廟，利見大人，亨，利貞。用大牲吉，利有攸往。

上亨，占得此卦者亨。下亨，見大人之亨也。互艮爲宫闕，廟象。大象坎，爲隱伏，鬼神象。假同格。大人謂九五，上兑爲羊，下坤爲牛，大牲象。順而説，故利攸往也。物萃有亨之道，下順上説，精誠所聚，有感必通也。無形之萃，莫大於格廟，聚萬國之歡心，以事先王，神人之心通。有形之萃，莫利於見大人，聚萬物之性情，以事其上，君民之心通。故萃必亨也。然萃而亨者，又利於貞，所守者正，萃而不散。如祭祀之用大牲然，備物備禮，豐萃而不違乎正，則吉，而利有攸往也。

《彖》曰：萃，聚也。順以説，剛中而應，故聚也。王假有廟，致孝亨也。利見大人亨，聚以正也。用大牲吉，利有攸往，順天命也。觀其所聚，而天地萬物之情可見矣。

坤順兑説，上順乎上，上説乎下，兩卦有聚之體。五以剛中而下交，二以柔中而上應，兩爻有聚之用。故名爲萃。知所以爲聚，則亨不待言矣。王假有廟者，致孝以盡志，致享以盡物，上有以萃祖考之精神，下有以萃天下之人心也。大人者，萃之主，正己而物正者也。萃而見九五大人，則聚以正也。用大牲吉，利有攸往者，備物盡誠，内萃其心，外萃其力，可以無所不宜。此天道自然之理，即人事當然之道。順天理而行，即順天命也。天以正相聚，而陰陽和，百族茂，萬物以類相聚，而聲氣應，形性適。故日觀其所聚，而天地萬物之情可見矣。

《象》曰：澤上于地，萃，君子以除戎器，戒不虞。

川壅爲澤。澤，水之所聚，上于地則聚之盛，故爲萃。水聚則決，必有以防之，水乃豬；人聚則爭，必有以制之，亂乃定。君子以簡除戎器。除者，去舊取新之謂。戎器久則必敝，除而修之，非右武也，以戒不虞而已。天下之患，多生于所不虞，故戒之。兑西金，戎器象。坤知阻，戒不虞象。

初六，有孚不終，乃亂乃萃。若號，一握爲笑。勿恤，往无咎。

孚，與四正應，本相孚也。不終者，陰柔互巽，爲進退不果象也。乃亂乃萃者，坤爲眾，初爲民，三陰相連，欲萃而無主，故或亂而或萃也。號，呼四求萃也。一握爲笑，一握手而定交，可以萃也。兑口，故笑。初六與四爲正應，求萃於上，其意本誠，因三陰相連，而居性柔，爲眾所惑，不終于孚，乃亂乃萃，其志不定。若能知號四而一心于孚，則四必應之，一握手而歡笑相萃矣。故戒勿憂其不萃，但以孚往，自然无咎。

《象》曰：乃亂乃萃，其志亂也。

陰柔志弱，爲眾所惑，能定其志而終孚，則得矣。

六二，引吉，无咎，孚乃利用禴。

互艮，手；應巽繩，故象引。禴，薄祭也。二，坤中爻，爲眾之主，而與五應，牽引其眾，以萃于五，以人事君之義也，故无咎。夫引初與三，是人己相孚，引而萃于五，則君臣相孚也。人者神之主，合眾志以相孚，人萃而神説之。用以禴祭，必獲神也。孚乃利者，惟孚乃利，非倖致也。

《象》曰：引吉無咎，中未變也。

初與三皆始孚而終變，惟二之中未變其志，故能相引以萃于五也。

六三，萃如嗟如，无攸利。往无咎，小吝。

上比二陽，與坤眾同體，有萃如之象。然五非正應，而上又不足以應，故弗能萃而嗟如。如此則无攸利矣。然下比二陰，皆已往萃，近比二陽，又能萃眾，可以往而无咎也。但非其應而往，聚不无小吝耳。大象坎，加憂，應上齎咨之兑口，故象嗟如。

《象》曰：往无咎，上巽也。

巽者，三居中爻，本巽象；上兑綜巽，亦巽象。三與二陰合爲坤順，往萃于上，以巽從陽，故可以无咎也。《易》例三四隔體，無相從之義，而九四有主卦之義者，則亦取相從，《隨》三與此爻是。

九四，大吉，无咎。

九四近五之君，率三陰順而萃于五，上悦下順，不勞而聚。大臣爲國求賢，其理大吉，而其事无咎。

《象》曰：大吉无咎，位不當也。

當，平聲。

當，任也。萃之權在君，居大臣之位，率群才以萃于五，而不當其功，故吉无咎也。

九五，萃有①位，无咎，匪孚，元永貞，悔亡。

九五以陽居尊，有其位而握萃之權，故无咎。然下與眾隔，有不能孚而即萃之象，惟當返而修其乾元之德，永守乎正，任賢臣以聚眾才，則悔亡也。五本乾體，有

① 有，底本作其，據致福樓本及《續修四庫全書》本改。

元德，故曰元。

《象》曰：萃有位，志未光也。

萃而徒恃其有位，則自用而不任賢自反，不能光大，故有匪孚之象。戒人君養賢以致民，不可自恃其有萃之權也。

上六，齎咨涕洟，无咎。

齎咨，歎聲。自目出曰涕，自鼻出曰洟。兌爲口，咨象。又爲澤，涕洟象。陰處萃終，萃極將散，乃孤孽之臣子不得于君親者，故極怨艾哀號之誠，以冀君親之一悟。憂思之至，危可使平，終得萃而無咎矣。

《象》曰：齎咨涕洟，未安上也。

上在卦外，未安上者，危懼而不敢自安。舜號泣，周公嘵嘵，皆必求萃于君父而後已也。

附　解

天地萬物以萃，而後生生不窮，故萃卦六爻皆無咎。第其位不同，故所以處萃者異。初爲民位，民志無定，故乃亂乃萃，必得所歸，而後破涕爲笑。二，在下之賢臣，能引衆以萃於上。三居下之上，無所應與，而能隨衆賢以往萃，故可无咎。四則大臣之位，合衆賢以事一人者也，故其位獨美，而九五亦當任之，乃得悔亡。《象》重九五之萃，重一尊也。爻戒九五自用，勸任賢也。上六位遠于君，而處萃之窮，必以齎咨涕洟求萃。凡聖帝明王，萃萬物之情以順天地，籲俊固有殷衷，而綱羅必咨宰輔，義正如斯。若夫下之欲萃于上，其義至順，其志可嘉矣。然必有引之而集之者，故九四任爲獨隆。上六之未安，非自處于窮，乃事變所使，無以萃之，致使遷流放逐，齎咨涕洟。然其至誠忠順之心，有以感君父而迴天心，不得以爲小人也。前儒不審萃之名義，而執泥成說，遂多不克貫通，識者詳之。

䷭巽下坤上

升，進而上也。坤上巽下，木生地中，長而益高，升之象。巽木上進，坤順无阻，升之義也。《序卦》：萃者聚也，聚而上者謂之升，故受之以《升》。

升：元亨，用見大人，勿恤，南征吉。

內巽外順，進而無阻，故占得此卦者亨。用見大人，勿憂懼，從南方行則吉。不曰利見而曰用見者，二中正順進，理得與大人合，本卦尊爻無大人，故曰用見也。南征吉者，坤爲巽母，志與之應，逆行故戒以勿恤，順行由巽而升于坤也。

《象》曰：柔以時升，巽而順，剛中而應，是以大亨。用見大人，勿恤，有慶也。南征吉，志行也。

坤居上體，地道上行，而巽之一陰爲主于內，則自下升上，正惟其時，故曰柔以時升。下巽而上順，有可升之德，二剛中而五應之，值可升之會，是以大亨也。用見大人，剛中順進，義得與大人相見，而相慶會，故勿恤也。南征則順其道而升。坤非大人，錯乾則爲大人。蓋乾以得陰爲美，二五本君臣，宜相應也。

《象》曰：地中生木，升，君子以順德，積小以高大。

升，取升高之義。木始生于地中，甚小，積而日升，高可干霄，大可蔽日，有升之象。然人不見其升之跡者，以順積而致耳。君子體之，以順天理之自然，積小而至于高大。順德，坤象。高，巽象。

初六，允升，大吉。

允，信也。坤土敦信，巽初乃坤一索而得者。初六巽主居下，猶木之根也。與二陽同體，順之漸進，則升進之意合。與坤陰同德，應之上進，則順進之志亦合。故曰允升，爲升而大吉之象也。

《象》曰：允升大吉，上合志也。

內卦二陽同體而允，外卦三陰同德而允，凡在上者皆允，故曰上合志。此即柔以時升，大亨之義。

九二，孚乃利用禴，无咎。

九二以陽剛居中，六五以柔順應之，蓋孚信之至者也。故有利用薄祭，亦可交神之象。得遂其升，故无咎。《升》綜《萃》，《萃》二以誠實感，而應以虛中，《升》二以虛中感，而應以誠實，虛實則異，其孚則一也。升以柔爲善，而二剛亦利者，以其中也。剛中而應，用見大人，故无咎。

《象》曰：九二之孚，有喜也。

誠信之至，升而有慶，故有喜，言不止无咎也。中爻兑，喜說象。

九三，升虛邑。

陽實陰虛。上體坤，國邑之象。九三重剛上進，所遇皆柔，如前行而入無人之境。不言吉凶，虛邑未堪止足。三升尚無止境，決于升而已。

《象》曰：升虛邑，无所疑也。

升必期于高大而止。三方升之時，巽爲進退不果，或疑于升焉。而曰升虛邑，以陽居陽位，果于進而无所疑也，言升之是也。凡進德修業，及遇大有爲之君，升无可疑，皆類此。

六四，王用亨于岐山，吉，无咎。

亨，古享字，通用。

王謂六五也。巽高，互兑西方，岐山，西土之高者。四近五，大臣之位，升天下之賢士于君，而己則不升，恪守臣職，乃无偪上之嫌。昔者文王用思皇之士，撫頹尾之民，忠順不改，事其境內之山川而神享之。升者如是，則吉而无咎也。

《象》曰：王用亨于岐山，順事也。

四重柔入坤順。下順天下之賢而升之，上順君，使升天下之賢。己不升，而使上與下皆升，《象》所謂有慶志行者也。

六五，貞吉，升階。

坤爲土，三爻層上，階象。五以柔中應二剛中，虛己下賢，人君之正道也。貞固守此，則无咎也。初允升而升，三與二同德而升，四與二同功而升，賢人皆升，升而有序，故曰升階。古者賓主三揖三讓，而後升階，以況君子之進以禮也。五位非可升，故但言階。階，級也。

《象》曰：貞吉升階，大得志也。

大得志，即《彖傳》所謂有慶志行也。自初至此，升已極矣，故初曰上合志，此曰大得志。

上六，冥升，利于不息之貞。

陰終，故象冥。坤永貞，故象不息。上在五上，位无可升而求升不已，冥於升者也。此惟利于不息之貞，以其求進无已之心，施之于進德修業，則合于坤之永貞矣。爲占者開遷善之門如此。《晉》上晉角无可用，而用以伐邑；《升》上升無所利，而利于守貞。《易》窮則變，變則通，聖人之教也。

《象》曰：冥升在上，消不富也。

陰用事爲消。冥于升而不知止，窮極惟有消亡，豈復有增益而成富。蓋在上位滿勢盛，故宜如此。而利于不息之貞，不待言矣。巽爲近利市三倍，坤土，皆富象。上六下不與巽應，處坤之窮，故爲消不富象。

附　解

地中生木，有自然之生機，順而日升者。君子進德高明，登朝致主，皆天理之自然，人事之當然。順而升焉，義無更大于此者，象與爻詞皆言是理也。若夫非道而求升，德不修，名不立，曰時運之不亨也，乃世俗之謬。聖人不爲之謀，故本卦亦不言及。《周易》爲卜筮之書，此卦爲升進之義，然其戒如此，則夫非理而求升者，豈得許以占乎？上六冥升，惟利于不息之貞，而知進而不知退者，且孳孳求富，不計其消，即消矣而猶冥于升，是以大人不可見，南征未必吉，而困且隨之也，能無惕諸？順德改爲慎德，亨于岐山讀如字，皆不合卦義，故正之。

䷮坎下兑上

困者，窮病也。澤待水而潤，水在澤下，則澤涸矣，困象。又兑陰在上，坎陽在下，上六在二陽之上，而九二陷二陰之中，皆陰柔蔽陽剛，君子爲小人所困時也。故爲困。《序卦》：升而不已必困，故受之以《困》。

困：亨，貞，大人吉，无咎，有言不信。

剛爲柔掩，君子爲小人所困。然困者所以動心忍性，增益其不能，有可亨之理也。貞大人吉，正守其大人之道，則吉。二五剛中，大人之象也。恐人以守正爲易得咎，故以无咎堅其貞焉。有言不信，言困之時，不可求伸于言，惟當自守其正而已。兑爲口，有言象。坎爲耳痛，不信象。

《彖》曰：困，剛揜也。險以說，困而不失其所亨，其惟君子乎。貞大人吉，以剛中也。有言不信，尚口乃窮也。

剛揜，坎剛爲兑柔所揜，九二爲二陰所揜，四五爲上六所揜也。困云亨者，卦體坎險兑說，處險而以說行之，是困而有自樂之道，不失其所以亨，其惟君子乎。貞大人吉者，以二五剛中，剛則不爲困累，中則不爲困滯。有言不信者，道既不行，而尚口以求信，所遇必窮。故惟自貞其大人，則自有亨之會也。

《象》曰：澤无水，困，君子以致命遂志。

水下漏則澤上枯，故曰澤无水。命，天理主宰之名。致，窮致以造乎其極。遂志，遂其本志。凡道德仁義當爲之事，皆天理也，盡其道而順天命以自適，無論常變顯晦，一切困苦，卓然不搖，惟遂其本志之安，是所以亨也。致命，坎陷之象。遂志，兑說之象。

初六，臀困于株木，入于幽谷，三歲不覿。

初在下，臀象。人行則趾在下，坐則臀在下，故前行者言壯趾，坐困者言臀也。坎木堅，兑毀折，故爲株木。初爲坎窞，故曰幽谷。互離目，數三，初在離外，故不覿也。初與四應，不往助四，而自欲困二。陰柔居坎陷之下，力不能勝，故有坐困于株木，不能自脱，入于幽谷，三歲不覿之象。不覿，不與四覿也。欲困君子，而反自困，即象可知矣。

《象》曰：入于幽谷，幽不明也。

幽不明，言不覿之故。互離爲明，初在離下，則在明外矣。居坎北爲幽，但釋不明，則臀困亦由此也。

九二，困于酒食，朱紱方來，利用亨祀。征凶，无咎。

亨，當作享。

坎爲酒，兑為食。二居坎而應兑，故有酒食。紱與芾通，韠也。天子之芾純朱。朱紱謂五也。互離爲朱，在巽股之下，故象紱。坎隱伏，有人鬼象，故言享禮。九二剛中之德，當困之時，道無可見，而溷于塵俗，雖酒食饜飫，自養其身，然上有剛中之君，求賢自輔，朱紱方來，不能終困也。第爲三所阻，一時不能自達。惟守道至誠以俟之，如享祀者竭誠而不求福。占者或有所往，其征雖凶，可无咎也。爲三所困，故征凶。剛中應五，故无咎。

《象》曰：困于酒食，中有慶也。

小人困君子之身，不能困君子之道。酒食醉飽，自溷其迹，而剛中之德，自有來朱紱者，故有慶也。

六三，困于石，據于蒺藜。入于其宮，不見其妻，凶。

兌剛鹵，有石象。坎爲叢棘，蒺藜象。三在内卦之上，以不善居九二上，據蒺藜象。坎，宮象。巽，入象。互離爲目。無兌，中男少女，夫妻之象。而坎中兌中皆陽，無陰，三與上同陰不應，入宮不見妻象。六三在下之上，陰柔不中正，前爲四阻，如石而堅不可動，後爲二迫，如據蒺藜而不可依。處于兩剛之中，無陰陽之正應，進退無依，室家不保，凶之甚也。此蓋小人竊位而自困者。此爻變爲《大過》，有棺槨象，故《繫辭》直以死期卜之。

《象》曰：據于蒺藜，乘剛也。入于其宮，不見其妻，不祥也。

乘剛，乘二之剛。四亦剛也，而但言其乘，以退無所歸，爲尤凶。死期將至，故不祥。

九四，來徐徐，困于金車，吝，有終。

坎爲車，兌爲金，故象金車。禮，金輅以賜同姓。四，近臣，故有乘金車象。四近君，有亨困之責者，且與初爲正應，義當拯之。乃其來徐徐，救困不勇，若困于金車者然，吝矣。然陰陽正應，終必相合，且近君，得大人之力，終能拯初之困，故終吉。以剛居柔，又互巽，爲進退不果，故象徐徐。困金車，愛惜金車而行遲。凡有權力之人，拯困不勇，多因勢分牽累也。

《象》曰：來徐徐，志在下也。雖不當位，有與也。

下謂初。以剛居柔，爲不當位。有與，初四正應，且得剛中之君爲與也。

九五，劓刖，困于赤紱，乃徐有說，利用祭祀。

一陰在上，有如鼻，欲去之，則劓之。兩陰在下，有如足，欲去之，則刖之。赤紱，諸侯之服，謂九二也。祭天神，祀地祇，享人鬼。二言享祀而五言祭者，惟君得祭天也。五剛居尊，亨困者也。有志于去上下之三陰，而二著赤紱，困于兩陰，不能遽來相助，爲困于赤紱。然二非陰所能終困，五又與之同德，特一時未能出困耳。徐以待之，君臣合而有相說之道，不特濟困，且利用祭祀，以受福于天矣。兌伏艮，爲鼻。變震，爲足。兌爲毀折，伏艮爲閽寺刑人，故象劓刖。互離巽，與二同，故象赤紱。兌說，故有說。

《象》曰：劓刖，志未得也。乃徐有說，以中直也。利用祭祀，受福也。

以下受傷，君臣交困，故志未得。中直即剛中，以中直之道，與二相與，則受福于天而有慶。

上六，困于葛藟，于臲卼。曰動悔有悔，征吉。

伏艮，爲山，爲徑路，爲果蓏。《周禮》蔓生曰蓏，葛藟之類。臲卼，危動不安之狀。曰者，自訟之詞也。兑爲口，變乾爲言，曰之象。動悔，心口自商，恐其動而有悔也。有悔，謂有悔悟之心也。上六居困之極，爲困所纏束，而居高危之地，若能小心自訟，恐其動悔，而有悔悟，則雖至危，一動而將出險，往必吉也。困極將變，故陰居亢位，而反勝于初、三二陰，有出困之道也。困窮而通，其謂是歟?

《象》曰：困于葛藟，未當也。動悔有悔，吉行也。

柔處困極，才弱勢窮，故未當，以其位言也。動悔有悔之所以吉者，以其能行而不自困也。

附　解

困之爲義，柔揜剛，則當以君子見困于小人爲主也。然君子有剛中之德，非小人所能終困。惟自返無主者，則境困而心與俱困。聖人標大人君子以爲的，而以致命遂志明其象。夫命定于天，而志存於己。然己之道，實天之道也。天理備于人身，得其所以在我者，則亨固安，困亦安也。第天下不盡君子，而小人往往害正，遂使中材以下皆爲所困。故聖人尤惡之，而于初、三兩爻，顯著其象。欲困人而反自困；入于幽谷，據于蒺藜，死亡迫而勢燄傾。自古困人之小人，其有不滅亡者哉?若夫二五之君子，皆亨困者也。然九二賢者，道足自樂，而誠可格幽。九五人君，志在除奸，而功歸賢佐。則亨困在權，尤在有德。九四志拯困而有終，上六志出困而征吉。合觀六爻，困之事多由乎人，而困之亨否則存乎己。聖人敎人處困之道，不已詳且備哉。至孟子推言動心忍性，生于憂患，而于是亨困之義，無遺蘊矣。彖爻詞義，前人互有得失，今酌其可存者存之。

周易恒解卷四

周易下經

䷯巽下坎上

巽，木也，又入也。木入于下而上水，井之象也。《序卦》：困乎上者必反下，故受之以《井》。井，物之最下者也。

井：改邑不改井，無喪無得，往來井井，汔至，亦未繘井，羸其瓶，凶。

以木上水曰井。巽爲市邑。坎水，井之體；巽木，井之用。改邑不改井，言邑有時更，井無時息，是井養不窮之故也。无喪无得，又承不改井意發明，惟其水常足而无有得喪，故不窮。往來井井，又承改邑意發明，雖改邑而莫不資水以生，是井養之故。此皆言井之事也。汔至以下，乃言用井者之事。汔，幾也。繘，綆也。羸，敗也。巽繩，繘象。互離虚，瓶象。互兑毁折，羸象。言井雖養人不窮，而汲井將至未至，遽敗其瓶，則不得井之利，而且自喪其器，凶也。凡修身治世之道，可以利濟于無窮，而不終其功，皆若此類。第即井言，人事胥該其中矣。

《彖》曰：巽乎水而上水，井。井養而不窮也。改邑不改井，乃以剛中也。汔至亦未繘井，未有功也。羸其瓶，是以凶也。

巽乎水，木入于水。上水，坎水在上也。井養不窮，明井之義所以大，而聖人所以名卦也。剛中者，泉源之性，天一之理，人之必資水以生，以其爲生生之本。邑者，身之所居，而水者，生之所賴，故彼可改而此不可改也。汔至而繘未及井，則尚未有功。羸其瓶，則不成井養之功，并失上水之用，是以凶也。《孟子》掘井九仞而不及泉，猶爲棄井，意從此出。

《象》曰：木上有水，井，君子以勞民勸相。

木上有水，澤潤上行，井之象也。木之枝葉花實，皆由水氣上行，直至木杪，故以象井水之上汲。勞民者，以君養民而勞者勞之，勸相者，勸民之相助相扶持，此皆養人不窮之事也。勞，坎勞卦象。勸相，巽申命象。

初六，井泥不食，舊井無禽。

坤陰濁土居下，故象泥。兑口曰食，今覆而爲巽口在下，不食象。初一陰爲二陽所蔽，如舊井然雖無水可汲，亦無物敢入。禽本高飛，安得在井。於人事爲無用於時，亦無損也。

《象》曰：井泥不食，下也。舊井无禽，時舍也。

下，井之下也。舍，棄也。下則其位卑，時舍則其用窮，凡廢棄在下者視此。

九二，井谷射鮒，甕敝漏。

井谷，井中出水之竅。巽陰伏在坎窞下故爲谷。巽爲魚，初陰在下，故象鮒。鮒，小魚也。互離爲甕。互兑毀折，故敝漏也。二剛中，甘泉也。然上無應與，象無人汲引。泉出于谷，而水下注，鮒不能上行，僅容小魚。九五以陽剛臨之，如欲射鮒。然欲汲而甕又敝漏，是不特難以濟人，亦不能用之也。

《象》曰：井谷射鮒，无與也。

井以養人爲義，有與然後己能養人，人亦藉其養，僅有井谷，又有魚焉。人但欲取魚，不以爲養，無與之弊至此。

九三，井渫不食，爲我心惻，可用汲，王明並受其福。

渫，治井清潔之名。巽爲潔，三居巽極，故象渫。互兑變震，不成兑口，故象不食。我，三自謂也。爲我，蓋指四。坎爲加憂，惻之象。王明謂九五。九三陽剛，居下之上，爲井泉清潔可食者，而上無汲引，不爲人用。然可食者自在于我，雖一時不食，人皆爲我心惻，而信其可用以汲。但王者明智，則必求之，而養人與養于人者，皆並受其福也。

《象》曰：井渫不食，行惻也。求王明，受福也。

行惻，行道之人爲之心惻，非三自惻也。求王明，即爲我心惻者，憫其不食，而代求王明，非三自求也。三居上之下，而在下之上，故人知其賢，而爲之心惻。然無自求王明之禮，故聖人望心惻者代求，而並受其福。

六四，井甃，无咎。

甃，修砌也。四互離，爲墉而中虛，井甃之象。卦以陽爲泉，陰爲井。此以陰居四，故但言井甃。井而既甃，不特非舊，且井道已成矣，故无咎。六四陰柔得正，近九五之君，蓋修治其井，以瀦畜九五之寒泉者，故有井甃之象。占者能修臣下之職，則可以因君而成井養之功矣。

《象》曰：井甃无咎，修井也。

甃者，固其井以禦外惡，即所以潔其泉也。六四居下之上，上之下，固其井以爲井養之用，臣職也，故以修井歎美之。

九五，井洌寒泉食。

洌，甘潔也。五變坤，爲甘。以陽居陽，則潔甚爲洌。寒泉，泉之美者。坎居北方，一陽生于水中，得水之正體，故甘潔而寒。食，人食之也。五位互兑口上，食象。九五陽剛居中，井養之德已具，而井養之功已行。然而不言吉者，井以上出爲成功，未至于上也，故至上而後言元吉。

《象》曰：寒泉之食，中正也。

坎中一陽，天一之性。九五陽剛中正，中則其性純，正則其用溥，故能成養人之功。以德性言，則淵泉而時出。以治功言，則德位兼有。皆中正之義也。

上六，井收，勿幕，有孚，元吉。

收，謂以鹿轤收繘也。坎爲車，應巽繩，爲繘。旋坎輪以收巽繩，故象井收。幕，蔽覆也。陰爻耦畫兩開，勿幕象。有孚，坎象，謂人皆取養于井，誠信不疑，即所謂往來井井者也。上六居井之極，巽乎水而上水，井道已成，收井養之功。聽人取水而勿幕之，誠孚于人，往來井井，井養不窮，占者大吉也。于人事爲天德備，王道成，濟人利物于無窮之象也。

《象》曰：元吉在上，大成也。

通卦惟上元吉，以井道至此而始大成也。初井泥，二井谷，皆廢井也。三井渫，渫初之泥；四井甃，甃二之谷。既渫且甃，則井道全矣，故五井洌泉寒，而上六井收勿幕，乃大成其及物之功。

附　解

莊子曰，盈天地閒，惟水爲大。水生于天一之精，而流行于六合之內，木則其機之見而上行者也。當閉塞時，木氣入于地而水温；當發生時，木氣出于上而水溢。人非水無以養其精神，而生其智慧，故水爲天地之至貴，而生氣所含。木以洩水之華，水以成木之體。鑿井而飲，養道莫大于斯，故聖人特以名卦。百穀之養人，其用切矣，然非水則百穀且無以成質，而人奚賴焉。故但以井名養道，而其義已全。勞民勸相，因民之所利而利之使自養，實天地本有養人之具，非有所加損也。然裁成輔相，非君相無以爲功；而養身修德，非聖賢莫全其理。故淑身淑世，養義尤爲至大。爻詞第以井言，虚懸其象，萬事萬理，不出乎此。或必沾沾就王者治道言，舍本文之詞意而他說，亦已滯矣。井可養人，而不甃、不洌、幕之，則不成其井；汲井至便，而井泥、井谷、羸瓶，則不得全其用。上六居井之上，水出于井，取用不窮矣，故一卦惟茲元吉。然則有養人之具，而無以維持保護之，則亦終歸無用，此則聖人教人之意也。初六、九二皆井之無用者，然初猶無禽，可以自守，二則鮒且居之，人且射之，可鑒矣。

䷰離下兌上

革，變革也。爲卦兌上離下，澤中有火，水滅火，火涸水，相息而相尅，故革。又二女同居，而其歸各異，志不相得，兌金從離火，亦革也。《序卦》：井道不可不革，故受之以《革》。謂易舊爲新，井始清潔也。

革：己日乃孚，元亨，利貞，悔亡。

己，十干之己，土也。水火二者以土而神。後天卦圖，離兌之閒為坤，火金相尅，中央土孕金而禦火，以授生氣。不言戊而言己者，離兌皆陰，故以陰土言，且離納己也。孚，相信而相合。言當革之事，占得此卦，己日而乃孚也。元亨者，物不革則不能化，事不革則不能成，然必利于正也。悔亡者，卦以火金相尅爲義，疑于有悔，然革之當理，其悔可亡也。

《彖》曰：革，水火相息。二女同居，其志不相得，曰革。己日乃孚，革而信之。文明以說，大亨以正，革而當，其悔乃亡。天地革而四時成，湯武革命，順乎天而應乎人，革之時大矣哉。

息有息滅、生息二意。火涸水，水滅火，相滅則革矣。《睽》《革》皆二女同居，然中上少下，其序未紊，但志不同行而爲睽；少上中下，則序已紊，故志不相得而爲革。己日乃孚者，離兌皆皆索坤土，兌得土以禦火，火不滅金，而兌得所生；離得土以禦水，水不滅火，而離遂所生。物理如此，人事因之也。卦德內有離之文明，外有兌之和悅，明則能察乎革之理，悅則能順乎革之情。革者如是，則大亨以正，有所革而當乎天理，其悔乃亡也。乃者，難之之詞。故下以天地湯武之革，明其正與當之理。天地四時之變易，皆一元理氣之自然，而無駁雜。聖人革命之大事，皆天命人心之當然，而無偏私。即此二大者以明之，而凡有所革，悉順乎天，豈義未精、仁未熟者所能，故曰革之時大矣哉。

《象》曰：澤中有火，革，君子以治歷明時。

澤本瀦水，中乃有火，火盛而水將息，水存而火亦難遂，仍水火相息之義也。五行遞相生尅，天地二氣循環，革故而易新，故名之曰革。治歷明時，非有所革也。人事必準天時，成毀因而變易，治歷明之，天之革者可知，其不革者亦可知矣。兌爲書史，故言治歷。離明故象明時。

初九，鞏用黄牛之革。

鞏，韋束也。離爲牛，中爻錯坤，黄之象。革，皮也。鳥獸更四時而皮毛改換，故革義有取於革，而六爻取象于牛虎豹焉。牛皮堅韌難革，以之繫物則固，故《遯》二之執用者似之。以之裹物則密，故此之鞏用者似之。初九當革之時，陽剛之才，可以革矣。然居初位卑，無可革之權；上无應與，无共革之人，則不可有爲也。但陽性上行，火性上炎，恐其躁妄，故戒以堅確固守，如鞏用黄牛之革。

《象》曰：鞏用黄牛，不可以有爲也。

無權無與，惟當中順自守，不可有爲。不可革而不革，惟其時而已。

六二，己日乃革之，征吉，无咎。

二爲離主，離爲日，納己土，故曰己日。文明中正，有能革之德；上應九五，有能革之權。己日乃革之，所謂革而信之者也。君臣相孚，人皆樂從，有更化善治之吉，而無輕變妄動之咎，故征吉无咎。

《象》曰：己日革之，行有嘉也。

行即征，嘉即吉也。上應九五，故行而有嘉。明革必君臣道合而後可，臣子不專其功也。

九三，征凶，貞厲。革言三就，有孚。

貞厲，雖正亦厲，危之也。革言，革之議論。正應兑口，言象。中爻乾爲言，亦言象。就，成也，從也。本爻位三，又離數三，故曰三就。本卦下三爻，主革者也，故皆言革。上三爻，受革者也，故言改變。九三以剛居剛，處離之極，苟躁動而往，必凶。蓋剛明太過，上接兑澤，澤足息火，故雖有革之權，有可革之道，而亦多危厲，惟當宣明所以革之故，不憚再三以就人情，人悦而應之，則有孚而可革矣。讀《盤誓》《泰誓》三篇，可以知革言三就之苦心。

《象》曰：革言三就，又何之矣。

之，往也。革言三就，則已盡告戒之誠。人悦變更之善，又何之矣。言人自不能違，以明躁動之無益。

九四，悔亡，有孚改命，吉。

悔亡，所謂革而當，其悔乃亡也。變坎，故象有孚。未革而謀之，曰言；已革而行之，曰命。離變爲兑，改夏爲秋。不曰革而曰改命者，革只去故，改則兼有新義。九四離下體而進上體，當革之時，革勢已甚，近君而任革之事，事之可悔者革之，革之而當，其悔乃亡。以剛居柔，剛柔相濟，行之以誠，上信而下順，以之改命必吉也。五方虎變，而四言改者，佐命之臣也，伊、萊、望、散似之。

《象》曰：改命之吉，信志也。

信志即有孚。變坎，故言志。革之道，以上下相信爲本，不當不誠則不信。九四之志，足以孚乎人心，是以改命而吉也。

九五，大人虎變，未占有孚。

居尊互乾，陽剛中正，故稱大人。兑于方爲西，故爲虎。于時爲秋，鳥獸毛毨，故變也。九五才德位兼全，當革之時，爲革之事，爲大人虎變之象。占者得之，必未占而已有孚于人，乃應其象。蓋其變也當，未變之前，已早恩浹義順也。堯舜湯武而外，有革之事無革之德者，不足當之。

《象》曰：大人虎變，其文炳也。

應離，故曰文，以人事言，變禮易樂，新天下之耳目，而不失其中正，如虎之斑文炳著也。

上六，君子豹變，小人革面，征凶，居貞吉。

豹，虎類而小。兑爲口，乾爲首，故象面。君子，有德之勳臣，革道已成。從龍之士，勳成名就；歸化之民，滌慮洗心，爲君子豹變、小人革面之象。此時若更有所往，煩擾不已，則凶。惟居貞，而與天下相安于無事，則吉。蓋變者時，不變者道，革之所以名，以其悖道也。既革而歸于道，則惟居貞。然則聖人之革也，乃聖人之守常也歟。

《象》曰：君子豹變，其文蔚也。小人革面，順以從君也。

文蔚，輔君致治，勳望俱隆也。順以從君，言革面由于心悦誠服，非貌從也。

附　解

天理未嘗一息亡也，而氣化人事，消息盛衰，不無變革，然其革也正，所以維持天理，非好紛更也。聖人以天道之四時、湯武之革命明其象。四時不變，歲功不成，然變而未嘗變者，元氣之周流。湯武不興，世亂不止，然革而未嘗革者，生民之大道。故夫道行于天壤之閒，而變起于人心之際。惟聖人得天之道，以其至常至正者，經緯萬端，裁成輔相，革其所當革，而無一毫私意于其閒，然後天理民彝，歷久而不失其眞。若非其德，非其位，非其時，未易與言革也。奈何悖理亂常之流，藉口于革，而篡逆頻仍，更張不已。匪特莽曹之賊、安石之妄，亂人倫，誤國家，不足言革。即泥古而不通今，守經而不達權，稍失毫釐，即去而千里，革可易云乎哉？夫八卦者，陰陽所布，陰革陽，陽革陰，似皆可以言革，而聖人獨以澤火名者，何也？澤，水之所豬，而中有火，火生于水，則水之勢息可知；然澤本水居，火亦安能久盛，則火之必息亦可知矣。陰陽二氣之用，見于五行。五行相生相尅，循環不窮，其尅也，即其革也。而革乃所以爲生，生者不能無革。一元之理無息歇，即一元之氣無始終。見于跡象者，固有其宰于無形者，不得其天理之正，曷可行革之事乎。水滅火，而火亦涸水，水火相爲制，即相爲用。推之五行，莫不如斯，即天地亦莫不如斯，故曰革之時大矣哉。火尅兑金，亦革也，而《彖》《象》不言，義已該于相息之中也。六爻第陳人事，下三爻爲革者謀，初未可革，二許其革，三愼于革。黄牛也，嘉也，孚也，一而已也，皆謂革之本也。上三爻爲革者美，四有德而佐革，五極盛而主革，上既革而功成。然亦同歸有孚、居貞，則革之道可知矣。

䷱巽下離上

卦有鼎象，初爲足，二三四爲腹，五爲耳，上爲鉉。又巽木離火，互乾金兑澤，烹飪之象也。《序卦》：革物者莫若鼎，故受之以《鼎》。變腥爲熟，易堅爲柔，水火同處，相爲用而不相害，能革物也。

鼎：元吉，亨。

養人莫大于水火，井鼎是也。但火必假器以成用，故鼎爲最重。而占得此卦者，大吉。亨謂推之凡事，皆可亨通矣。

《彖》曰：鼎，象也。以木巽火，亨飪也。聖人亨以享上帝，而大亨以養聖賢。巽而耳目聰明，柔進而上行，得中而應乎剛，是以元亨。

卦體自具足、腹、耳鉉之象，因象命名，故曰鼎，象也。下巽上離，以巽木入離火之中，而致烹飪，鼎之用也。烹，煮。飪，熟食也。烹飪之用，賓祭爲重，而祭莫大于享帝，賓莫大于聖賢。享帝尚質，故止言亨；享聖賢貴豐，故曰大亨。此言鼎之爲用大也。巽而以下，又推廣其義，以明元吉亨之故。離爲目，錯坎爲耳，耳目之所以聰明，木火之生氣貫之也。卦體以木巽火，人心體之，内而此心巽順于理，外而耳目聰明，則可以無所不可。又下卦一陰進而上行爲六五，則文明得其位。以六五得中，而下應九二之剛，則得其輔，以此凝天下之重器，是以大亨而吉，不待言矣。《彖》言元吉亨，而此只言元亨者，亨通則吉在其中。文王爲占者言，夫子則欲人先求其理之亨，意微别也。

《象》曰：木上有火，鼎，君子以正位凝命。

火生于木，木者，火之命也。火王于離，正位南方，然非木則無以發其光。君子法之，以正位凝命。人受天地之中以生，所謂命也。人身有太極之理，即有太極之位。命之所以常凝，性之所以常保，有正位焉。養其未發之中，静其天命之理，推之于凡事，莫不皆然。若人君重神器，承天命，亦是一義，非其實也。項安世曰：存神息氣，人所以凝壽命；中心無爲，以守至正，君所以凝天命。蓋亦見及之。

初六，鼎顛趾，利出否。得妾以其子，无咎。

初在下，鼎趾也。六柔，故顛。又錯震，動則顛也。否，垢也。巽爲長女，位最卑，妾象。卦中奇，實有陽氣凝聚之象，故宜子。又錯震，爲主器長子，故象子也。烹飪者必滌其鼎，初六巽柔錯震，有鼎顛趾象，是惟滌鼎而出其垢，則利。譬諸人事，乍若顛倒，而實去舊圖新，仍歸于不失其常。如買妾者，因欲得子，而非顛倒貴賤，義得无咎也。

《象》曰：鼎顛趾，未悖也。利出否，以從貴也。

趾當承鼎而顛之，悖也。然鼎未有實，而洗鼎固當如此，未爲悖也。貴對賤言。否，賤也。珍羞，貴也。出否者，將去賤而納貴。凡有所更新，必去賤而從貴。納妾以其子，義亦該乎其中矣。

九二，鼎有實，我仇有疾，不我能即，吉。

九二剛中，在鼎之腹，故象有實。我，二自謂。仇讐，謂三四也。疾，妒害也。三四與二相比，位乎其上，恃剛而爭，不無疾害。于人事爲同朝嫉害之象。然九二有剛中之實德，上與五應。又巽爲潔，志潔行芳，見知人主，雖仇我者有疾患之心，終不能即也，故吉。

《象》曰：鼎有實，愼所之也。我仇有疾，終无尤也。

三四與二相比，而二獨與五應，舍此他无所之，由其中有實德，故能愼于所之也。我仇有疾，二不與之爲緣，安能害之哉，故終无尤也。

九三，鼎耳革，其行塞，雉膏不食。方雨虧悔終吉。

就下卦言則初鼎趾，二鼎腹，三鼎耳也。鼎耳當虛，而兹以陽實居之，則失其常，故爲鼎耳革象。其行塞，巽爲進退不果，且五比四應二，獨不取于三，故塞也。離爲雉，鼎烹之，故爲膏。耳革行塞，雖實腹而有雉膏，不爲人食，其悔多矣。所以然者，由三居巽極，應上離極，木火之極，以剛居剛，故致此悔。然變爲雨，又互乾兑，有方雨象。木火盛而鼎沸，雨以虧損其勢，則悔亡而終得吉也。凡有養人之才，而位不當，才過剛者，如斯方雨虧悔，戒之而欲全其雉膏也，故以虧悔終吉勗之。

《象》曰：鼎耳革，失其義也。

義，卦義。全卦二三四皆鼎腹，而惟二得中，故獨以鼎有實歸之。三過剛不中，既不得爲耳，亦不得爲腹，雖有雉膏，不爲人食，由其位非宜也。

九四，鼎折足，覆公餗，其形渥，凶。

四居鼎腹之上，有盈滿傾覆之理。又位居大臣，舍同體之剛，而獨與初應，初陰柔不勝重任，故足折而餗覆，鼎之形亦沾濡，凶矣。餗，美糝，鼎之實也。鼎以養賢，非以自私，故曰公餗。渥，沾濡貌，美糝沾濡于鼎也。吴澄曰：初未實鼎之時，故顛趾，而以出否爲利；四已實鼎之後，故折足，而以覆餗爲凶。

《象》曰：覆公餗，信如何也。

信，信任。言覆餗之人，如何信之，且如五之任己何也，深責九四之詞。

六五，鼎黄耳金鉉，利貞。

五，鼎耳之位。得中，本坤土，故象黄。鉉，貫耳以舉鼎者。變乾金，故曰金鉉。耳鉉不相離，故並舉之。六五有虛中文明之德，上比上九，下應九二，皆剛明，爲黄耳金鉉象。于人事爲得賢臥以任事，事無不舉。占者利在貞，守此理也。

《象》曰：鼎黄耳，中以爲實也。

六五虛中，惟虛故能受實。言五有黄中之德，故下三陽之實，皆爲所容，是其中也，乃所以爲實也，贊之也。人君虛受賢人，天下之才莫非己有，如斯。

上九，鼎玉鉉，大吉，无不利。

上居鼎極，鉉在鼎上，故象鉉。乾爲玉，玉非可爲鉉，象其貴重耳。上九鼎養之功成，而鼎器尊固，如鼎鉉，而以玉爲之，貴美安重。于人事爲大臣佐君養人，功成勳重，國家如九鼎，而己亦身繫天下之重。故占者大吉，而无不利也。

《象》曰：玉鉉在上，剛柔節也。

鼎賴鉉以舉，上本鉉也，而曰玉者，以陽居陰，剛而節之以柔，如玉之溫潤也。在人事則大臣佐君養人之時，精堅如金，及功已成，勳崇望重，從容以輔太平，皆剛柔節之義也。

附解

養人莫大于水火，故木上有火，木上有水，井鼎之卦以名。然井之用在水，水需汲而已，故改邑不改井，而但戒于羸其瓶。鼎之用在火，火不能無所附而成功。且井養亦非此不行，故鼎之爲器重，而聖人獨繫曰元吉亨。六十四卦皆象也，而惟鼎釋之曰象，以器之象卦，無如此爲最肖，而凡形肖者，皆可例推矣。若夫鼎義取于養人，而享帝、養聖賢爲尤重。聖人之意，固非徒以養口體爲能也，故于大象而直揭之曰：君子以正位凝命。人之生也，理氣賦于天，而形骸不能無所養以自立。然養其大體，尤急于養小體，能存其未發之中，乃可以充其本然之善。故位者，天人合一之竅，而正位者，靜存純一之功。命之凝以此，即天之定亦以此矣。自三教分門，言儒者執中而外求諸物理，不知物理之中，本未發之中，而一以貫之也；言釋道者泥空元，不知空元之實，特言靜存虛寂之狀，而非外人倫以爲功也。正位凝命，乃修道之實功，存養之關鍵。而推之于事爲，亦不離乎此以爲基矣。王氏申子曰：鼎形端而正，體鎮而重。君子取其端正之象，以正其所居之位，使之愈久而愈安；取其鎮重之象，以凝其所受之命，使之愈久而愈固。旨哉斯言，是蓋有以知其故矣。而儒者多疑于道家鼎爐之說，謂其相類，不知乾鼎坤爐，人身性命二關，即天地陰陽二竅。然非形質可執，尤非淫妄之言可參也。正位凝命，則法坤之安土敦仁，以爲乾之健行不息也。推而及諸神器大位，則其支言在易理無不該，亦可旁通。而聖人本意不主此，特天地精微，前聖多不敢顯言，故說愈多而愈棼耳。承鼎在趾，實鼎在腹，行鼎在耳，舉鼎在鉉，六爻合爲鼎象。而三亦言耳，四亦言足者，三乃下卦之耳，四乃上卦之足也。易之取象，變動不拘，不得如前人之穿鑿。爻義大半主君臣養人說，而象則止就鼎言鼎而已。我仇有疾，三四同類而見妒；方雨虧悔，鼎沸而解其威。象義甚明，必求深而反淺，則可無庸也。金鉉、玉鉉，舊解失亦如斯。或疑我仇，前人謂二與五，不言三四，不知二與三四同爲鼎實，而惟二得中應五。三居下之上，庶司百職也。四居上之下，大臣也。二爲賢人，鼎有實象。有德而蒙主知，三四同爲陽剛，不無爭勝，則有疾而如仇。然五爲應二，不及三四，故雖欲疾之而不即也。此自然之象。

☳震下震上

震，動也。一陽生于二陰之下，動而上，故名震。不曰動而曰震，震有奮發震驚之義，其象爲雷。乾坤之交，一索而成震，生物之長，故爲長男。《序卦》：主器者莫若長子，故受之以《震》。

震：亨，震來虩虩，笑言啞啞，震驚百里，不喪匕鬯。

陽氣奮發曰震。虩，蠅虎也，常周環于壁閒，不自安寧。虩虩，驚恐貌。啞啞，笑聲。震恐懼，故象虩虩。震善鳴，故象笑言。互艮[①]故啞有序。匕，匙也，以棘爲之，長二尺。未祭則烹牢于鑊，實諸鼎而加冪焉，將薦乃以匕出之，升于俎上。鬯，以秬黍酒和鬱金灌地，以降神也。祭禮甚多，獨言二者，以人君所自親，餘不親也。不喪，誠敬則不自失也，舉此以該其變。震乃乾元生氣動于坤宫之下，陽氣動而日長，故有亨道。以其象言爲雷，人心聞雷則必驚懼。然君子修德于平日，當震之來也，故不免虩虩恐懼，而自問無他，可以釋然，笑言啞啞，不失其常可也。不觀于祭者乎？迅雷奮發震驚，至于百里之遠，而主匕鬯者，意主于誠敬，不知其他，未聞喪匕鬯也。然則敬懼之念，存于平時，處常無驚，處變亦可無恐也。亨者如是可也。震驚、匕鬯，就雷與長子取象。

《彖》曰：震，亨。震來虩虩，恐致福也。笑言啞啞，後有則也。震驚百里，驚遠而懼邇也。出可以守宗廟社稷，以爲祭主也。

後，恐懼之後，非震驚之後。則，法則，有則不踰矩也。驚者，卒然遇之而動乎外。懼者，惕然畏之而變其內。卦皆震，故象遠邇。出，謂陽氣出而震動，長子出而主器。言文王言震亨而即繼之以震來虩虩者，因恐懼而後致福也。笑言啞啞者，先有恐懼之心，而後能守乎法則，不踰矩也。震驚百里，其威盛矣。人君象之，出震乘權威及于遠，而自身不忘敬懼如此，則出而宰世，可以守宗廟社稷，以爲祭主也。夫子繹文王之言，而爲主祭者勸，故但重恐懼修省之意，而不喪匕鬯意在其中矣，非逸文也。

《象》曰：洊雷，震，君子以恐懼修省。

洊義與坎象同。雷聲相繼而至曰洊雷。人心非震不惕，君子畏天之威，以恐懼而修省。恐生于心，懼見于象，修飭其身，使事事合天理，省察其過，使事事遏人欲，雖震有不來之時，而恐懼修省必無間斷之候，此人心洊雷之震也。恐懼，初震之象。修省，重震之象。

初九，震來虩虩，後笑言啞啞，吉。

震主两陽，而下卦之初最先，即《復》之天心也。由此而進，皆後矣。故與《彖》同辭，以明卦主而加一後字。處震之初，懼之能早，先有虩虩之戒懼，然後有笑言啞啞之安舒，謀成而後整暇，備豫而後和緩，故吉也。

① 艮，底本作辰，據致福樓本及《續修四庫全書》本改。

《象》曰：震來虩虩，恐致福也。笑言啞啞，後有則也。

後字已於《彖傳》提出，故無容更易一辭。

六二，震來厲，億喪貝，躋于九陵，勿逐，七日得。

厲，猛厲。十萬曰億。億喪，喪之多也。變互離龜蚌，貝象。躋，升也。震足動而益上，故曰躋。中爻互艮爲山，陵象。五在艮山上，爲九陵象。二與五應，躋于九陵象。七日者，陰陽數皆極于六，七則窮上返下。初為震主，二以柔乘之，象爲震來甚厲，二度其不能敵也，捐其寶貨，躋于九陵以避之。貝爲人取，勿逐也，守正以俟之，七日而可復得。楊慈湖謂大王避狄岐山，而後卒興周者象之，是也。

《象》曰：震來厲，乘剛也。

乘剛，故厲而不犯其剛者之得可知矣。

六三，震蘇蘇，震行无眚。

蘇，蟄而復動者。《書》曰後來其蘇，《記》曰蟄蟲昭蘇。六三下震方終，上震又接，陰爲陽所震動，蘇而又蘇，不能自安，然以震而行，發奮有爲，可以無眚也。以陰柔恐不勝其震，故勗之。

《象》曰：震蘇蘇，位不當也。

不中不正，故不當。惟位不當，故必震行而後可以無眚。

九四，震遂泥。

遂，直順而不返。泥，滯弱也。震體奮而上達，故遂。互坎而陷，又互艮止，故泥。九四以剛居柔，不中不正，陷于二陰之閒，如雷乍動而又爲陰氣陷之，有震遂泥之象。在人則志氣未能自遂，困心衡慮之時也。

《象》曰：震遂泥，未光也。

四有剛德，非不奮者，但陷于重陰，志氣未能自遂，故曰未光。

六五，震往來，厲。億无喪，有事。

初陽震也，四陽亦震，五居四後，前震往而後震來，其厲與二同。然二，臣也，所有者貝而已，故可喪貝以自守。五，君也，土地、人民、社稷無一可喪者，故一切皆无喪，而震動有事以守其中。

《象》曰：震往來厲，危行也。其事在中，大无喪也。

危行，憂危恐懼。以危懼之心守中而行，故能大无喪也。言有事者，明非徒一危懼畢事也。

上六，震索索，視矍矍，征凶。震不于其躬，于其鄰，无咎。婚媾有言。

索索，消索沮喪之狀。變離，故視。矍矍，不安貌。鄰謂五也。變離遇震，爲婚媾。震爲言。上六居震極，不勝其震，故震而索索，視亦矍矍，不能自安，以此而往，必有凶矣。然上六動極當靜，且震威已極，往來之厲，五已當之，震不于其躬，而于其鄰。上惟以靜自安，可以无咎，不必索索而矍矍也。且上與三應，如婚媾然，皆同處震極而不安。然三接外震，義主震行；上居震終，義主安靜。易地則皆然。婚媾有言，可以共相籌度，非他卦之窮極而無與者比也。

《象》曰：震索索，中未得也。雖凶无咎，畏鄰戒也。

未得者，位不中而中心迷亂，故索索也。其位雖凶而无咎者，震及于鄰而畏之，無自戒備，則能安靜自守，下與三應也。

附　解

震之爲義有三，天之震，雷也；事之震，憂患也；心之震，戒懼也。陽氣鬱極而必舒，人事困極而必變，志氣惰安而必警，此理之常，即聖人此卦垂象之意也。《彖傳》已將恐致福意言明，而推之于出可守宗廟社稷，以爲祭主，舉其大而他可知矣。恐懼修省，蓋人所以承天之道，而六爻大意不出此也。惟初九一爻爲震主，故其辭與《彖》同。二、五以中而知戒懼，故有復得无喪象。三與上一居內震之極，一居外震之極，皆不自安，聖人教以震行无眚、无咎婚媾有言。而前人解上六欠妥，則聖意不明矣。九四震遂泥，聖人第言未光，固無貶詞，而前人解亦誤。學者參觀而折衷焉，毋爲群言所亂，則得也。

☶艮下艮上

艮，止也。一陽止于二陰之上，升極而止。上止下靜，止之義。又爲山，下坤土乃山之質，一陽覆于其上，輕清者在上，重濁者在下，艮之象也。《序卦》：震者動也，物不可以終動，止之，故受之以《艮》。震爲靜极而動，天行之氣也；艮爲動極而靜，坤土之安也，合二卦而動靜交相養之功得矣。

艮其背，不獲其身。行其庭，不見其人。无咎。

陽止于陰，曰艮。後天卦圖艮止東北，成終成始，人身亦然。陰陽二氣流行，存主有常，歸于太極之所。背者，陽氣所循，五官百骸之主，收視返聽，止于其所，不自見其身，亦如天地之靜極而物俱泰也。聖人因艮之在天地者，而欲人體之，故直指其象，不復先言卦名。庭，心之舍也。艮爲門闕，重艮之閒，故象庭。互震，故象行。洗心退藏于密，心君聽事之庭，虛若无人焉，則止之至矣。其止如是，則得其靜存之要，而萬事萬理所由出，故无咎。

《彖》曰：艮，止也。時止則止，時行則行。動靜不失其時，其道光明。艮其止，止其所也。上下敵應，不相與也，是以不獲其身，行其庭，不見其人，无咎也。

易背爲止，以明背者止之所也。上下敵應，不相與，凡應者陰陽不敵，今上下位爻皆峙敵，不相應與也。言艮止也，非止而不行之爲止也，止乎時之所當止，止固謂之止；行乎時之所當行，行亦謂之止。動靜惟時中有方，則神明不亂，則性聽自見光明。艮其止，止其所當止之所也。而以不獲其身、不見其人立象者，上下爻位峙敵，而不相應與，各止其所，内不見有己，而絶外感之緣，外不見人，而無物交之累，是以不獲其身，行其庭，不見其人，而无咎也。

《象》曰：兼山，艮，君子以思不出其位。

此并彼爲兼，上下皆山，故曰兼山，謂重複也。两雷、两風、两火、两水、两澤，皆有相往來之理，惟两山並立，不相往來，止之象也。位兼内外而言，静而止于未發之中，動而止于天理之則，皆不出位。曰思者，人心以思而靈，亦以思而妄，惟内止以清其思之源，外止以得其思之正，則與天地之動静相協矣。

初六，艮其趾，无咎，利永貞。

艮綜震爲足，初在下，趾之象。初位卑才弱，不敢輕舉妄動，艮其趾象。事止于初，慎于其始，故无咎。但陰柔恐其不久，故戒以利永貞。

《象》曰：艮其趾，未失正也。

理之所當止者曰正，即爻辭之貞也。動莫先于趾，止于動之先，未失正理也。

六二，艮其腓，不拯其隨，其心不快。

腓，足肚也，在趾之上。拯，救也。隨，從也。二之所隨者三也，六爻以身取象，三爲心。人心之動，體則隨之。又《易》例以相近之下位爲隨。六二柔中得正，艮其腓則不輕動，然三以剛躁居其上，有不當動而動者，二既不能拯之，又不得不隨之而動，故其心不快。互坎爲心病，故不快。

《象》曰：不拯其隨，未退聽也。

退謂九三退而就二。二下而三上，陽性上行，躁進不返，安能退聽六二之拯乎？互坎又爲耳痛，故曰未聽。

九三，艮其限，列其夤，厲熏心。

限，界限，謂身之中腰也。三在上下體閒，故以爲象。列，峙也。夤，夾脊骨也。三以一陽居卦中，故象心。人身脈絡周流，故能屈伸俯仰如意，若艮其限而峙列其夤，血脈不通，水火不濟，則不能艮其背而自得。心煩不安，危厲至于熏心，无以自主。象如是，則占可知矣。

《象》曰：艮其限，危熏心也。

人身之限，陰陽二氣所流行，不當止而止。或强制其心，或强馭其氣，皆反爲害。危熏心也，歎之也。夫人身所以生者氣血，而氣爲血主，心又氣血之主。艮其背者，心止其所，性定而百體從令。艮其限者，止非其所，心妄而脈絡不通，故熏心之危。就身中言之也，而推諸事爲，象亦可知矣。

六四，艮其身，无咎。

人體統言之曰身，分言之則腰足而上謂之身。人身以安重爲貴，六四已入上體，性柔位陰，止而不動，爲艮其身象，言身不妄動，以禮自防也，故无咎。

《象》曰：艮其身，止諸躬也。

躬即身也。止諸于躬，制乎其外，與正本清源、自然而止者有異，然固已禔躬矣。

六五，艮其輔，言有序，悔亡。

艮爲黔喙，故象輔。互震善鳴，故象言。六五當輔之處，以陰居陽，艮其輔而言不妄出，出必有序，當乎其節，是口雖動而心自止，失言之悔亡矣。

《象》曰：艮其輔，以中正也。

輔、頰、舌，皆言所由出，而輔在中，輔至易動者也。惟六五以柔居中，得口容止之正道，故艮輔而言有序也。

上九，敦艮，吉。

居一卦之終，在兼山之上，剛實篤厚，故爲敦艮。不言所艮者，无所不艮也。止于其所，久而不遷，萬事萬理，一以貫之，无不吉也。

《象》曰：敦艮之吉，以厚終也。

厚釋敦意，艮成終，上又卦終，故曰厚終。凡事止于至是，難其有終。土彌厚而基彌固，德愈厚而止愈安，故大吉。

附　解

天地之化流行不已，然其理氣所主宰，至静而未嘗動也。静中自生闔闢，而動静形焉。無動無静者，天之體；有動有静者，天之用。人爲萬物之靈，以其得天地之全理。人生而静，天之性，無始無終者，與天同。乃既生以後，雜于情而昏于欲，窮理盡性以至于命，所以返乎天地之本然。而主静存誠，實握其樞。艮其背者，主静之極功，而存養之要道也。臟腑皆繫于背，任督二脈爲元氣所周流，滯之則病然，特形之所以生耳。若夫理之所萃，氣之至純，止于其所，至静無爲，則非血肉之背所可擬。《傳》曰民受天地之中以生，中者背也。文王有見于天地成終成始之理，而思人身亦然，故曠然有懷，突口説艮其背十六字五句，一氣直下，不似他卦先舉卦名，次言吉凶。以心契于天人合一之功，故不覺其詞之直也。夫子《彖詞》亦十分鼓舞，動静不失其時，其道光明。著乎外者本乎中，藏其用者顯其仁也。後人言主静則寂守知覺運動之心，言養氣則惑于歧途駁雜之術，而艮背之實、時行時止之意，乃不克明。先儒解多向外，亦無以闡聖言之精奥也。夫天地與人同此理氣之元，无爲而无不爲，至止而未嘗止。著乃謂之象，形乃謂之器。天地之理氣，萬古而不窮，渾然粹然，團結一元者，所謂太極也。太極無可名言，故曰無極。人受天地之中以生，即受太極之全體以爲性，所以獨異於物。未生以前，此理渾然至足，孟子所謂性善者也。既生以後，氣質拘而七情惑，性失其初，孔子所謂性相近。惟後天之心，非先天之性，故必學以復性。盡其心者知其性，謂全乎性之本體，乃盡乎心之分量。故存其有覺之心，養其虛明之性，即所以事天。天地之理氣散著于萬物，而實止函于太極。太極動而無動，靜而無靜，聖人盡性之候亦然。故止於其所，斯萬變當前，以無心應之，而不踰矩。庭者，心應事之地，在人身爲膻中；背者，心退藏之地，《詩》云宥密，《易》亦曰密。天地之中，道義之門，其名不一，止於斯地，致中致和，皆以是而全。故艮止者，人天合撰之理也。《連山》首艮，正由斯義。文王八卦，艮居東北，特取歲序循環，成終成始之義。而此卦則直以天人合一、安止之功言，突口而出，十分鼓舞，孔子傳辭亦十分詠歎。自來言艮背者亦多，然直以爲背脊搬運家行之背，爲任督二氣所流通，如天江然，非可輕視也。但氣之流行，必由其所結聚，故得太極之所而止。涵養至久，乃得時止時行之妙。此理關乎天地奥窔，雖聖人不敢直言，而今異説愈多，至理愈晦，是以不得不詳言之耳。《咸》《艮》皆以人身取象者，感通之機，莫捷於身心之用。而此身動靜，實該乎天地萬物之全，故特于此示其端也。凡人心屬陽，體屬陰。《咸》卦三陽居中，而九四尤中之中，故以四爲心，而五爲背，上爲口。《艮》惟九三一陽居中，故以三爲心，而四爲背，五爲口。《咸》之九四憧憧往來，心以妄感而動；《艮》之九三列夤厲熏心，心以妄想而止。不得其當，動固非，靜亦非；得其當，靜固靜，動亦靜也。莊子曰：惟止能止衆止。蓋亦知之，而語涉幽元。儒者又每避二氏之論，將艮背行庭俱説向外來，致聖人之意不明，此不可不辨也。

䷴艮下巽上

漸，漸進也。巽上艮下，止于下而巽于上，進不遽進，漸之義也。木在山上，以漸而高，漸之象也。《序卦》：艮者止也，物不可以終止，故受之以《漸》。

漸：女歸吉，利貞。

巽女在外，進而得位；艮男在內，止而不躁，女歸之象也。婦人謂嫁曰歸。女之歸也以漸，納采、問名、納吉、納徵、請期、親迎，六禮備而後成婚。凡人之進也，慮其躁而失身，必如女歸之有漸則吉貞，即漸進之道也。守道而漸進，然後正己可以正人，故利于貞，乃所以爲漸之吉也。

《彖》曰：**漸之進也，女歸吉也。進得位，往有功也。進以正，可以正邦也。其位，剛得中也。止而巽，動不窮也。**

漸有漸進之義。言《漸》之進，以别于《晉》與《升》之進也。漸進者未必皆吉，惟女歸爲得漸進之正，故吉也。云利貞者，卦位自二至五，陰陽各得正位，進而得位，往乃有功也。其進以漸爲得其正，進以正，則正己可正人，可以正邦也。所謂位者，五以陽剛中正居尊，是得天下之大位，行天下之中道，可以主天下之進，而使無不出于正。卦德艮止巽順，止則靜，順則謙，既靜且謙，自無躁進之失。有不動，動則通達而不窮也。其位二句，申進得位二句之義。止而巽二句，申進以正二句之義。

《象》曰：山上有木，漸，君子以居賢德善俗。

地中生木，始生之木。山上有木，已成之木也。木之始生也，由下而日升于上，故曰升。木之既成也，由小而漸至于大，且山本高大，木因山而高大，其成也以漸，故曰漸。賢指行誼言，德指心性言。君子體漸之義，以賢德爲居，亹亹而不已，循循而有序，則其賢益彰，其德日新。善俗亦然，涵濡漸染，無欲速之心，則風移俗易而不自知也。居賢德，象艮止。善俗，象巽入。

初六，鴻漸于干，小子厲，有言，无咎。

卦互離、坎，離爲飛鳥，居坎水上，故象鴻。鴻之爲物，至有時而群有序，于漸之義爲切。婚禮用雁，取不再偶，又于女歸之義爲切。故六爻皆取鴻象也。初在坎側，故象干。艮爲少男，故象小子。近坎險，故厲。內卦錯兑，外卦綜兑，兑爲口笑，故象有言。厲，危厲，以在我言。言，謗言，以在人言。初位卑，六才弱，當漸之時，欲進而不能遽進，有鴻漸于干象。人年少而才弱，遇險難進，不无危厲，人或從而有言，然不躁進躐等，義无咎也。

《象》曰：小子之厲，義无咎也。

位卑无應，危厲而致謗言，似乎有咎。然安分自守，不躁不惰，義得无咎也。言義以勉人自守。

六二，鴻漸于磐，飲食衎衎，吉。

磐，大石也。艮爲石，故象磐。中爻互坎，故象飲食。鴻食則呼衆，衎衎和樂也。漸磐則遠于干矣。二以中正之德，應五中正之君，進而安平，有鴻漸于磐，飲食衎衎之象。得漸之正，故吉。

《象》曰：飲食衎衎，不素飽也。

素飽即素餐。爻以其進安平，故象飲食和樂。夫子恐人未喻，故言二與五中正相應，將以行道，故和樂非謂素飽也。

九三，鴻漸于陸，夫征不復，婦孕不育，凶。利禦寇。

高平曰陸。鴻，水鳥，陸非所安也。夫指上九。征，往也。復，反也。此爻變則下卦成坤女，上在卦外，不與三應，故爲夫征不復象。坤女含陽爲孕，此爻一陽在坤之上，爲孕不得其正，終不成育也。禦寇者，一陽止于其上，內蔽二陰，上承巽順，如禦寇者不輕進而自保也。九三過剛不中，止而无應，又當坎險，如鴻漸于陸，失其所依。在人事爲夫征而不復，婦孕而不育，咎可知矣。惟禦寇則利，以艮止而剛，可以自保也。

《象》曰：夫征不復，離群醜也。婦孕不育，失其道也。利用禦寇，順相保也。

醜，類也，謂五、上二陽爻。上，三之正應，而不相應；五非三比。離其醜類而進于陸，故有夫征不復象。陰孕陽，必得中爲貴，今一陽止于陰上，非孕育中和之道，故不育。利用禦寇者，剛而艮止，巽于上下之三陰，以相保也。

六四，鴻漸于木，或得其桷，无咎。

鴻趾連，不能握木，故不木棲。四巽體爲木。桷，椽也，乘瓦以蔽屋。九五陽覆四陰，桷象。或者，意外審慎之詞。六四以陰柔居陽剛之上，豈能久安，故如鴻漸于木，雖高于磐，而實非所安。是爲審慎而擇所處，或得其桷而棲之，則无咎。蓋九五得位而有功者，四比之而得所棲，則安也。凡履危者，審理度勢，則免于咎，亦然。

《象》曰：或得其桷，順以巽也。

四入巽體，變又互巽。求安之道，惟順與巽，順理而卑巽，則危者可安也。

九五，鴻漸于陵，婦三歲不孕，終莫之勝，吉。

陵，高阜也，巽女歸而得位，故曰婦。二陰偶含一陽，孕象。上卦二陽而一陰，雖爲婦而不孕。三歲言其久，互離故曰三。終莫之勝者，五與二應，陰陽正配，終合故也。九五于全卦為進得位之爻，如鴻漸于陵，高遠而無所傷。然下卦艮止，二與之應，而不能即合；上卦巽爲不果，陰陽不能即諧，有婦三歲不孕象。但二五正應終合，于人事爲進而得位，事有阻滯，久自和諧，吉也。

《象》曰：終莫之勝，吉得所願也。

二五正應相合，爲得所願。而三歲不孕，爲一時不能如願，亦可知矣。

上九，鴻漸于陸，其羽可用爲儀，吉。

陸當作逵，蓋字誤也。逵，雲路。巽爲風，又爲高。儀，羽毛旌纛之飾也。上九漸進而極于至高，如守道之君子，立身高極，而非無用，爲鴻漸于逵，其羽可用爲儀象，占者吉也。

《象》曰：其羽可用爲儀，吉不可亂也。

鴻飛有序，而極于至高，故不可亂。進德由漸而盛，不罹世網，不掩文明，亦如之也。

附　解

卦義主于漸進，漸進者必以正，故利貞。而首以女婦吉明之，非謂六爻皆有女歸義也。先儒不深玩聖意，拘泥婦歸，于三五之言婦者，牽强穿鑿，舍自然之爻象而他求，可謂舍康莊而就荆棘矣。干[①]、磐、陸、木、陵、逵，以漸而上，其進有序，貞道即存乎其閒。則上九之陸，自當從胡安定公作逵，不必以叶韻爲定，蓋古韻逵儀本非叶也。禦寇、得桷、終莫之勝諸爻，前人解亦誤，今特正之。或疑以五爲桷，非應爻，不知五得位有功，以正正

① 干，底本作于，致福樓本同，據《續修四庫全書》本改。

邦，以陽覆陰，卦義取漸進，故以得五爲安，非若他卦專以應與爲義，且四臣之近君者也。然惟非應，故曰或得。或又謂孔氏云上九之陸即九三之陸，來氏亦曰進極退漸于陸，其言似有可取。不知漸取漸進，故五得位而上可爲儀，非亢龍有悔之義可例。且既退矣，而猶曰漸也，雖《易》之爲道屢遷，變動不居，然無定而實有定，正其所以爲屢遷變動之善也，豈可拘拘成說，而不求其義理之安耶。改上九陸爲逵字，自范諤昌始，朱子曰以韻讀之良是。顧炎武謂古讀儀爲俄，本相叶，謂改作逵者非。然按之文義，逵字爲是，故從朱子。

䷵兌下震上

妹，少女之稱。不曰歸女，而曰歸妹者，從乎乾坤言之也。震長男，兌少女，震主生，兌主成。後天卦圖，乾老而長男用事，坤老而兌女成家。此卦長男在外，少女在内，婦人内夫家，以是爲歸其妹也，故不曰妹歸，而曰歸妹。《序卦》：漸者進也，進必有所歸，故受之以《歸妹》。

歸妹：征凶，无攸利。

歸妹謂長男歸其妹，非舊説少女從長男之謂。繫以征凶，无攸利者，主卦爻卦位卦體言也。詳見《彖傳》。

《彖》曰：歸妹，天地之大義也。天地不交，而萬物不興。歸妹，人之終始也。説以動，所歸妹也。征凶，位不當也。无攸利，柔乘剛也。

先天卦圖，乾坤定子午之位，坎離列日月之門，而後天以坎離震兌代之者，天地無功，以日月爲功，乾退處于西北，政歸長男；坤退處于西南，權在少女，男長則能主器，少女乃能生育。此卦長男在外，而歸其妹于夫家，是震能終父之事，而女克承其母之烈。故天地生成之功以成，故曰天地之大義也。天地不交，而萬物不興，又反言以明之。人之終始者，震主生物所由始，兌主斂物所由成，于人則長男少婦繼父母而成家也。説以動所歸妹者，震動在上，兌説在下，是妹有于歸之志，而長男歸之。所歸者妹，非女從男之比也。然而《彖》言征凶无攸利者，自二至五皆不當位，以陰居陽，則善媚而躁，以陽居陰，則情動而溺，是爻位不善也。初二剛而三乘之，四剛而五乘之，柔下制乎剛，剛受制乎柔，是卦體之不善也。位不當，則紊男女内外之正，柔乘剛，則失夫婦倡隨之理，所以動則凶而无攸利。

《象》曰：澤上有雷，歸妹，君子以永終知敝。

兌，正秋也。春分雷動，秋分雷藏。雷薄于澤，少女乘權，萬物告成之候，名曰歸妹。以兄嫁妹，子績父業，人道所以終始也。言澤上有雷，以别于澤中有雷。物至秋而成，故曰永終。兌毀折，故曰敝。秋令肅殺，物之敝也，物之成也。出乎震者，至此而終。殺者乃其生之機，始者即其終之漸。君子知之，存其無始無終之理，物敝而人不敝，事敝而理不敝，所以合造化之撰也。

初九，歸妹以娣，跛能履，征吉。

娣亦女弟，從嫁以適人者也。初足，兑毁折，故象跛。初九居下无應，當歸妹之時，不過娣媵之賤而已。然比二而附于五，依倚以行，如跛者之能履，終有所歸，故征吉也。

《象》曰：歸妹以娣，以恒也。跛能履，吉相承也。

恒，常。相承，初承二，二承五也。有嫡有媵者，婚禮之常。初雖卑下，无應而承二，以附于五，故終得所歸。人之位卑而安分順理依人成事類之。

九二，眇能視，利幽人之貞。

二互離目，兑毁折，故眇。幽人，抱道未顯者也。九二陽剛爲賢女，居中應五，而五陰柔非賢夫，不能成内助之功，故爲眇能視象。較明者之能視有間矣。然剛能自守，不可隨之改變，故利幽人之貞。衆爻言歸，而此爻不言者，居兑之中，乃妹之身是一嫡而非娣也。

《象》曰：利幽人之貞，未變常也。

夫雖不賢，女不可以改德。九二剛中，未變其常，故能利幽人之貞。凡所遇非人而不改操皆是。

六三，歸妹以須，反歸以娣。

須，賤妾之稱。《天文志》，須女四星，賤妾之稱。反，復也。震爲反生，故象反。陰柔不中正，又爲説主，工于容悦，爲無德之須，賤而人莫取也，故爲不得其歸。反而歸于其家，從嫡乃得所歸也。凡女之自媒者皆似之。

《象》曰：歸妹以須，未當也。

未當，謂德與位皆不得其當。

九四，歸妹愆期，遲歸有時。

震爲長男，兑之兄也。用事于東方，久而後歸兑于西，故有愆期之象。然愆期者數，必歸者理，則妹非不歸，特遲歸有時耳。九四以陽居上體，而無正應，賢女不輕從人而愆期，以待所歸之象。

《象》曰：愆期之志，有待而行也。

行，嫁也，《詩》曰女子有行。互坎，故言志。有待而行，欲得佳偶而不苟行也。然則愆期遲歸，不足爲病可知。

六五，帝乙歸妹，其君之袂，不如其娣之袂良。月幾望，吉。

二爲坤體之中爻，坤納乙，五稱帝，帝出乎震，亦象帝，故曰帝乙。君，女君也。五位，故稱君。袂，袖口也，所以爲容飾。幾，近也。由震趨兑，自朔而上弦，將近于望，故曰幾望。卦名歸妹，長男歸兑女也。此爻柔中居尊，女之貴而賢者，震男主嫁，故曰帝乙歸妹。尚德不尚飾，故袂不如其娣良。如月近于望，陰德極盛，而非凌陽，故吉也。言娣之賢而舉其袂，如《詩》詠王姬之車也。

《象》曰：帝乙歸妹，不如其娣之袂良也。其位在中，以貴行也。

帝乙始正婚姻之禮，當時必有歸妹實事，故象屢言之，非虛擬也。位，五位，以陰居尊而有中德。不如其娣之袂，故以一也字嘆美之，非但複述而已。其位在中，是其所以賢以貴行，而袂不如娣，賢可知矣。

上六，女承筐，无實。士刲羊，无血。无攸利。

震，士也。爲竹，故象筐。上偶，故虛而无實。兑，女也，爲羊。互坎爲血，變離爲乾卦，故无血。男女成家，以奉祭祀。實筐篚者，女之事；實鼎俎者，男之事也。上六以陰柔居卦終，而應三。一陰居終，則過時无應，則无配。蓋歸妹之不成者也，故有承筐无實、刲羊无血之象。占者得此，无攸利可知矣。

《象》曰：上六无實，承虛筐也。

震有底而中虛，本虛筐象。陽實陰虛，上六无陽，將何所承，徒虛筐也。不及刲羊。卦爲歸妹，而上六乃女子也。

附 解

陽生于子，歷三陽而爲泰。帝出乎震，生物之機以遂。陰生于午，歷三陰而爲否。說言乎兑，成物之功以昭。故後天卦圖震東兑西，男以長而能主器，女以幼而能生生。此卦不曰歸女，而曰歸妹，主乎長男嫁妹，子續父業，人道終始相承之大義也。前人只言歸女，明悖經義，故于《彖》《象》爻詞，詁釋多舛。程子曰：《易》有男女配合之卦四，《咸》《恒》《漸》《歸妹》也。然《咸》言乎感，《恒》言乎久，《序卦》雖以夫婦爲言，六爻則專主感與久立象，非但爲夫婦言也。若夫《漸》之《彖》言女歸，亦祇借以明漸進之善，而爻義固不專言女歸。惟此卦專主女嫁言。然不曰妹歸，而曰歸妹，以女不能自嫁，必由父母，而父母或不盡了婚嫁，則責在長男，故名歸妹。以男在外而承父，女在内而承母，乃人之終始，天地之大義也。顧女無不嫁，而不以禮合則亂，故六爻詳晰言之。初九媵也；九二賢婦也；六三妾御也；九四待字者也；惟六五柔中居尊，爲女之貴而賢者，故爲歸妹之主；上六則怨曠者也。夫婚姻之禮正，而後夫婦之道成，故地道雖無成，而聖人特立此婚嫁之一卦，以其爲人道之重。而前人以少女說長男爲解，不合歸妹之稱，其意蓋泥于《彖》云征凶无攸利也。然《彖》以爻位不當言，非謂歸妹之非。故夫子特明其爲天地之終始，人之大義。而又曰說以動，所歸妹也，言所歸者妹，本無不美耳，而何尚誤解耶。至娣媵之說，前人尤非。按《左傳》凡諸侯嫁女，同姓媵。公羊亦曰諸侯取九女，二國媵之，所從皆名媵。而孔疏云：媵，妾也。鄭康成《士昏禮註》：古者女嫁必姪娣從，于是人概稱妾媵。然娣從姊，姪從姑，乃同姓之疎遠者，原非親支以之給事左右，情親誼切，而不專恃乎婦寺之流，閨門可無弊竇。而媵外有妾，妾外有御，非遂以娣為妾，尤非以姪爲娣也。春秋禮廢，乃有懷嬴黷倫之事。愚于《詩經·小星》章詳辨之，兹不贅。

䷶離下震上

豐，大也。震上離下，雷電交作，豐大之象。震動離明，以明而動，所以致豐之道也。《序卦》：得其所歸者必大，故受之以豐。

豐：亨，王假之，勿憂，宜日中。

假、格同，至也。離爲王，又爲日，二得中，故曰日中。盛大之時，百嘉所聚，故豐未有不亨者。明威并行，世運昌隆之象。是惟王者有明德，而於變時雍，乃能至此。豐之時可喜而亦可憂，爲豐之難久也。然有所以保豐，勿徒憂之，其道維何？人之心猶天之日也，日中明乃益盛，保豐者宜顧諟緝熙，常使心如日中，普照四方，則豐可久豐矣。

《彖》曰：豐，大也。明以動，故豐。王假之，尚大也。勿憂，宜日中，宜照天下也。日中則昃，月盈則食。天地盈虚，與時消息，而況于人乎？況于鬼神乎？

大，狹小之反。明以動者，本明以動言，非明不可致大也。尚大者，惟王者治世理物，所尚者大，餘不足以當之也。宜照天下者，常如日中以照臨天下，則豐不在一人而在天下。不然則私而昏，不足以爲豐也。日中以下，推論日中之難保，而宜日中者之所以自處可知矣。中必昃，盈必食，即日月而可知天地之理。天地盈虚，與時消息，四時遞嬗，此盛彼衰也。天地且有盈虚，而況于人稟氣化以生，鬼神本造化之功能。其盈與虚，有必然者，非有理以貞之，則盛者必速衰，而衰者不復盛，故宜常如日中，則盈虚之氣數，不能奪人心之正理，而豐可常保矣。離日，互兑西，故言昃。伏坎月見，兑毁，故言食。

《象》曰：雷電皆至，豐，君子以折獄致刑。

陰陽相薄爲雷，其光爲電，然二者亦有不並行時，皆至則威燄盛大，爲豐之象。折獄致刑者，深明其情，而不服則威以决之。朱子曰：《噬嗑》明在上，是明得事理，先立法在此，未有犯威者，留待異時之用。《豐》威在上，明在下，是用法時，須明見下情方得。不然威動于上，必有失也，故曰折獄致刑。

初九，遇其配主，雖旬无咎，往有尚。

初應四，四震主也。初九雖非離主，以明之初，應動之初，同德相配，故謂四爲配主。旬，十日，數之盈也。當豐之初，明未極盛，遇動而相資以行，雖盈滿之時，可以无咎，況未盈滿乎？故往則有功。因《彖》宜日中旬，故爻辭皆以日言。

《象》曰：雖旬无咎，過旬災也。

旬无咎，爻喜其初豐。過旬災，傳戒其過豐。義相足也。

六二，豐其蔀，日中見斗，往得疑疾。有孚發若，吉。

互巽柔木，應震蕃鮮，故象蔀。蔀，草名。斗，昏見者也。發，感發。若，順也。豐以明而動，成而自恃其明，則反昏暗。六二爲離主，而陰柔自用，如蔀草盈前，不能見遠。日中而見斗，明者忽闇。以此往應六五，必見疑疾，惟有孚感發于五，而順以應動，乃吉也。

《象》曰：有孚發若，信以發志也。

以誠信感發五之志，不恃其明，則相孚而无疑疾也。

九三，豐其沛，日中見沬，折其右肱，无咎。

沬音末。

沛，澤也。沬，水沬，小雨不成水者。互兌澤，沛象。變坎水，故象沬。變互艮，爲手，肱象。互兌屬右，毁折，故折。九三處明之極，本有用者也，而過用其明，應上六之柔暗，如沛澤瀰漫，心目眩惑，日中見沬，折其右肱，而不便于用。占者得之，僅可无咎，以陽剛尚足自守也。

《象》曰：豐其沛，不可大事也。折其右肱，終不可用也。

明與動相資，而後成大事。豐其沛，則陰蔽之象，何可大事？明動相應，最便于用者，右肱折則廢矣，故終不可用。爻以无咎朂人自守其明，象以終不可用戒人恃明，義相足也。

九四，豐其蔀，日中見斗，遇其夷主，吉。

夷，等夷，謂初九也。初居離明之初，四居震動之初，陽剛同德，故曰夷主。二應五陰，而互于巽木之下，四比五陰，而互于巽木之上。四震體，爲蕃草，離日在其下，故豐蔀日中見斗之象同。初與四皆言主者，自初適四，則以四爲主，自四適初，則以初爲主，明與動互相資也。九四當豐之時，比于昏暗而健動，故亦有豐其蔀日中見斗之象。然所以闇者，以動而比于五也。若下與初應，則動者得明者以相資，遇其夷主，可吉也。

《象》曰：豐其蔀，位不當也。日中見斗，幽不明也。遇其夷主，吉行也。

以陽居陰爲不當。幽不明者，二之日中見斗，明在下而幽在上，二之身猶明也，若四身原是蔀位，則幽而不明矣。行，震性動，動而遇乎初，故吉也。凡處幽暗之中，不可以不求動于明也。

六五，來章，有慶譽，吉。

章，明也。下卦離明爲章。來對二之往而言，在二爲往，自五視之，則爲來也。六五虚中，不恃己以動，而能資人之明以自輔，明者皆來。合人之明以爲明，則民被其慶，而君得其譽，吉也。

《象》曰：六五之吉，有慶也。

言六五之吉者，以其虚中應二，明動相資而有慶也。譽由于慶，言慶而譽該其中。

上六，豐其屋，蔀其家，闚其户，闃其无人，三歲不覿，凶。

離爲宫，震爲木，互巽爲高，故象豐屋。震蕃鮮，互巽草木，内外障蔽，故象蔀家。離數三，又爲目，故象闚與三歲覿也。上六以陰柔居豐之極，處動之終，往而不返，闇而不明，豐其屋以自炫，而人莫之與適，以自蔀其家，勢必敗亡，故闚其戶，闃其无人，居三歲而所謂屋與戶亦不見矣。凶之至也。

《象》曰：豐其屋，天際翔也。闚其尸，闃其无人，自藏也。

上，天位，故象天際。豐其屋，盛滿而不知止，如翔于天際，侈心甚矣。此中已該蔀其家義，故不釋。自藏，言自爲障蔽，至于銷亡也。汪容川曰：揚子雲《解嘲》炎炎者滅，隆隆者絶，觀雷觀火，爲盈爲實，天收其聲，地藏其熱數句，全竊取此卦之義。是也。

附 解

天地萬物皆貴其豐，而所以豐者尤貴。君子憂勤于未豐之時，而敬愼于既豐之際，非欲長保其豐之事，欲長存乎豐之理耳。且世人所貴乎豐者，富貴福澤而已，君子則豐其德以承天，故非薄榮盛而不屑，亦能歷榮枯而自全。雷電，萬古常存者也，而其交至也則有時，修德獲報，萬古之定理也。而其豐亦有盡，夫子以日中則昃，月盈則虛戒人，明乎豐之事有限，豐之理無限，得乎豐之理，則豐之事亦旋至而立應。明以動，故豐言所以致豐之道也。與時消息，則所以保豐之道。古今之天理未嘗一日亡，人心之天理即可以與天地无極。勿憂宜日中，所謂與天地合德，日月合明者乎。萬物之性情不齊，以一人之性情正之，而豐者可大可久，折獄致刑，此其義也。六爻取明動相資者爲吉，恃明妄動者爲凶，非如他卦以陰陽相應爲善。初四皆陽，初曰遇其配主，四曰遇其夷主；二五皆陰，二曰有孚發若吉，五曰來章有慶譽；三與上陰陽應矣，而三不免折肱，上則甚凶。熊良輔曰：當豐大時，以同德相輔爲善，不取正應。是也。沛，王氏作旆，以爲幡幔。沫爲小星。諸儒從之。然斗中無沫星，沛作旆亦强。惟來瞿塘仍本文解爲得。蓋明者以不自用爲明，集人之善以爲己善，明乃益大。火之爲體，外明而內暗，以其中含陰質也。人心陰柔自用，則明者轉暗，所謂人心甚而道心微也。六二之豐蔀，日中見斗以此。九三居離之極，而剛明太過，蔽闇甚而陰液轉生，所謂火反生水，所以豐其沛而日中見沫。木能生火，以其液也。離中一陰，是爲木液，善則爲陽，否則爲陰。人心道心之分由此。沛也，沫也，由兹取象。而凡自用其明轉致眩惑者，皆此故也。前人謂此卦與《明夷》相似，然《明夷》乃明者爲人所夷，此則處豐以明，必資人以爲明，自用則暗，義迥不侔也。

䷷艮下離上

旅，羈旅也。爲卦山内火外，内爲主，外爲客。火過而不留，旅人象。山止而不遷，旅舍象。《序卦》：豐，大也，窮大者必失其居，故受之以《旅》。

旅：小亨，旅貞吉。

陽大陰小，本卦二五皆陰中，故言小也。旅人親寡，故不可以自大，小其心以自斂，卑其身以自防，則亨，故曰小亨也。旅貞吉者，謂得乎旅之正道而吉也。夫旅非得已，而貞無處不在，聖人豈能外是以爲亨且吉哉？

《彖》曰：旅，小亨，柔得中乎外而順乎剛，止而麗乎明，是以小亨，旅貞吉也。旅之時義大矣哉。

言旅之所以爲小亨者，六五柔得其中，居于外卦，而順乎上下之剛爻。柔得中則不取辱，順乎剛則不賈禍。以艮止而附麗乎離明，止則无妄動之失，明則有燭幾之明。内不失己，外不失人，以是爲小心以處旅而得其亨，是以小亨旅貞吉也。旅之時最難處，旅之義最難盡，隨時而得其宜，旅之時義大矣哉。恐人誤解《彖》之小亨爲小有亨通，故特重言小亨，而以大矣哉贊之。

《象》曰：山上有火，旅，君子以明慎用刑而不留獄。

山非宿火之地，火在山上野燒延緣，猶旅寓耳，故爲旅。離爲明，艮爲慎，明以察其情，艮以慎其法，不使留滯于獄，亦若旅之暫寓而不久居焉。皋陶曰惟明克允，故《易》凡言刑獄之事，无不取諸離。動而明，明罰勑法；明以動，折獄致刑；明以止，无敢折獄；止而明，故明慎用刑。

初六，旅瑣瑣，斯其所取災。

艮爲小石，初陰亦小，故象瑣瑣。應離火，故象災。瑣瑣，細屑猥鄙意。斯，此也。初以陰居下，象爲羈旅之中，瑣瑣較量毫末，欲以免災，而不知斯其所以取災也。戒之也。

《象》曰：旅瑣瑣，志窮災也。

初陰小，止于卑細，無明遠之志，故窮迫淺狹而取災。

六二，旅即次，懷其資，得童僕，貞。

即，就。次，旅舍也。艮爲門，爲廬舍，二在艮止之中，故象即次。互巽爲近利市三倍，故象懷資。艮少男，故爲童。初承二，其僕也。柔而能止，故明貞。六二柔得其中，止得其正，有宿止之地，有資用之饒，有忠順之童僕，三者皆得，旅道備矣。

《象》曰：得童僕貞，終无尤也。

終，久也。羈旅之所賴者童僕，得童僕貞，則即次懷資，歷久終无意外之患。

九三，旅焚其次，喪其童僕貞，厲。

貞字連上句讀。

艮爲廬舍，上接離火，而互巽風，故次焚。遠初變坤不成艮男，故童僕喪。九三過剛不中，與二相反。故剛不順上，上不與而焚其次，剛以暴下，下離心而喪其童僕之貞，可危厲也。

《象》曰：旅焚其次，亦以傷矣。以旅與下，其義喪也。

以、已通。以旅與下，以路人待童僕。旅之所依者童僕，焚次亦已傷矣，而以旅與下，視如路人，童僕安能貞哉。其喪也，義當然也。蓋喪童僕非無童僕，喪其貞，則雖有若無矣。

九四，旅于處，得其資斧，我心不快。

處，暫居之所。在艮廬外，象與即次異也。離爲戈兵，又中爻上兑金，下巽木，木貫于金，斧象。離錯坎爲加憂，不快象。我猶己也。九四以陽居陰，剛而能柔，爲旅于可處之地，又得資以自利，得斧以自防，不至失居者也。然无應與，不能大展其志，返之己心殊不快也。

《象》曰；旅于處，未得位也[①]。得其資斧，心未快也。

變震行，離火燥動，在艮廬外，故不得位。旅以得同心爲快，得其資斧防患之心，不如安居之爲快也。

六五，射雉，一矢亡。終以譽命。

射者，男子之事。雉，士相見之贄。射雉則有能，一矢亡，一矢而獲之。譽，令聞。命，錫命。離爲雉，錯坎矢，故象射雉。變乾，乾一數，故象一矢。卦互兑，故象譽。互巽，故象命。六五有柔順文明之德，而得其中，當羇旅之時，才足自見，不患其不遇合，故爲射雉，一矢而亡之。有能如此，雖在羇旅，終以此得譽命也。

《象》曰：終以譽命，上逮也。

上，君上。逮，及也。此爻不以君位言，以人君無旅也。而亦主乎士大夫之載贄而獲名位者，當羇旅時，才美克昭，故令聞及于君上，而有譽命也。

上九，鳥焚其巢，旅人先笑，後號咷。喪牛于易，凶。

離爲鳥，爲木科上槁，變震亦爲木，而上位極高，在巽木上，故象巢。離爲火，互巽風，鳥居木上而遇火，鼓以巽風，焚巢象。笑與號咷，中爻兑口之象。離爲牛，剛燥失其中順，故喪牛。易，以易心處之也。上九居離之極，處旅之窮，有鳥焚其巢、无所歸依之象。而剛燥自用，不知自返，其先則燥妄自喜，喜于高上；其後則窮而无歸，號咷怨憤。旅人如此，无以棲身，惟知怨尤，并其資斧亦必失之。如喪牛于易，忽略而不知檢也，凶孰甚焉？

《象》曰：以旅在上，其義焚也。喪牛于易，終莫之聞也。

旅人貴乎卑順，以旅在上，是自高之人，孰能容之？巢義有焚之象也。牛本己有，而喪于易，疎忽甚矣，而終莫之聞。蓋至于窮極而不知自返也，凶之故可知矣。

---

① 也，底本原闕，據致福樓本及《續修四庫全書》本補。

附　解

羈旅亦人所常有也，故聖人特著其象，而戒以小亨貞吉。卦體內止則有主而不搖，外明則洞察而不惑，旅之善道莫逾于此矣。故《彖傳》即就此大其時義，而不推論其他。明慎用刑，則又因羈旅而念及羈囚。聖人之仁，在旅義爲旁及矣。六爻皆教人旅之道。初六之瑣瑣，失于卑鄙。九四之不快，未能如心。九三傲上虐下，上九疎忽上人，其弊皆生于過剛。六二以中順之故，安其寓，得其資，信于童僕，可謂善矣，然而猶未光顯。惟六五才足自衛，道足遇合，當羈旅之時，終得譽命，是士大夫出疆載贄，知遇他鄉，旅至此乃爲快心適意也。夫人非有志四方，何必羈旅，然欲行其志，或失其道，則不特無遇，且有凶災。其道維何？柔順中正而已。後世朝秦暮楚之士，既猥瑣以求容；恃才好上之流，又落拓而無與。合觀諸爻，其象固已盡之。孔孟栖皇而不失已，夷呂蹈海而足全身，聖人之處旅不昭然其可思乎。喪其童僕貞五字爲句，我心不快，謂僅得資斧，不滿其心，不必就應與說。射雉一矢亡，諸說紛紛，不知射者男子之事，古人射以觀德。賈大夫娶妻美，三年不言不笑，御以如皋，射雉，獲之，其妻始笑而言。古人出疆必載贄，雉者士之贄，射雉一矢而得，言其才之美，以該乎凡德行也，故能動他國之主，知終有譽命。舊解滯矣。鳥焚其巢，先著其位危之象。旅人以下，又言其剛躁疎忽，不知返己象。來氏等必牽合九三，以三爲人位解旅人，非也。

☴巽下巽上

巽，入也。一陰伏于二陽之下，能巽順乎陽，故名巽。巽爲風，風于物无不入，巽之義也。《序卦》：旅而无所容，故受之以《巽》。

巽：小亨，利有攸往，利見大人。

陰伏陽下曰巽。小亨者，巽陰又卑巽也。五月陰生，天道之以小而亨；沈潛卑巽，人心之以小而亨也。巽順則无險阻，故利有攸往。陰必資陽剛以濟其美，二五皆人位中正，互離本卦之大人也，故利見大人。

《彖》曰：重巽以申命。剛巽乎中正而志行，柔皆順乎剛，是以小亨，利有攸往，利見大人。

重巽，上下皆巽也；申，丁寧重復也。巽象在天爲風，鼓舞萬物而長養之；在人君爲命令，鼓舞萬民而變化之。陽性本剛也，而居《巽》卦則剛而能柔，又二五得中正之位。志行，申命濟民之志得行也。柔皆順乎剛，剛中正得位，而二陰皆順之，无有違逆，是以小亨而利有攸往，利見大人也。初、四二陰爲成卦之主，而聖人意取陽能巽下，去其過剛，陰能巽上，得主以行。蓋仍剛柔交濟之義，而且見巽非徒順之，謂乃節制浹洽之謂也。

《象》曰：隨風巽，君子以申命行事。

隨，相繼也。重巽，故象風之相繼而行。申命者告誡不已，行事者行其所命之事，亦相續而不懈。蓋命不徒申，必貴實行之而不倦也。

初六，進退，利武人之貞。

巽爲進退，變乾純剛，故象武人。申命行事，務在必行。初六陰柔居巽下，過于卑巽，有進退不決之象。利在用武人之貞，以矯其懦，則正固足以幹事矣。

《象》曰：進退，志疑也。利武人之貞，志治也。

疑則反失其貞。武夫兼人，故言志治，以明特取其剛決之意。蓋靖亂爲治，不治由于多疑也。

九二，巽在牀下，用史巫紛若吉，无咎。

巽爲木，奇木上横，偶木下峙，牀象也。互兑爲巫，爲口舌，故象史巫。爲毁，爲附，故象紛若。史善占，巫善交神。紛者，繽紛雜亂之貌。若，語助詞。九二以陽居陰，剛而得中，故能用巽。五在上而二巽之，在牀下也。初在下而二亦巽之，又在牀下也。史巫能以人意通之神，神意通之人。二當申命行事之時，能巽以達上下之情，不憚煩勞。如用史巫紛若，无非欲通神人之意，非諂屈也。故于義吉，而于事无咎。

《象》曰：紛若之吉，得中也。

紛若則疑于雜亂，而曰吉者，以剛而得中，是有斷制之才，而曲達上下之情者，非煩瑣比也。

九三，頻巽，吝[①]。

頻，數也。三居两巽之閒，一巽方盡，一巽又來，故象頻。九三過剛不中，居下之上，非能巽者，强爲巽而亦不能久，故頻失頻巽，作輟無常，于事吝也。

《象》曰：頻巽之吝，志窮也。

巽以柔而善入，過剛則雖有巽之志，而不得巽，故曰志窮也。

六四，悔亡，田獲三品。

互離爲網罟，爲戈兵，田象也。巽爲近利市三倍，故象多獲。三品，上中下三殺也。内卦三爻分上中下，又初巽爲雞，二互兑爲羊，四互離爲雉，故象三品也。六四重陰，宜乎有悔，然柔正能巽，與初同德，而順乎二三之剛，以上巽五，居大臣之位，是能巽乎賢才以事上者，不但悔亡，而且大獲其功，如田獲三品也。

《象》曰：田獲三品，有功也。

巽于上下，如田之獲三品而遍及上下，成巽之功也。

---

① 吝，底本作吉，據致福樓本及《續修四庫全書》本改。

九五，貞吉，悔亡，无不利。无初有終。先庚三日，後庚三日，吉。

九五以剛居尊，宜有悔矣。而得其中正，則非徒恃剛，而能巽者，故貞吉而悔亡。无不利者，剛得中正而居尊，能盡巽道，如風之无所不入也。巽陰之始，陰主成，故无初而有終。先庚、後庚，以伏羲圓圖言也。先天卦圖，巽居西南，以風起于西南故也。巽爲一陰，其生于時爲五月，至八月而庚金肅殺司令。先庚三日是天風姤，爲巽始生之月也。由八月而至十一月，後庚三日，地雷復，巽始消之月。先庚三日，巽之初；後庚三日，巽之終。承上無初有終之義，而教人審乎巽之用也。九五中正，得巽之道者，謀諸其初，當進而進，巽固无所不入。審諸其終，當退而退，巽亦无所不成，其象如此也。

《象》曰：九五之吉，位正中也。

以剛居尊，宜不合巽體。而九五吉者，其位正中，則剛而能巽，非自用者比也。正中二字之內，便有善始善終意在，故不復釋先庚後庚義。

上九，巽在牀下，喪其資斧，貞凶。

四在上卦巽牀之下。巽利故象資。互兑金，巽木貫于兑金，故象斧。上居巽極，過于巽而不能自立，下巽于四，故亦有巽在牀下，曲徇人之意也。不善用柔，并失其剛，故喪其資而不能行，喪其斧而不能斷，雖所巽者正，亦凶也。

《象》曰：巽在牀下，上窮也。喪其資斧正乎？凶也。

乎字句。

窮上則必返下，故巽在牀下也。以徇人之故，至喪其資斧，得毋以爲正乎？無以自養自衛，其凶必矣。蓋設爲問答以決之。

附　解

巽爲風，風鼓萬物，所以節宣陰陽之氣，而無微不入也。君子體之爲德，則曲達乎人己之情，而濟以柔剛，適得其平。故蔡清謂巽非一順字可了者，是也。子曰，巽，德之制；巽以行權。則所謂入者，兼陰入乎陽、陽入乎陰之義，非一端而已。《傳》言剛巽乎中正而志行，明乎剛不巽中正，則志不行。是巽乎陰者，所以制其剛也。柔皆順乎剛，是以利有攸往，利見大人。明乎柔不巽剛，則不利有攸往。是巽乎陽者，所以制其柔也。德之制也以此，即行權之道，亦該于此。《象》以申命行事言之，明乎王者宣化廣德，不恃威權，爲巽之大者也。至六爻，則大抵以剛柔相濟爲得巽之道。初戒以剛制柔，二美其柔制剛。六四之悔亡有功，柔得其正也。九五之貞吉悔亡，剛得其中也。三過剛而不能入巽，上過巽而不免自窮，皆不得乎德之制故。然則《象》云小亨，非小事亨也。小心巽理，故利有攸往，利見大人，而先儒之失可知矣。

☱☱兌下兌上

兌，說也。《說卦》曰：說萬物者，莫說乎澤。澤潤生萬物，物無不說。又兌爲口，人以情相說，見之乎口。一陰見于二陽之上，陰陽相說，情見乎外也。《序卦》：巽者入也，入而後說之，故受之以《兌》。

兌：亨，利貞。

萬物相說則和暢，故有亨道焉。但以情相說則易流，故利在于貞。出于義理之公，本乎性情之正，然後亨可大而可久也。

《彖》曰：兌，說也。剛中而柔外，說以利貞，是以順乎天而應乎人。說以先民，民忘其勞。說以犯難，民忘其死。說之大，民勸矣哉。

卦體二五以剛居中，有中心誠實之象；三上以柔居外，有接物和柔之象。人心正理，即天之理也。內中正而外和說，則揆之天理而順，即之人心而安。《彖》言利貞，蓋謂說以利貞，是以順乎天而應乎人也。即如勞苦患難，皆人情所不說者，然苟本說道之正，以之先民，有以說其心于平時，則民忘其勞。本說服以犯難，民忘其死。說道之大，民其自勸矣哉。此兌之所以亨，而亨之必利于貞也。

《象》曰：麗澤兌，君子以朋友講習。

上下皆兌，兩澤相附麗，有交相滋益之象。君子以同道之朋、同志之友，相與講義習事，則處此皆有滋益也。夫兌爲口舌，君子所愼，爲講習則說而無傷。蓋樂而不流也。兩口相向，有講象。兩澤相從，有習象。

初九，和兌，吉。

說而中節曰和。初陽在下，爲有剛德而卑退接人之象。凡其所說，皆當乎天理，合乎人情，說得其正者也，故吉。

《象》曰：和兌之吉，行未疑也。

陽牽于陰則多疑。初陽剛而不比于陰，故能自行其天理之正，所說皆當而吉。

九二，孚兌，吉，悔亡。

二比于陰，則宜有悔矣。然以剛中之德，孚誠自矢，不假言說，有人自說之，故所行吉而悔亡。

《象》曰：孚兌之吉，信志也。

信志，自信而人亦信，故以誠相孚而說吉也。

六三，來兌，凶。

來者，自外而來也。三居內外，適當兌口，陰柔不正，爲說之主，又應上六之陰柔，凡外物之可說者，皆感之而來。我開其隙，物遂乘之而入，非物之來，實己有以來之也。欲動而失其性，妄說于人，故凶。

《象》曰：來兌之凶，位不當也。

以柔居剛而不中正，在上下二兌之閒，承以陰柔，故位不當。

九四，商兌未寧，介疾有喜。

商，度也。寧，安寧。兩閒謂之介，疾謂六三。四介居上下兩卦之閒，上承九五之中正，而六三之陰邪即與相比，如疾病然。然九四陽剛，非商酌可否，未敢安寧，雖介于疾，不足爲害，疾去而有喜也。

《象》曰：九四之喜，有慶也。

與君相說，得行其陽剛之道，而有福慶。

九五，孚于剝，有厲。

剝謂上六。陰能剝陽，故曰剝。九五陽剛中正，有兼容之量，以至誠待人，雖剝陽之一陰，亦孚而信之。然包容小人，稍不警察，則必[1]爲其所惑，故有厲。有厲者，事固可危，而心亦能危之也。惟剛中正乃能危之。如舜之聖，猶畏巧言令色，所謂其危乃光也。

《象》曰：孚于剝，位正當也。

人君不可不含垢納汙，故剝我當厲，然位正當，則所以孚與厲皆在其中矣。

上六，引兑。

三、上二陰皆可說，而人說之者也。三在内卦，是說心在内，招物而使入，故曰來。上在外卦，是可說在外，誘心而使出，故曰引。不言占者，引之者，在上六，而從不從在己，若能不從，雖引无益也。故不責引者，所以專責受引者耳。

《象》曰：上六引兑，未光也。

居說之極，宜乎說之當矣。而六陰柔引人，說者實多，不當于理，故曰未光。不深斥之，而第云未光者，其引兑之心未必不善，特所以引之者未光明，則爲所引者當察也。凡可喜可樂之事，當興酣勢隆時，有以可說進者，雖非必盡小人，然未光即是此輩，最當警悟。

附　解

兑于時爲秋，成物之候，萬物之所說也。于象爲澤潤養發榮，于人爲口言以通情，皆說之義。故聖人直以說字蔽之。顧說之亨也以貞，天地之生物也，固欲其成。兑金肅殺，人以爲天之刑威，不知生氣含于中而收藏。草木零落，特其葉然耳，若枝幹生氣，固堅凝内葆，故曰萬物之所說。人藏其心，不可測度也，而見于言者，曲將其纏綿，說己說人，皆在乎此。王者宣布德意，民歡樂之。聖賢講習道義，人親炙之。君師教化，說道可大可久，故《彖》《象》以之立義。若夫六爻，則以陽剛爲說之正，陰柔爲說之非，初二四五所以吉，三上所以凶也。然二五剛中，皆言孚，而曰悔亡、有厲之不同者，二位居下，有孚在中，雖比于三，而己志可信，三不得而妄說之；五位居尊，密比上六，上爲說之極，若非有厲，則即可得而蠱惑之。《象》

[1] 必，底本作不，據致福樓本及《續修四庫全書》本改。

曰信志、位正當，明乎在下之自信者志，在上之可危者位也。來兑之凶，己失其正而物入之，所謂喪其本心者也。引兑之不言凶，引在人而從違在己，所謂猶可自主者也。聖人不禁人以說，而特禁人以說之非正，立爻取象，可謂周密無遺矣。學者能毋玩之？

䷺坎下巽上

渙，散釋之意。風行水上，冰泮瀾分，渙散之象。然有離散、解散二意，非專以不美者言。《序卦》：兑者說也，說而後散之，故受之以《渙》。

渙：亨，王假有廟，利涉大川，利貞。

虞翻曰乾爲王，是也。互艮爲門闕，坎爲宫，又爲隱伏，故象廟。木在水上，故象涉大川。假與格同，感通也。言渙有可亨之道，但須至誠感孚，勿避艱難。如王者感格于廟，以精神固結神明，則幽明且可相通。涉大川者，冒風濤而濟渡，其事雖險，其功終就。占者如之，可以利矣。然必其事出于正，誠久不渝乃可，故曰利貞。

《彖》曰：渙，亨，剛來而不窮，柔得位乎外而上同。王假有廟，王乃在中也。利涉大川，乘木有功也。

下卦九二一陽爲坎之主，自乾中爻而來，故曰剛來不窮，水流通而無盡也。上卦六四一陰爲巽之主，自坤初爻而來，以陰居陰，巽順于五，故曰得位而上同。此文王所以言渙可亨也。五本君王，九五陽剛居尊，爲巽中爻，象王者卑巽以交于神明。王乃在中，謂王者權尊勢重，惟感格于廟，乃至誠在中，不生他想。凡至誠以聚渙者，皆當然也。乘木有功，木在水上，舟楫之利，履險乘危，實可以無所不通。凡聚渙而挾持有具，皆此象也。

象曰：風行水上，渙，先王以亨于帝，立廟。

風行水上，渙者其勢，不渙者其情也。先王以之享帝，而天人之氣可通；立廟而祖孫父子之精神以聚，皆于形渙之中，示人以不渙之道。蓋人與天本無二理，先人與己，本無二情也。

初六，用拯馬壯，吉。

馬謂九二。坎爲馬，爲美脊，故象壯馬。初六陰柔位卑，本無濟渙之才，然在渙之始，拯之既易爲力，而九二陽剛中正，可以濟渙，初六與之親比，順以從五，如人行險託于壯馬，速達而己不勞。占者得之，用以拯渙，如此則吉也。初位爲民，民從賢臣効忠於君象之。

《象》曰：初六之吉，順也。

六四巽之主爻，初與之應，故言順。順者陰之性，能順承于九二，故吉也。

九二，渙奔其机，悔亡。

坎爲亟心，互震爲足，有奔象。奔，疾走前進也。机、几同，身之所據以爲安也。九五巽木，爲二之君，奔而就之，急于得君，似乎有悔。然當渙之時，雖有賢才，非得君無以濟涣，故悔亡。蓋九二有剛中出險之才，能審時度勢，就賢君以行道，故爲奔就所安之象，而悔亡也。

《象》曰：涣奔其机，得願也。

願，濟涣之願。聖賢雖不枉道干進，而救時情殷，得主而事，使其君爲堯舜之君，使其民爲堯舜之民，固所願也。孔孟栖皇，奔而未得其机；二老歸周，則奔而得其机者也。

六三，涣其躬，无悔。

涣其躬，散釋其己身之私也。以陰居陽，宜乎有悔。然當涣散之時，三獨有應，且居坎而在險外，近與巽風相接。物象則風水相遭，最爲親切。人事則密邇公明之大臣，但能涣其身之私見，而舍己從人，可无悔也。

《象》曰：涣其躬，志在外也。

外，外卦。水遇風而涣。三近接外卦，又與上應，志在舍己從人，遇風涣然冰釋。蓋有濟涣之志，而能下人者也。外對内言，躬爲内，天下爲外。

六四，涣其群，元吉。涣有丘，匪夷所思。

居陰得正，下无私應，是大臣秉大公之道，涣天下朋黨之見，而以理相與者。以此巽事剛明之君，吉孰大焉。下二句承上而贊美之。邱，聚也。夷，平常也。不執一見，不私一人，人徒見爲涣群矣。不知涣天下之私見，乃聚天下之公理。涣中有聚，非常人之思所能及也。邱本訓聚，不曰聚而曰邱者，就卦立象，風行水上，水涣而邱見矣。坤爲朋，故象群。下卦坤變爲坎，一陰進而居四，離其群侶，有涣群象。以理言，則巽五而不私其下也。互艮爲山，邱象。

《象》曰：涣其群，元吉，光大也。

凡樹私黨者，皆暗昧狹小者也。无私而巽于理，以此接下，以此事上，光明正大，故象。以涣有邱、匪夷所思贊之也。

九五，涣汗其大號，涣，王居无咎。

坎水，巽風散之，汗象。巽命爲號，五居尊，故爲大號。人身風鬱于内，則疾而無汗，風散于外，則汗而疾愈。天下猶一身也。王者布德行惠，誕告四方，宣天下之幽郁，而使之霑濡。如汗由心而出，浹于四體，則涣者大號，而不涣者天下之人心也。故當涣時，占得此爻，惟王者居中正位，爲民之則，可无咎也。

《象》曰：王居无咎，正位也。

正位，權統于尊，德稱其位，故涣號如汗而无咎。

上九，涣其血，去，逖，出，无咎。

坎爲血卦，上應六三，巽風散之，故象涣其血。去對來言，逖，遠也，對近言。出，對入言。上當涣時，而居高遠險，三與之應，能涣其血而出之。是不惟自免于難，亦能脱人之難者。占者得之，來者當去，近者當逖，入者當出，總以遠害爲主，則无咎也。蓋陽剛處涣之外，故象占如此。

《象》曰：渙其血，遠害也。

受害故血。渙其血，則遠于害，而去逖出三字之義可明矣，故不復釋。

附　解

渙，散也，兼美惡二義。《彖》言假廟涉川，爻言用拯馬壯，以離散意言，欲人救渙；其餘二三四五上諸爻，則皆以解散意言也。《序卦》說而後散之，亦是此意。夫人情之渙也，無以一之者也。一之者，非權與勢、私與黨所能，必以天下之公理，人心之至誠，得乎其至中至正之道而後可。王假有廟，誠存于中而幽明格；利涉大川，挾持有具而險難平。申以利貞，義無遺矣。周公猶恐人之不知所用，而各爻錯舉其象，大抵以剛正爲濟渙之本，順理爲濟渙之才。故初之吉爲其順二，二之悔亡爲其順五也。三志外，不私其身。四渙群，不徇乎人。五則濟渙之主，以天下爲一身，恩霑四海，正位居中，二之所以恃爲机而奔就。上九超然遠害，亦有德之人。合觀諸爻，則濟渙與渙其私者，可概推矣。前人于《彖》《象》詞義，不盡融通，故解多混于《萃》《解》二卦，今悉正之。至渙奔其机，有指初言者，蓋泥于机也。不知下卦坎險當渙，故九二陽剛有出險之才，與五正應，五居尊爲風行水上之主，二故奔而就之。于人事爲賢臣擇主而事，故悔亡也。机特喻憑依爲安之意，非謂俯就乎初。且奔之義乃疾走前進，非下就也。渙躬，渙有邱，匪夷所思，即申元吉之義。而來瞿塘以有爲其，解邱作土，誤矣。渙汗其大號，言號令由中而出，即乎人心之安，而浹于四海。天下雖大，止如一身，著一汗字，確有至理。而下文重言一渙字申之，曰王居无咎，義皆寓于此一汗字中。前人作渙王居解，意亦淺也。去逖出三字，各自爲句，本無難解。改逖爲惕，或又以爲去遠方而還，均失之。

☵☱兌下坎上

水，流行泛溢者也，在澤則爲所限。澤以容水爲名，水亦賴澤以瀦而限之，不得逞，故爲節。凡物之相資而有限制，皆此象也。《序卦》：渙者離也，物不可以終離，故受之以《節》。

節：亨，苦節不可貞。

水爲澤制，節其太過。凡事制其過，以止于中，則天理之自然，人情之所便也，故亨。若制之太過，而不當乎天理人情，則爲苦節。自節而苦拂其性而不可常，節人而苦逆其情而不可通，故不可以爲貞也。坎伏離，故曰苦。苦與兌說反，坎變爲離，則澤涸水乾，味焦苦也。

《彖》曰：節，亨，剛柔分而剛得中。苦節不可貞，其道窮也。說以行險，當位以節，中正以通。天地節而四時成。節以制度，不傷財，不害民。

剛柔分，坎剛兑柔，又陰陽各三爻也。剛得中，二與五也。剛柔適均，則剛以濟柔，柔以制剛。得中則不失之過，不失之不及，故節可亨也。苦節之不可貞者，過于節則不得其中，必至困窮而不通。夫卦體坎險，而説以行之，則有安適之善，無拘迫之苦。九五當位中正，當位則有節天下之權，中正則能通天下之志。節之所以有亨道也。而苦節則反乎此，安得不窮哉？然則節之亨，亨以中，非亨以苦也。故天地生化萬物，不外四時，而陰陽有節，四時乃成。王者經世宰物，必賴民財，而制度爲節，民財乃足，皆得乎其中之故也。蓋反復推明節之亨，無取乎苦意。制，法制。度，則也。分寸尺丈引曰五度。坎互震，行險象。坎爲通，有通象。本卦兑坎互震艮，有四時象。

《象》曰：澤上有水，節，君子以制數度，議德行。

水無窮而澤有限，以有限蓄乎無窮，節之使不虚不溢，故爲節。數有多寡，度有隆殺，制爲品節，使貴賤上下，各安其分。德存于心，行見于事，商度擬議，以求其中。節，内外交飭之道也。坎爲矯揉，故象制。兑爲口舌，故象議。

初九，不出戶庭，无咎。

互艮爲門，門在外，戶在内，故二爻象門，此爻象戶。初兑澤方瀦之時，九陽剛得正應四，坎險在前，知節而節之，不出戶庭，愼密自守，占者得无咎也。

《象》曰：不出戶庭，知通塞也。

初應四，坎爲通，而二陽爻蔽塞之，澤壅水而不流。在人事爲阻滯之候。知通塞，美其當節而節，非一于塞者比也。

九二，不出門庭，凶。

二爲澤水盛溢之時，當疏洩之，且居中應五，互震行前無壅蔽，可以出門有功也。而互艮止，壅滯自守，不與五應，有不出門庭象。時可爲而不爲，凶道也。

《象》曰：不出門庭凶，失時極也。

極，中也。節以適于中，當出而不出，失其時中，如澤壅水而無濟于人，故凶也。邦有道而貧賤，徒自全而無功于人，皆是。

六三，不節若，則嗟若，无咎。

三以柔居兑説之極，其心易肆。澤滯而將溢，其事易侈，有不節之勢焉，故曰不節。若互震而知懼，故若有嗟焉。蓋預憂之也，既憂之，則可以无咎也。兑口接坎加憂，故象嗟。

《象》曰：不節之嗟，又誰咎也。

以不節爲嗟，則雖有不節之勢，必能節矣，又誰咎之？

六四，安節，亨。

安對勉言。六三以柔得正，順承于五，又互艮止，故其象爲安于節。凡一切皆循乎天理之自然，以守職分之當然，亨道也。居坎之下，應初。水上溢爲无節，就下則有節。就下者，水之性也，故曰安。

《象》曰：安節之亨，承上道也。

上謂九五。九五坎陽中正以通者也，于水爲源，四近而承流布化，故亨也。

九五，甘節，吉，往有尚。

爻變坤土，其數五，其味甘，故象甘。發而中節謂之和，甘節者，和之至也。自甘于節，無不恰得其宜，吉之至矣。往而節人，人亦甘而悦之，功日有尚。所謂當位以節，中正以通者也。

《象》曰：甘節之吉，居位中也。

節以中爲貴，五居尊而有中德，故无過无不及，而宜己宜人，《象》曰甘節而吉。

上六，苦節，貞凶，悔亡。

居節之極，坎險之極，故爲苦節。又錯離火，上居炎上之地，亦苦象。過乎其中爲苦節，苦節不可貞也。而貞之則凶，知其凶而悔之，則凶亡。程子曰：悔，損過從中之謂，與他卦悔亡辭同而義異。是也。

《象》曰：苦節貞凶，其道窮也。

道即中正之道，雖貞亦凶，以其非中道也，故爻詞教以悔亡。

附　解

節者，中其節也。適中而不渝，如竹之有節，故曰節。自毁道者多，而守道之士，則稱爲節。然其節也，爲其得中道而已，非矯情沽譽，别標一格以爲奇。聖人于節言其亨，而即繼之曰苦節不可貞，防其弊也。夫子繹以剛柔分而剛得中，明中者節之實也。説之行險，當位以節，中正以通，卦體、卦德如是，節何必苦爲？然其説也當也通也，皆以其中之故，故下以天地聖王之節申明之，六爻之義彷是。夫水流行于天地之閒，而各得其分，爲其有隄防也。水澤為節。凡道喜于流通，而必得其節稱。是通塞就水之勢取象，甘苦就水之味取象也。初知塞而即知通；二知塞而不知通；三有潰防之勢而警懼，以得无咎；四之安，五之甘，皆節而得中道也；上六苦節，苟貞于苦，則凶，若悔其貞，則可亡凶，要莫非欲其適中也。苦節貞凶，正與《彖辭》相反，而云悔亡，自當以《程傳》爲善。朱子謂雖正不免于凶悔亡，禮奢寧儉之意。然凶甚于悔，既凶也而又悔亡，于義爲不協。來氏謂以事言則貞凶，以理言則悔亡。聖人以禍福配道義，而道義重于禍福。然《易》雖占卜之書，聖人一引之于義理，理之正者，雖殞身亡家，適得乎忠孝之正，不得以爲凶也。苦節乃不得乎中者，非謂正而當節者。貞止是固久之意，非正中之謂。若以爲雖正亦凶，是正不可爲，非聖人教人之意。且既曰凶而又曰悔亡，二義顯然相背也。《易》貴中正，苟其中正則吉而福，違則凶而禍，非謂禍福自禍福，道義自道義。蓋《易》固天人合一之書也。似是而非，不可不辨。則嗟之說，則以張子爲是也。

䷼兑下巽上

孚，信也。爲卦二陰在内，四陽在外，而二五之陽皆得中。以二體言爲中實，以六爻言爲中虛。中虛則無私，中實則无妄。无私心而當于天理，至誠相契，故曰中孚。又說以應上，巽以順下，亦孚義也。以二象言，風行澤上，陽氣潛回，生意暗孚，故曰中孚。《序卦》：節而信之，故受之以《中孚》。

中孚：豚魚吉，利涉大川，利貞。

豚魚生大澤中，見則風至，占風者以爲信。生氣潛于水中。坎中一陽，生物之祖也。散而爲風，人乃見其鼓盪之機。風未起而豚魚已知，何也？氣機之動，有早潛相孚者矣。占得中孚者，能感人于未形之先，而相孚于既形之後，如豚魚則吉。利涉大川，至誠可以涉險也。又戒之曰利貞，恐其不正而孚，則非天理之自然，不吉不利也。詳見《彖傳》。

《彖》曰：中孚，柔在内而剛得中。說而巽，孚乃化邦也。豚魚吉，信及豚魚也。利涉大川，乘木舟虛也。中孚以利貞，乃應乎天也。

柔在内，謂三四二陰。剛得中，謂二五兩陽。惟虛也，故能小其心，以來天下之善。惟實也，故能久其誠，以應天下之劇。柔在内，剛得中，所以爲中孚也。下說上巽，說以從善，巽以入人，以此相孚，乃可化一邦，而爲一人況一二人也。豚魚吉者，其誠信結于先而應于猝，如豚魚之與風，不期而自信也。利涉大川者，乘巽木之虛舟，以涉兑澤之上，無沈溺之患。虛其心而實其理，可以濟險者如之。既曰中孚矣，而必以利貞者，惟正乃可以合天理而應天心，不至孚其所不可孚也。風行澤上，而天功賴以鼓盪，故其象如此。

《象》曰：澤上有風，中孚，君子以議獄緩死。

澤上有風，雖重陰沍寒，風悉入之。民之在獄，猶沍寒也，君子察其幽微，議其輕重，不使有濫，緩其餘生，不忍遽殛。兑爲口舌，議象。巽爲不果，緩象也。徐氏幾謂《大象》言用獄者五，皆取雷火之義。本卦大象似離，中互震艮，故云然。義亦可通，然非夫子取象之本義也。蓋水瀦于澤，其機滯矣，風徐徐吹拂，而生機始暢。

初九，虞吉，有他不燕。

虞，祭名，葬之明日而祭也。燕，古讌字，通用，安也，樂也。陽剛居孚之初，誠信未漓，若虞祭之思慕誠切，吉也。有他不燕，仍申明虞吉之意。初雖與四應，然中孚者由中而孚，不藉他人。此爻在孚之初，誠信不渝，不志其他，是不藉四之應也。惟自矢其誠，有他不以爲榮，故吉。

《象》曰：初九虞吉，志未變也。

未變，未變其哀慕之誠。誠在于初，如虞祭者，然不假外應以爲信也。爻變坎，故言志。

九二，鳴鶴在陰，其子和之。我有好爵，吾與爾靡之。

鶴，澤鳥，感秋而鳴。兑爲澤，爲正秋，互震善鳴，鳴鶴之象。二陰位，在艮山之下，兑澤之中，故曰在陰。初爻在下，爲子。靡，分也。二與初同德同體，相孚之至，如鶴鳴子和。二孚于五，而有好爵。初與二同德，故言己有好爵，願與爾共分之。言父子則不出一體，言爾我則不踰同類。兑口説體，故設爲相孚相説之言，而《繫辭》所以有出其言善之論也。

《象》曰：其子和之，中心願也。

同體而又同德，則相孚出于心願，而凡至誠無閒者，胥視此矣。

六三，得敵，或鼓或罷，或泣或歌。

三居説之極，適當兑口，誠不足而外應上以求孚。金木異性，上又信之窮者，如得敵然，不能孚而反自失其所主。或鼓而前，或罷而退，或泣而悲，或歌而喜，進退不果，憂樂不常，蓋極形孚不由中之象如此。三互震而鼓，四互艮而罷，巽入而伏者泣，兑説而見者歌。在兩卦上下之交，處不當位，故兼取此象也。

《象》曰：或鼓或罷，位不當也。

以陰居陽，在兑之極，而上與巽接，故位不當。妄説而進退不果，故象或鼓或罷，而泣與歌義，亦該其中矣。

六四，月幾望，馬匹亡，无咎。

月受日光，盈則爲望。月望於乾，上弦在兑，下弦在巽。本爻變則爲乾，而四當兑巽之交，故爲月幾望象。君陽也，臣陰也。六四陰得正位，爲巽之主，近君而至誠巽順，大臣與君一體，極其公忠，正如月幾于望。陰受陽光，極其盛美。三四合而互震，爲馬匹。四與三陰匹也。四惟知誠信于君，不與三黨同私結，如馬亡其匹，中孚若此，无咎也。

《象》曰：馬匹亡，絕類上也。

類，四三俱陰爻，故曰類。絕其私類，而上巽于五，人臣之无私者也。

九五，有孚攣如，无咎。

諸爻不言孚，獨于此言。九五中孚之主，所謂孚乃化邦者也。五中實，故有孚。巽繩，互艮手，故象攣如。陽剛中正居尊，以至誠孚于天下，使天下之人心固結攣如而不可解。蓋不特初二之易孚者孚，而三四之不易孚者皆孚，故无咎也。

《象》曰：有孚攣如，位正當也。

以誠中之德居尊位，故能合天下以成孚道也。

上九，翰音登于天，貞凶。

巽爲雞，雞鳴必振動其羽，故曰翰音。雞爲信物，天將旦則鳴，有中孚之意。巽爲高，上爻天位，巽高上極，風體飛揚，登天之象。言音飛而實不從，喻聲聞過情也。貞，常也。小信動眾，亦偶有之事，然不可恃以爲常，貞于此而好名不已，則凶矣。

《象》曰：翰音登于天，何可長也。

音過即滅，本不可長。翰音登天，不過天欲曙時，無實而徒虛聲，必不久也。

附　解

天地一實理之所彌綸布濩也，而其氣機則虛以相含，槖籥吹噓，動靜循環，其藏諸用者莫可窺，而顯諸人者可略見也。人秉天地之理，心之靈可以無所不通，而心之僞亦可以無所不毀。中孚之卦，以虛中實中爲義。虛則能舍己以從人，實則能至誠以動物也。至虛至誠，天心在是，故曰中孚以利貞，乃應乎天也。夫風行水上，氣之所鼓盪，即其機之所潛藏者，爲之非有二也。至誠動物，其孚於共見共聞者，乃其孚于無形無迹者，爲之非倖獲也。豚魚澤物而信風，故以爲象。利涉大川，亦風水勢便之意。利貞則以二五剛中，貞始久于誠也。議獄緩死，澤沍而風解之，猶民困而上宥之也。初九虞吉，眾說紛紜。惟汪氏注以爲虞祭，然亦未暢其義。按《儀禮》葬之明日，始虞曰哀薦祫事，再虞曰哀薦虞事，三虞曰哀薦成事。《檀弓》曰：葬日虞，弗忍一日離也。蓋孝子不忍離其親，故既葬，日中而虞，閒日一祭，凡三日虞以將其哀慕之誠。既虞之後，則卒哭，喪祭易爲吉祭矣。初九在中孚之始，陽剛無外誘，猶虞祭之哀切無他慕，故《象傳》曰志未變也。有他不燕，即申明虞吉之義，故《象》不復釋。或疑始死之誠不更切乎？何以必言虞祭？不知始死者哀而已矣，虞則既葬之後，附身附棺，一無所覩。此時痛念親之形神，目若有所見，而耳若有所聞，故一而再，再而三，祭以招之，至誠孚于幽明，惟此爲切，故特取象。而有他不燕、志未變之詞，乃有歸着也。鶴警露，雞司晨，皆有信之物，故以取象。而鶴鳴子和，則一體同德，以抒其誠。翰音登天，則無實虛聲，以博其譽，故得失不同也。三之靜躁無常，說極而介巽柔之。故四絕類以誠巽于君，五推心以交孚四海。人臣義無私交，人君義當包覆也。夫孚者人之所貴，然非其類，亦不能強合也。水者天地之生氣，而風則氣之鼓舞萬物者。其象雖殊，其實一源。君子之于人，亦猶是也。本至誠至虛之心，以與天下相見，一以公心無我之見行之。而得其權，則天下可以一家；失其權，則應求僅于善類。非孚之有異，所居之位有異也。故聖人于九五一爻，乃象以有孚攣如，而九二則鶴鳴子和，好爵爾靡而已。父子則不出一家，爾我則不踰同類，好爵爾靡，富貴共之，實道德同之也。卦不第曰孚，而曰中孚，孚由于中，中之孚非人所能測，而中之孚者，亦非人所能閒。以形勢爲孚，朝榮暮落者，不得語于斯矣。學者其辨之。

䷽艮下震上

四陰在外，二陽在内，陰多于陽，小者過也。又陰居尊位，陽失位而不中，小者過其常。于人事爲小事過，又爲過之小也。《序卦》：有其信者必行之，故受之以《小過》。

小過：亨，利貞。可小事，不可大事。飛鳥遺之音，不宜上，宜下，大吉。

陰過于陽，曰小過。道惟一中，不可過也。有小過乎中者，過于寬仁恭儉之類，其過也亦因時以就中，故有亨道。但利于正耳，若不正則失其宜。然事雖小而過非常，小過之義，但可施之小事，大事則不可也。遺，留也。鳥飛而音自留，道高而身豈可與人相左。不宜上，宜下。正申明上句之意，言卑下于人則吉，高上于人則凶。故小過者，酌權宜以適中，似過而實非過也。上下四陰，如鳥張口飛鳴，故象遺音。上下就卦象，四陽爲震主，上二陰違而去之，三陽爲艮主，下二陰趨而承之。在上陰則爲乘陽，故不宜上；在下陰則爲順陽，故宜下。

《彖》曰：小過，小者過而亨也。過以利貞，與時行也。柔得中，是以小事吉也。剛失位而不中，是以不可大事也。有飛鳥之象焉，飛鳥遺之音，不宜上，宜下，大吉，上逆而下順也。

小者過而亨，小者過而後適于用也。利貞者，理得其正。而酌于小者，經權之用，以適乎中，則過實非過，乃與時偕行也。二五柔小得中，故宜小事。三四剛大失位不中，是以不可大事。卦體二陽爲鳥身，四柔爲鳥足翼，有飛鳥之象焉，故言飛鳥遺音也。鳥本上飛，而不能外飲啄以爲生，故高飛避禍，而遺音自足親人。占者體之，凡上人者不宜過，下人者可過，如難進而易退，惡亢而喜謙之類是也。鳥上飛則逆，下飛則順。六五乘九四之剛，而在上逆也。初二乘九三之剛，而在下順也。

《象》曰：山上有雷，小過，君子以行過乎恭，喪過乎哀，用過乎儉。

雷出乎地，至山上則漸斂而微，山大而雷小，小過于大，故曰小過。君子不隨俗好，若小有過焉。恭、哀、儉，行、喪、用之本也。過似非正，然矯時弊而適中，無過也。震動而艮有節，故象如此。

初六，飛鳥以凶。

卦象飛鳥，初其兩足也。初位在艮下，六又陰柔，因陰過乎陽，不安于止，而欲應四之震以行，如鳥當止而飛，以之致凶也。

《象》曰：飛鳥以凶，不可如何也。

陰柔居艮止而不自止，如鳥不當飛而飛，必罹網矢，是凶由自作，不可如何，歎之也。

六二，過其祖，遇其妣，不及其君，遇其臣，无咎。

陽之在上者，父象。尊于父者，祖象。四在二上，祖也。五陰而尊，祖妣也。陰過乎陽，曰小過。二五相應者也，而皆陰，二越三與四之陽，而與五遇，爲過其祖而遇其祖妣，以類相從，雖過而非過也。蓋古重昭穆，孫婦禮當祔于祖姑。五君位，二三四皆臣位，陰陽宜相從。五陰而二柔順，不抗于五，則爲不及其君。三陽適與二比，爲遇其臣象。臣與臣遇，類也。其過也則適得其類，其不及也亦適遇其類，是過與不及皆得乎中也。六二柔順中正，故其象如此，此小過最善之爻。

《象》曰：不及其君，臣不可過也。

臣無過君之禮，故不及其君，无咎。而過其祖之无咎，義亦同斯，故不復釋也。

九三，弗過防之，從或戕之，凶。

從，謂二陰從三後也。九三雖以陽居陰上，然陰得中而陽不得中，弗能過乎陰也。且二陰緊隨其後，不可不防之。若不防，則從其後者或戕之，則凶也。三以陽居正，爲艮止主爻，故可以防陰之過，而惟恐其不防也。

《象》曰：從或戕之，凶如何也。

如何，言凶之甚，明其不可不防也。

九四，无咎弗過，遇之。往厲必戒，勿用，永貞。

九四以剛居柔，是能不恃剛以求過者，故无咎。五陰得中，四雖陽，不可過之。且不惟不能過之，近與陰接，无心之中自與陰遇。若恃剛震動而往，則有危厲，必當戒之，勿用其剛可也。勿用之道奈何？永守其貞，不失己亦不狥人，庶可免也。三在二陰之上，故言防。四在二陰之下，故言遇。因震動故戒其往。九四本陽居坤體，變則成坤，故勗以永貞。

《象》曰：弗過遇之，位不當也。往厲必戒，終不可長也。

不當位，剛居柔也。終不可長，五君位，四臣位，守貞而遇君，則可恃剛而輕往，則危。即倖邀一時之歡，必不善終。

六五，密雲不雨，自我西郊，公弋取彼在穴。

密雲，陰盛之雲也。本爻互兑爲雨澤。兑在西方，爻變爲乾，在外卦，故象西郊。我由震言之，兑在震西，自東而西爲陽則易雨，自西而東爲陰則難雨。五以陰居尊，故稱公。大象坎，外卦互巽繩，故言弋。在穴，謂六二也。陰偶象穴。二在艮止之中，故云。六五當小過之時，以陰居尊，無陽以濟，不能有爲。如密雲不雨，自西郊而東，布其勢雖盛，實無所就。二本五之應也，而陰柔不能相助。如弋者取鳥于穴，終不得鳥。以此而過之，何益也？蓋五爲陰過陽之盛者，聖人極狀其無成之象以警之。

象曰：密雲不雨，已上也。

陰陽和而後雨。六五恃其陰以過乎陽，居于至尊，如陰氣已上布爲密雲，而無陽濟之，安得雨也。公弋取彼在穴，亦以兩陰無陽之故，故不再釋。

上六，弗遇過之。飛鳥離之，凶，是謂災眚。

上本與三應，而小過之時，陰過乎陽，不與三遇而過之。知上而不知下，如飛鳥離群而獨往，凶也。災，天殃。眚，人禍。以陰居震動之極，小者太極，必有災眚。此自亢自恃之念，是謂災眚也，欲上之畏災眚而自警。

《象》曰：弗遇過之，已亢也。

陰極于亢，故不能下與陽遇，而過之之凶不待言矣。

附　解

《序卦》有其信者必行之，故受之以《小過》，謂誠信則必于行，必于行則不無小有所過。《大象》行過乎恭三者，正此謂也。雖小有過，過正所以適中，故《彖》言亨，不宜上，宜下，大吉。而六爻則各就其位言之，又不盡此象。初六宜止而應震，欲過乎陽，故凶。六二居陰而柔順中正，故无咎。蓋陰之在下卦者，不欲其過也。六五、上六則已過乎陽，而密雲不雨，弋取在穴，弗遇過之，是謂災眚。一曰已上，一曰已亢，明乎陰上乎陽，自居于亢，無成而有災。抑陰之意顯然。蓋陰之在上卦者，戒其過盛也，宜下不宜上。君子處小人多之時，固當謙卑。小人當黨類盛衆之時，又豈可自逞乎？飛鳥遺之音，自處高明，而未嘗違俗，非識行藏之妙者不能，故大吉也。而前人謂此二語即鳥所遺之音，殊爲牽强。三四两爻尤多誤解，大都不按爻象以求故爾，支離穿鑿。而以勿用永貞爲句，則尤乖義理也。夫永貞者美德，此而無用，將何用耶？震之初爻，以一陽居坤體，變仍爲坤。四與五比，五陰尊得勢，聖人恐四遇之，而因之失己。且震動易行，故戒以往厲，欲其永貞以坤順守陽剛，乃全身以全道之意也。本文自然之理象，應宜如此。

䷾離下坎上

水火者，天下之大用也。陰陽交而萬化生，其精則爲日月，水火互藏其宅，即金木亦寓其神，故萬物無不濟也。既濟則生氣已足，化功已成。其所以濟，則中氣爲之。故既濟者，陰陽之大樞也。《序卦》：有過物者必濟，故受之以《既濟》。謂有餘而後濟耳。

既濟：亨，小利貞，初吉終亂。

坎離得乾坤之正位，此卦水上火下，眞陰眞陽互藏其宅。在人爲性命保合，在天地爲生化不窮，故占者亨也。但既濟之時，尤當謹小慎微，不可以既濟而忽之，故戒占者以小事亦必利貞，而大者可知矣。初吉終亂，申明所以小利貞之故。蓋事當既濟，無不亨通，其初固甚吉也。而積久則晏安怠廢之弊生，其終必亂。惟小者亦以正持之，則不使柔慢之習得以潛滋暗長，而亨者可長保其亨矣。

《彖》曰：既濟亨，小者亨也。利貞，剛柔正而位當也。初吉，柔得中也。

終止則亂，其道窮也。

小，陰也。亂，不濟也。陰不能獨立，必藉陽以成事。既濟之所以亨，以六二柔得其中，應九五之陽剛，而凡事可以有爲，故可濟事而亨也。利貞者，剛居陽爻，柔居陰爻，三陰三陽，各得其正而位當，若不貞則亂位，故戒占者以小必利貞也。初吉者，六二以柔居中，順成乎陽，事無不濟。及其終止，則濟久而離明有所不照，坎陷不無災虞，其道已窮，窮則必變也。以水火言，潤下者終必歸下，炎上者終必就上，故必有窮而不濟之理。

《象》曰：水在火上，既濟，君子以思患而豫防之。

水火交而功用行，然水決則火滅，火炎則水涸。相濟之中，即伏相害之機，故君子以思患豫防。坎險，故象患。離明，故象防。思以心言，豫以事言。既濟之患在于無形，思之而後知，知之而即防，則濟者乃長濟也。

初九，曳其輪，濡其尾，无咎。

坎爲輪，爲狐，爲曳，初在狐後，故象尾。在坎水下，故曰濡。初當濟之時，離明陽剛，慎重不前，濟而曳其輪，雖濡尾弗惜，思患深而防患豫矣，故无咎。

《象》曰：曳其輪，義无咎也。

不輕于濟，正其所以濟也，故義得无咎。濡尾因曳輪，故非二意也，故弗釋。

六二，婦喪其茀，勿逐，七日得。

二重柔，離中女，故爲婦。又應五中男，亦爲婦。茀，車前蔽也。離爲翟茀，坎爲盜在上，故象喪。七日，離爲日，七火之成數。又陰陽皆極于六至七，則變而復初也。婦人喪茀，則無障蔽，然離明中正，如婦之貞而賢者，雖無茀，不畏侵侮也。六二柔中得位，上應九五中正之主，雖承乘皆剛，不無侵擾，有婦喪其茀之象。然光明中正，不以去茀爲嫌，靜以俟之，勿逐而七日自得，明乎中正可以勝邪僻。此柔得中之最美者也。蓋離中即坤中正位，故其象如此。

《象》曰：七日得，以中道也。

中正自守，故茀喪，不久而自得。蓋二守貞靜以應五，終于必濟，故其象如此。

九三，高宗伐鬼方，三年克之，小人勿用。

離爲戈兵，變震動，戈兵動，征伐象。夏曰獯鬻，商曰鬼方，周曰獫狁，漢曰匈奴。坎，北方幽陰之地。三與上六爲應，故言鬼方。離數三，故曰三年。三，人位，變坤陰爲小，故象小人。九三當既濟之時，以剛居剛，故有伐國象。高宗，商中興之君，振衰撥亂，自未濟而既濟者也。坎險在前，故三年方克。占者如之，宜慎重可知矣。小人勿用者，九三陽剛居離明之終，故有戰克象。若用小人，則陰柔必入險也。

《象》曰：三年克之，憊也。

憊，病困也。以剛濟事，雖賢如高宗，且三年後克，故以憊警黷武者。

六四，繻有衣袽，終日戒。

凡帛可以言繻。袽，敝緼也。四變乾爲衣，錯坤爲帛，變兌毀，故象袽。在離上，故象終日。六四當既濟之時，陰得正位，黼黻休明，有美咸章。然當上下水火之界，處多懼之位，成毁相循，美惡倚伏，如繻未成衣，而已有衣袽之勢。人臣近君得位，處既濟之時，勳業爛如，盛滿慮衰，其象如此。

《象》曰：終日戒，有所疑也。

疑者，處既濟之盛，入于坎陷，疑盛美之不久也。繻有衣袽，特美中有惡象，是所以戒之之故。故不復釋。

九五，東鄰殺牛，不如西鄰之禴祭，實受其福。

水火功用等也，故象鄰。先天離東坎西，故象東西鄰。離爲牛，坎爲血，水克火，故象殺。離火，故象禴。禴，夏祭。殺牛，盛祭。禴，薄祭也。水火以相交而成功用，九五爲既濟之主，中實有孚，能保泰持盈，下應六二，凡臣下之美皆其美。正如東鄰殺牛盛享，欲以邀福，而西鄰乃實受之。明乎二之竭蹶以圖功，不如五之至誠以集慶也。東鄰謂離，西鄰謂坎。卦以水火交爲既濟，而五爲濟主，實心任賢，群下宣力效勞，人君安亨其福，故設此象以美之。實對虛言。

《象》曰：東鄰殺牛，不如西鄰之時也。實受其福，吉大來也。

殺牛享祭非不美也，而不如禴祭者，以其非時。五下應二，坎下交離。離南方，而禴夏祭，是禴爲得時之祭也。人若至誠以任賢，享得人之福，吉莫大焉。來謂自下卦而來，下有益于上，故云。

上六，濡其首，厲。

初爲尾，上爲首，在坎終，故濡也。上當既濟之久，陰柔狃于宴安，有濡其首象，危厲甚矣。不言凶者，能知厲而自振，則无凶也。

《象》曰：濡其首厲，何可久也。

濡首則有死亡之憂，故不可久。《象》言終亂以此，欲人知其不久而慮終也。

附　解

乾坤生六子，而坎離獨得其正體，眞陰眞陽互爲其宅，天地之所以交，日月之所以明，萬物之所以出。故坎離者，乾坤之大用也。既濟則水火合璧，五氣凝精，萬物無不育者。然而生氣亦幾盡矣，故聖人于既濟多戒辭。夫不濟不成造化，而既濟又不無虧盈。初吉終亂，理也，勢也。夫思患預防，濟者安能保其終濟。初之曳輪，未可濟而猶如慎重。二之勿逐，知必濟而貞靜。三之用剛，以濟其事難。四之用柔，以濟其心戒。非剛不如柔，蓋既濟之時，貴慎持而忌躁動也。九五爲濟之主，與二相應，正水水交濟之爻，剛正推誠之主，故聖人美以實受其福，而夫子申之曰不如西鄰之時。夫時者，有德有位，又當明良相際之謂也。水火本相尅，而兹則離以虛中文明之德上交，坎以孚誠信實之意下應。水火之所以濟，既君臣之所以合。當既濟之時，主聖臣賢，群策群力，盡歸當寧，故東鄰殺牛，不如西鄰禴祭。二之德非有遜于五，而不如五者時也。前人乃謂五不如二，何耶？又或以四與五居外卦，遂謂爲濟道將革。夫濟者，水火濟也。外卦未過中爻，水未交火，遽以爲既濟，于理通耶？若上六之濡首，則既濟之後，勢窮理極，必不可不思患豫防。六爻雖各有意義，要不離乎《大象》《大象》者近是。昔人曲說，殆未深思耳。繻改爲濡，亦爲鑿空，應就本文爲是。

䷿坎下離上

未濟，事未成之時也。水止火下，不相交，則不成功用。又六爻皆失其位，故爲未濟。《序卦》：物不可窮也，故受之以《未濟》終焉。既濟則勢已窮，未濟則尚可望其濟，以此終之，變易無窮之理也。

未濟：亨，小狐汔濟，濡其尾，无攸利。

汔，幾也。事雖未濟，苟得其道以濟之，則可濟，故有亨之道也。但濟事者必貴審愼以漸，是惟剛明之才能之。下卦坎爲狐，陽陷陰中，而上應六陰，昧于事幾，輕躁無終。如小狐不能聽冰，勇于濟渡，幾于濟矣，而濡其尾，竟不得濟。占者如是，則雖卦有可亨之理，亦無所利也。

《彖》曰：未濟，亨，柔得中也。小狐汔濟，未出中也。濡其尾，无攸利，不續終也。雖不當位，剛柔應也。

柔得中，謂六五。未出中，謂九二。剛柔應，謂六爻未濟之時，欲求濟事，必以愼重漸幾。柔得中，則不自用而能有忍以濟，故亨也。九二方在險中，恃陽剛之才，欲出險而竟不克濟，故有小狐汔濟之象。不續終，有始無終，專任剛之過也。然則未濟之亨，必剛柔相濟而後亨。本卦六爻雖皆失位，然剛柔各相爲應，是猶能同心協力，以圖濟事者。占者愼勿以未濟而置之，此聖人望人求濟之心也。

《象》曰：火在水上，未濟，君子以愼辨物居方。

火炎上而居上，水潤下而居下，不相交則不相濟，故爲未濟。未濟者必欲强其相濟，則反爲害。君子知之，故加敬愼辨其物性，使各類聚，居以其方，使各群分，如水火之不相射而不相害也。

初六，濡其尾，吝。

陰柔居坎險，而欲應四，方濟即濡其尾，不克濟矣。故吝。既濟之濡尾以曳輪故，此則輕進也。《彖》之濡尾爲不續終，此則不愼始也。

《象》曰：濡其尾，亦不知極也。

極，終也。未濟者固欲其濟，而才柔居險，初乃輕進濡尾，則由其不知慮終也，故曰不知極。

九二，曳其輪，貞吉。

九二以陽居陰，上應六五，有濟變之才，而能守臣節，審愼以濟事者，故有曳輪之象，得正而吉也。

《象》曰：九二貞吉，中以行正也。

九居二，本非貞，而云貞吉者，未濟不可不濟，而患其輕濟。二應五，當濟而慮其自恃以濟，以剛居柔，得其中道，則能行其正，不爲險困也。

六三，未濟，征凶，利涉大川。

三居坎上，將出坎險，可以濟矣。而陰柔無才，故尚未濟，若往必凶也。然則將如何哉？是宜資人之才以濟，如涉大川者，用舟楫則利。蓋上應陽剛，承乘皆剛，故戒以勿自用，而用君子也。互離爲舟，以浮坎上，故象涉大川。又爻變巽，木在水上，亦涉大川象。

《象》曰：未濟征凶，位不當也。

六爻皆不當位，而獨言于此者，以此爻爲尤甚也。處坎之極上，又互坎當上下卦變易之際，而承乘皆剛，所處又剛居下體之卦，而才柔力弱不足以濟。位之不當，孰甚于此，故獨言未濟而曰征凶。

九四，貞吉，悔亡。震用伐鬼方，三年有賞于大國。

以九居四，宜有悔矣。然出坎入離，陽剛文明，是能濟險者。苟長守其正，則吉，而悔可以亡。蓋未濟求濟，必賴陽剛之才，而四爲大臣，又非得君不能有濟，九四以剛居柔，柔者臣職，剛者臣才，震動求濟，如伐鬼方然，三年之中，屢蒙恩賞于大國。蓋上近虛中文明之君，奮其勘亂濟世之才，信專寵固，其象如此。四變爲震，故曰震。下乘坎，故曰鬼方。既濟剛在離上，主兵者也，故言高宗。此剛在離下，將兵者也，故不言高宗。既濟鬼方在上，仰而攻之，克之難，故曰憊。此則鬼方在下，易于屈服，故言賞也。

《象》曰：貞吉悔亡，志行也。

九四已出于險，陽剛有可濟之才，以貞則忠順于君，克展其才，濟險之志得行也。猶在未濟中，故但言志。

六五，貞吉，无悔，君子之光，有孚吉。

柔中得坤順之體，故貞。離明，故光。虛中應坎，故孚。六五當未濟之時，柔中虛己，下應九二，蓋得未濟求濟之正者吉，而凡悔可以无。君子和順積中，英華發外，誠孚而人己皆吉，象正如斯。貞吉之吉，以一己中正之德言；有孚之吉，以君臣際合之美言也。

《象》曰：君子之光，其暉吉也。

日光曰暉。君子盛德光輝，誠孚于人，正如離日虛明朗照，物皆被光，故在己在人，無弗吉也。

上九，有孚于飲酒，无咎。濡其首，有孚失是。

《易》中凡言酒，皆坎象。上爲首，下應坎，故象飲酒。有孚于飲酒，有相孚而以酒相飲者也。是，謂飲酒。未濟之極，當反爲既濟，而上居高無位，非有濟之權，無濟之責，遭時將泰，下應六三，飲酒相樂，優游俟時，无咎也。然所謂有孚于飲酒者，從容以俟時，非沈湎而自廢也。若溺而不返，若濡其首然，則雖有孚而失其所以无咎之道，并是飲酒之樂亦必失也，戒之也。

《象》曰：飲酒濡首，亦不知節也。

君子當未濟之極，同心晏樂，觀變俟時，豈真躭情杯酒？而竟濡首，則不知節矣，即飲酒亦何可久得耶。莘野渭濱，未嘗不優游自樂，而得時則駕。沈溺枯槁之士，則遂徜徉放廢，所謂飲酒濡首者也。

附　解

天地無不濟之時也。人事則既濟往往不濟，其不濟也以人之履盛而滿，非天之厄之也。若夫物之生死變化，則陰陽二氣鼓舞屈伸所爲。終者始之，始者終之。迹有榮枯，氣無終極。《序卦》曰物不可窮也，故受之以《未濟》終焉，此之謂也。而《雜卦》復曰，《歸妹》女之終，《未濟》男之窮，何耶？陰從陽剛，而生之事已畢；陽亢陰老，而生之理遂泯。故聖人作《易》，既濟者患其不濟，未濟者期其終濟，欲人長保其濟，以存天心，而後氣化不得而奪之。然自天地分剖，日月流行，乾坤之真氣寄于坎離，而人之由生入死者，萬古無如何矣。有恃以不生死者，惟此心此理。合天之撰，承天之化，以維世道于無窮，而此非可望之常人也。故《彖》《象》第即分位以教人，未遑責以精深。然即日用常行求其實理，而所以上達者，未嘗不在于兹。愼辨物居方，不强其濟而已可以濟。聖人之因物付物，而無心不于此見耶。濡尾戒其輕濟，曳輪喜其愼濟。六三之征凶，恐其自恃而不從人。九四之貞吉，謂其近君而得志。五則柔中下賢，上則優游自養。聖人于未濟之時，未嘗教人急于求濟也。夫濟不濟，決之于己，而可濟與否，審于其時。然後未濟者可濟，既濟者常濟。自古聖人隨時立法，維持天運人心，義蓋如斯。而區區利害得失之說，不足與于其閒矣。學者愼而辨之。

周易恒解卷五上

繫辭上傳

《繫辭》，本謂文王、周公所作卦爻之辭，此則孔子自以己意繫《易》也，以其通論一經之大體，無經可附，故自分上下篇云。

天尊地卑，乾坤定矣。卑高以陳，貴賤位矣。動靜有常，剛柔斷矣。方以類聚，物以群分，吉凶生矣。在天成象，在地成形，變化見矣。是故剛柔相摩，八卦相盪。鼓之以雷霆，潤之以風雨，日月運行，一寒一暑。乾道成男，坤道成女。乾知大始，坤作成物。乾以易知，坤以簡能。易則易知，簡則易從；易知則有親，易從則有功；有親則可久，有功則可大；可久則賢人之德，可大則賢人之業。易簡而天下之理得矣，天下之理得，而成位乎其中矣。

乾坤，卦名。貴賤，卦爻上下之位。動者陽之常，靜者陰之常。剛柔，《易》中卦爻陰陽之稱。斷，分判意。方，四方。物，萬物。分聚得失而吉凶異。象，日月星辰之屬。形，山川動植之屬。變化，《易》中錯綜參互之義。摩，切摩。盪，推盪。八卦，以天地水火山澤雷風之象言，非已畫之八卦。剛柔者，八卦之性情。雷霆風雨，摩盪之形而易見者。日月則乾坤之精，故特言之。寒暑由日月而分，男女從乾坤而出。日月之爲，莫非天地之爲，故承之以乾知大始，坤作成物。知謂知此，作謂能此，始者始其氣，成者成其質。未成之始，非有造作，故言知；已成之後，有形可見，故言作。大者，全備之意。易，順易；簡，不煩。一氣鼓盪而萬物自生，故曰易知；順天之道而無所煩阻，故曰簡能。惟其順易而無艱深，故易知；惟其簡質而無煩難，故易從。有親有功以下，言人法天地之道。賢人即聖人。天下之理得，言萬變不越乎此理；成位乎中，則人合天地之道者也。

天以健運而尊，地以柔順而卑，是天尊地卑，未有乾坤之卦，而乾坤已定矣。卑者賤，高者貴，是未有卦爻之貴賤，卑高陳而貴賤已位矣。天以剛爲體而常動，地以柔爲體而常静，動静有常，未有易卦之剛柔，而剛柔已斷。剛柔動静之氣各有其方，剛柔動静之質各有其物，方以類聚，物以群分，分聚得則吉，否則凶，易卦之吉凶由是而生。在天成象，地氣之所上騰，在地成形，天氣之所下凝，易卦之變化即此而見。然則易之以乾坤居首，而貴賤剛柔動静變化吉凶以生，固皆天地自然之法象，非臆鑿也。是故天地衹此一元之理氣，而天地既交，則剛柔相摩，八卦相盪，即有自然之用。氣郁而不宣，則鼓之以雷霆；氣亢而不和，則潤之以風雨。而日月實括其樞，日生於東，月生於西，運行不息，分爲寒暑。寒者陰之凝，暑者陽之積，要皆乾坤之理氣而已。乾道純乎陽，而在人則成男；坤道純乎陰，而在人則成女，是人所以秉天地之精也。物莫不有始，而乾道施生，凡物之始皆始焉，是爲大始，無不秉乾始而始者，是物之始乾皆知之也。物莫不有成，而坤道養育，凡物之成皆賴焉，是坤實作之，無不由坤作而成者，是物之成坤皆作之也。然天地亦有何心？乾雖知始，而自然之理氣順而布焉，無艱阻也。坤雖成物，而順天之理氣養而育焉，無煩難也。乾以易而知始，坤以簡而成能，此乾坤所以爲天地之性情，而欲體乾坤者不出乎此矣。蓋凡艱深阻難之事則不易知，矯勉造作之事則不易能，順易則易知，簡要則易能。易知則人人皆樂而附之，可有親矣。易能則人人便而安之，可有功矣。情患其睽，有親則天理人情之自然固結而可久。事患其輟，有功則天理人情之大順積累而可大。可久則賢人之德亦與天地同其悠久，可大則賢人之業亦與天地同其廣大矣。是故易託始於乾坤，以萬理皆本原於天地。易簡而天下之理得，天下之理得而人道與天地參，成位乎其中矣。然則天地非理象數之總滙，而八卦之原乎？此文王所以特標乾坤爲首也。

右第一章。言天地爲易之原，而文王所以首乾坤，自然之理象，萬物不能遺，人能法之，亦與天地參矣。

附解

伏羲畫卦，以象天地萬物之情。而連山首艮，歸藏首坤，取義不同。文王始以乾坤爲首，乾坤者萬物之父母也，萬象莫不從乾坤而出。一陰一陽，動静無端，循環無始，是天地之所以生生而不窮，變化而不息。凡所謂交易、變易、不易之象，皆在其中。六子爲乾坤之大功用，衍爲六十四卦，其象始盡，其理則不出乎乾坤之範圍也。夫子此章，正深明其意，而歷來儒者不察，拘牽八卦，旁及象爻，遂不得本文承接貫串之理。愚故不分界段，順其自然之語氣而詁之，明者審焉。剛柔相摩，八卦相盪，正言八卦止一剛柔之所發揮，雷霆風雨，舉一二以該其餘。前人便以羲圖左右旋解之，抑思雷霆風雨於八卦爲不全，且是故二字承上乾坤直下，語意亦不順。日月運行，一寒一暑，承上剛柔摩盪之意，起下成男成女。而即繼之曰乾知大始，坤作成物，明乎日月者，乾坤之樞也。天位乎上，地位乎下，高卑萬古不易，而其氣機消長屈伸往來變化，則日月爲之。六子雖皆乾坤所化，而坎離獨得乾坤之正體。日陽精而孕陰，月陰精而孚陽，互爲其宅，交致其功，故日月運行，寒暑頓易，而歲功以成，人物以遂，要無非乾坤一氣屈伸之爲也。故下文曰乾道成男，坤道成女，而即贊以知始成物易知簡能，推及於有親有功可久可大，欲人法乾坤以修身，此聖人作易之本懷也。夫乾坤至尊，然其理氣則人皆備之，聖人高明配天，博厚配地，止完得人道分量，非外身而求，勉强而合。而後世聖學罕傳，則人第逐逐於象數之末，瞀瞀於事物之塗，不特不敢法天地，亦不知所以法天地矣。

聖人設卦觀象，繫辭焉而明吉凶，剛柔相推而生變化。是故吉凶者，失得之象也；悔吝者，憂虞之象也；變化者，進退之象也；剛柔者，晝夜之象也。六爻之動，三極之道也。

聖人，統指羲、文、周公。伏羲設卦，文、周觀象。繫辭明吉凶，藉卜筮而以辭象示人也。吉凶悔吝以卦辭言，失得憂虞以人事言。失理則凶，得理則吉。憂，憂念。虞，虞度。於理不安則憂而多悔，任私不任理則虞而多吝。變化剛柔以卦畫[①]言，進退晝夜以造化言。柔變趨剛，進之象，剛化趨柔，退之象。進退无常，故變化爲進退之象；晝夜有定，故剛柔爲晝夜之象。三極，即三才至極之道。六爻變動，而萬物之理無弗該，凡三才之道皆盡於中，故曰三極之道。

天地人祇此一理主宰其中，而萬事萬物變化無常。常人動而多乖，聖人憂之，故設卦以明其象，而後聖人復觀象繫辭，示人以吉凶之道。順理則吉，違理則凶，欲人因吉凶以悟至理，非教人昧理而趨吉避凶也。天地止一剛一柔，柔不一於柔，柔有時而窮，則自陰以推陽而變生焉；剛不一於剛，剛有時而窮，則自陽以推陰而化生焉。變化無窮，故卦象卦辭不一，而理之無定有定者亦寓其中矣。是故即象辭而觀之，其言吉凶者，由理有失得也，其言悔吝者，由昧理而憂虞也。然則易辭云吉凶悔吝，固自人而分也。至其象之變化，由陰陽進退而生，陰陽剛柔即晝夜顯呈而可見。然則易象之變化剛柔，固自天地而出也。天位乎上，地位乎下，人位乎中，三才并峙，莫或低昂，是爲三極。而易之象辭義無弗該，故六爻變動，萬象咸具，而三極之道盡之也。以上極讚聖人卦象辭之美。

是故君子所居而安者，《易》之序也；所樂而玩者，爻之辭也。是故君子居

① 畫，底本作晝。

則觀其象而玩其辭，動則觀其變而玩其占，是以自天祐之，吉无不利。

上居，處也。下居，平素也。上君子，謂聖人。下君子，學者也。動，謂一切云爲。《易》之序衹一屈伸消長，各因其時而已，君子時中而行，故居而安。爻之辭萬理曲盡，君子精義入神，故樂而玩。君子之深契於易如此，是故體道之君子，平居則觀其象而玩其辭，所以研究乎義理者至深，一有言行動作，則又考之以卜筮，觀其變而玩其占，是理極其精，而用極其神，是以自天祐之，吉无不利也。此乃教人學《易》之道。

右第二章。乃言文王、周公繫辭之故，學者當玩而體之。此三《易》古者并行，而孔子所以特取《周易》也。

彖者，言乎象者也；爻者，言乎變者也；吉凶者，言乎其失得也；悔吝者，言乎其小疵也；无咎者，善補過也。

彖謂卦辭，文王所作者。爻謂爻辭，周公所作者。象指全體而言，一卦之所具者。變指一節而言，一爻之所具者。凡言動之閒，善則得，不善則失，小不善爲疵，不明乎善而誤入爲過。覺其小不善欲改而未及改，於是乎有悔；覺其小不善猶可及改而不能改，於是乎有吝。善，嘉也，嘉其能補過也。

言文王作彖辭以明一卦之象，蓋欲人即象以窮理也。周公作爻辭以明乎一爻之變動，蓋欲人知理不一而實至一也。言象言變，不外吉凶悔吝之辭，悖理則失，順理則得，故即吉凶以示人從理也。悔未純吉，吝未純凶，言乎其小疵而欲人并此無之也。其言无咎者，則或失或小疵，而能改以從善，則免於咎，故以无咎嘉許之也。

是故列貴賤者存乎位，齊小大者存乎卦，辨吉凶者存乎辭，憂悔吝者存乎介，震无咎者存乎悔。是故卦有小大，辭有險易。辭也者，各指其所之。

列，分列也。位，六爻之位。六爻上貴下賤。齊，均也。小大，謂陰陽。陽大陰小，陽多則以陽爲主，陰多則以陰爲主，總欲陰陽平均，相濟而不相害也。介，善惡初分之介。震，動也。憂則必思有以防之，震則必思有以補之。

承上言吉凶悔吝之義如此。是故人品有貴賤，而一一分之，即上下卦之位可識矣。事物有小大，而彼此均齊之，即卦之小大可以類推矣。至於貴賤小大之中，又有吉凶之不同，欲辨其實，則在聖人之辭也。聖人非徒辨其貴賤小大使人趨吉避凶，蓋凡事之得失必有其幾，即其善惡初分之介而謹之，則易爲力，於其已誤而震動改過，則可以復於善。學《易》者憂悔吝而欲勉之，在乎審其介；震動而得无咎，在乎能悔。然則憂也、震也，是觀象學聖之要也。是故卦有小大之不同，而卦辭亦有險易之别，欲知卦象必當玩辭。而辭不一也，聖人各就其理象，指人以所之而使不迷於所往，第恐人不深察耳。

右第三章。言卦爻象辭之大凡，欲人審而體之也。

附 解

此章先儒解最明，而解善爲嘉，則來氏等得之。前是故，承上象變之吉凶悔吝无咎，而指出憂震二字爲體易之要。後是故，承憂震二句而歸於辭之險易，各指所之，欲人分別細玩而勿迷於所往。蓋聖人示人之意至詳摯矣。

《易》與天地準，故能彌綸天地之道。

準，等也，同也。彌者，彌縫之無有罅隙，大無不包也。綸者，條理之極其分明，細無不析也。二句總冒下文。

仰以觀于天文，俯以察于地理，是故知幽明之故；原始反終，故知死生之說；精氣爲物，游魂爲變，是故知鬼神之情狀。

天文，凡日月星辰盈虛變化之屬皆是。地理，凡山川原隰流峙險易之屬皆是。其有象者爲明，其無朕者爲幽。原，推之於前。反，要之於後。生死者，人之常談，故言說。精氣者，氣凝而成精，因以有物。游魂者，魂散而浮游，因以變化。凝精之中未嘗無魂，而魂寓於氣，氣方凝則魂爲宰，故第言精氣，而魂之聚者在其中矣。游魂之中亦豈無氣，而氣逐魂離，魂已微則氣無主，故第言游魂，而氣之散者在其中矣。鬼神者陰陽之靈，陽伸而爲神，陰屈而爲鬼。陰陽之氣，盛衰消長不時，而鬼神之情形因有不一，玩《易》則皆知之也。

承上言易理通幽達明。聖人當日因仰觀俯察，明於天文地理燦著當然之理，又明於其所以然之故，是故知幽明之故，而以易通之也。易可知死知生，聖人因原乎人之所以始，而知受氣於天者無不全；推乎人之所以終，而知賦形於地者不能久，是故知死生之說也。易與鬼神合其吉凶，聖人因明乎天地人無二理，氣依魂而立，魂依氣而靈，凝結則爲精，浮散則爲游魂。當夫物之始有而魂依於氣，氣之精物得之以成形，由靜而動爲神之伸。及夫物之將盡而氣與魂離。魂之游物，因之以變化自有而無爲鬼之歸，是故知鬼神之情狀也。夫幽明死生鬼神，皆隱奧莫測者，而易皆知之，其彌綸天地之道，不亦宜乎。

與天地相似，故不違；知周乎萬物而道濟天下，故不過；旁行而不流，樂天知命，故不憂；安土敦乎仁，故能愛。

相似，以性量之德言，如《中庸》所謂高明、博厚、悠久者也，下文乃析言之。不違，指《易》言，惟其有德如是，故著而爲《易》，無一違乎天地者。周萬物，知之精矣，而道主於濟天下，仁中有義，故不過。旁行，猶汎應也。流，如水之流，無節制也。天、命本一也，尊之則曰天，言其主宰則曰命也。惟樂故知，既知亦無不樂。安土，隨遇而安。敦乎仁，培之而益厚。不憂、能愛，知仁之極致也。

承上言《易》之彌綸天地如此。以聖人之德本與天地相似，故著而爲《易》，無一或違乎天地也。天地之理散著於萬物，而天地之心無非欲生成乎天下，聖人知周乎萬物，而道主於濟天下，則非察察以爲明，鉤索以爲智，故不過乎中正之則也。其見於日用，旁行曲當，而非流而無節，惟樂乎天理之當然，知乎命令之自然，故在己無憂。其蘊於神明，如土之安，敦厚不窮，本天性之慈祥，普仁民之事業，故於人能愛。聖人之似天地者如此。

範圍天地之化而不過，曲成萬物而不遺，通乎晝夜之道而知，故神无方而《易》无體。

範，鑄金之模。圍，圍繞其外。曲猶偏，偏旁幽曲之處皆成就之也。晝夜顯而易見，而其所以然，即幽明死生鬼神之秘。通，貫通之也。神者化之主宰，方則有所，體則有形也。

承上言聖人以如是之德，而著爲《易》書，故天地之化莫測，而《易》範圍之，莫能踰越。萬物之情各殊，而易曲成之，無有遺漏。晝夜者人人所識也，而其所以然，則天地萬物之變化存焉。聖人即物理之當然，明其所以然，則晝夜之道貫通之而無不知也。其精微廣大，寧有外乎？故天地之化，其主宰之者神，神固無方可求，而《易》之爲書，亦無一定形體之可泥也，《易》不與天地準乎？

右第四章。言易道準於天地，由聖人德合天地，故著而爲《易》，其神妙如此。

附　解

天地者，萬物之父母，太極動靜之燦形。昔人云：未有《易》前，《易》在天地；既有《易》後，天地存《易》。聖人得天地之全，故能畫卦演爻，以窮其象，盡其變。此章極贊《易》之彌綸天地，因《易》自聖人作，故言聖人仰觀俯察，通幽達明，乃能作《易》如是之精一。起言《易》與天地準，結言神無方而《易》無體，文義本自顯然。乃前人分仰觀一節爲窮理，與天地相似一節爲盡性，範圍一節爲至命，令書旨不明。又於道濟天下數句，分言知仁，轇葛不清，以致曲說紛紛從而附會。愚故不敢仍訛踵謬，而一一就其本文語義釋之如右。

一陰一陽之謂道。

太極動而生陽，靜而生陰，陰陽迭運，互爲其根，變化而生萬物。理宰乎氣，氣載乎理，天地萬物莫不由此，如大路然，故曰道也。

繼之者善也，成之者性也。仁者見之謂之仁，知者見之謂之知，百姓日用而不知，故君子之道鮮矣。

繼，接續不息意。善，謂理之元。成，凝成有主意。性，謂人所秉之正。仁以其慈祥愷惻之心名，知以其明辨精詳之見名，一理而各得其氣質之近者也。

承上言此陰陽之理在天者，本無駁雜偏倚。承此渾然粹然者，以繼其初，則所謂善也。知其本屬至善而全陰陽之正，以成其爲人，則所謂性也。善者純粹之名，性者所以生之名。全此善性而氣質有陰陽之不同，則有仁者、知者之異。仁者見之謂之仁，知者見之謂之知，其見不同，其理則一，要皆性中至善之理。百姓無仁知之德，則日在陰陽理氣之中，雖未嘗離以爲用，而不知其爲道也，故君子鮮焉。

顯諸仁，藏諸用，鼓萬物而不與聖人同憂，盛德大業至矣哉。

顯，自内而外。仁，謂造化之心。藏，自外而内。用，謂造化之功。不與聖人同憂，聖人有造化之心，而功能不逮天地，則自然無爲，而萬物生成也。德以藴蓄言，業以燦著言。

承上言此陰陽之道，其含藴者，則爲仁發育而顯於外，莫非仁之所包含遍覆也。其生成者，則爲用神妙而藏於内，莫非用之所收斂歸著也。然天地豈有心於顯之藏之哉？衹此一陰一陽流行變化，鼓盪萬物而不知，雖以聖人之心德如天，心如天，常以不能盡生盡育爲憂，而天地不與之同也。此所以其德至盛，其業至大，而非形聲跡象所能測，至矣哉。

富有之謂大業，日新之謂盛德。生生之謂易，成象之謂乾，效法之謂坤，極數知來之謂占，通變之謂事，陰陽不測之謂神。

富有，無物不有，而無一毫之虧欠。日新，無時不然，而無一息之閒斷。生生，陰生陽，陽生陰，循環不窮。受氣成象，乾健之爲；效法天理，坤順之爲，故《易》天地而云乾坤也。數，陰陽生生之兆；來，陰陽變化之端。通變，通其變化以適於中。不測，謂陰陽理氣之無在而無不在也。

承上言天地以陰陽之理，鼓萬物於不知，而無德與業之可名矣，而吾以盛德大業稱之者，何哉？蓋人承天地之功則有業，而陰陽之發育也，無物不有，無稍欠闕，則富有矣，故謂之大業。體天地之理則爲德，而陰陽之藴含也，無時不然，歷久彌光，則日新矣，故謂之盛德。聖人知盛德、大業備於陰陽，故作《易》以象之。陰陽相生，變化無窮，故謂之易。陽莫盛於天，物無不得天氣以成象，以其健行不息，爲凡有象者所託始，故《易》本其健性而名之曰乾。陰莫盛於地，物無不得地以成形，隨其得天厚薄而效法之，以成物之體，故《易》本其效法而名之曰坤。要而言之，乾坤止一陰陽而已。陰陽奇耦變化而有數，數無常而理有定，窮極陰陽之用，以得其一定之理，來者可知，此謂之占。占而得之，則本此理以通其變，而凡事可理，則謂之事。事之所在，莫非陰陽之理所在也。而屈伸消長往來變化，究不可以意測，則謂之神，神者陰陽之妙而已。然則一陰一陽，豈非道之實而《易》之原乎？

右第五章。言道備於陰陽，而百姓不知，故聖人作《易》以盡其妙，究其神。

附　解

太極無象，陰陽有象，即有象以窺無象，而分合變化，生生不窮，流行不已，《易》之所由來也。六十四卦，天地萬物之理無不該，而實不過一陰一陽，此章故直揭其道而言。繼善成性，亦止此理；仁者見仁，知者見知，亦止此理；百姓日用，亦止此理。特其顯仁藏用，本諸無心，而泯乎迹象，故盛德大業不可窺測。然既有大德業，則無眹之陰陽，以有眹者觀之而可識也。故《易》本其生生之理以名，因其成象效法則曰乾坤。乾坤具而生生之大象已昭，即六十二卦之本原在是矣。極其數，知其來，通其變，究諸於不測，占也事也神也在是。然則學《易》者可不知陰陽乎？本文語義自明，因諸儒不審承接脈絡，旁牽曲說，遂爾塵封，今悉正之。繼善成性，宋儒之說均不得其解。繼此陰陽之理，而無稍偏駁，則所謂善也，猶言天命之謂性。成此陰陽之正，而無愧生初，則所謂性也，猶《中庸》言率性之謂道。第意同而語不同，性善道字似相混，前人遂不了然。善就天命之本體言，故曰繼；性就人之成就人理言，故曰成。其實善即性，性即善，無二理也。特本文緊承一陰一陽之道來，故言繼言成，與《中庸》特示人性道教三字意別，則詞亦別也。陰陽理氣，萬物無不由之，而此二句則止就陰陽之正者言，蓋物得陰陽之偏者，物之爲，非道之爲也。愚於《中庸》已詳，兹不贅。

夫《易》廣矣大矣。以言乎遠則不禦，以言乎邇則静而正，以言乎天地之閒則備矣。

廣者，中無不含。大者，外無不包。遠，推暨。邇，謂身心天地之閒，凡事物幽顯皆是。言易道至廣至大，推暨於事爲無遠不到，而莫之禦；守之於身心，静存有主，得其至正，以言乎天地之閒，凡萬有之理無不備具也。

夫乾，其静也專，其動也直，是以大生焉。夫坤，其静也翕，其動也闢，是以廣生焉。

專，專一。直，直遂。翕，收斂。闢，開動。乾坤各有動静，實止一氣之爲。專以其凝一者言，直以健行者言，翕則藏乾之機，而闢則遂乾之化。乾陽實，故以質言而曰大，大者足以包乎地之形。坤陰虚，故以量言而曰廣，廣者足以容乎天之氣也。

承上言易之廣大原於乾坤。夫乾，其静也專，陽之凝一者無纖毫之雜，其動也直，氣之發越者無橈屈之情，是以大其生而不窮焉。夫坤，其静也翕，乾之氣而能含孕，其動也闢，乾之機而能發育，是以廣其生而不隘焉。是則廣大者乾坤之理也。

廣大配天地，變通配四時，陰陽之道配日月，易簡之善配至德。

配，合而與之比也。變通，陽變通陰，陰變通陽。義，名義。凡事皆有陰陽，易中取義不外乎此。易簡，理有常而易以揆度萬務，故曰易；至約而能兼統萬事，故曰簡。至德，謂乾坤易知簡能之德也。

承上言易之廣大配乎天地，故能遠不禦，邇靜正，天地之理皆備。其卦爻變通，非有矯勉，如四時之代運，本元氣消息之自然也。其取義不外陰陽，非故複衍，如日月之斡旋，實爲萬物生成之大用也。其理至爲平易，可以無所不知，其義至爲簡約，可以無所不貫，是亦乾坤易知簡能之至德也。易之配天地如此，其廣大不亦宜乎。

右第六章。言易道廣大配乎天地，而因推極於乾坤動靜之機，極贊易道之妙。

附　解

首節爲一章之主，贊易廣大而即遠邇天地之閒，以明其用。次節申言乾坤動靜，以明天地廣大之故。末節乃言易廣大之實。廣大配天地句，承上而結之，與下三句不平列，下三句乃正言其廣大也。蓋四時日月是天地廣大之用，而易之變通陰陽易簡配之，故配天地。夫天地一陰陽耳，陰陽動靜，互爲其根，各藏其用，而實止一太極之蘊含。此言專直翕闢，若天地各爲其氣機者，然且四時日月，亦止天地之氣機呈露也，而又分別言之，若又各有其功用者，因易之全體大用無所不包，故錯綜言之。讀者不得其意，則含混穿鑿，無所不至，今晰言之。末節首句承二節廣大二字說，下言易之廣大亦與天地同。天地之功用在四時，四時遞運，變通不窮，實止一陰一陽消長屈伸爲之，易之變通亦如是矣，而實止一陰一陽之理。夫至廣至大，則宜其別有神奇，而實止如四時陰陽，人人共曉，是易知矣。天下古今多少事變，而皆可以易決之，是至簡矣。易簡者天地之至德，而易亦然，是可以配天地之至德也。聖人將易與天地合并發明，而讀者不明天地之理，因不達聖人文義，故謬說叢生，識者其詳辨之。

子曰：《易》其至矣乎。夫《易》，聖人所以崇德而廣業也。知崇禮卑，崇效天，卑法施。天地設位，而《易》行乎其中矣。成性存存，道義之門。

總承上三章而贊之，故加子曰字，作詠嘆語也。德存於心，業見於事，一理而體用異名也。崇者，日進而高明；廣者，日積而博厚。知則高名之稱，禮亦廣博之用。天尊而清明，地卑而博載。《易》行其中，言自然之理象也。天地之德在人曰性。成，體而全之。存存，存而又存，敬修不息也。道義之門，道義皆從此而出。萬事萬理莫不本於性，即莫不本於天地也。

夫子歷言《易》與天地相似之意，而嘆之曰：易其至矣乎。夫《易》，聖人所以修身經世，崇其德於內，而廣其業於外也。何者？人識卑則闇，學《易》而窮極奥理，則知日崇。志滿則溢，學《易》而動循天則，則禮日卑。惟天高明，惟地謙下，崇以效天，卑以法地，是天地之道全在於人。故《易》之爲教，非强人以所本無自，天地設位，而《易》已行乎其中矣。人能體天地以成德，則爲成性，果能成性而存存不息，則萬事萬物皆從此而出，是道義之門也。學《易》者可不勉乎？

右第七章。總承上四章，而勗人學《易》以成性。

附　解

《繫辭》皆子言，因承上而詠嘆之，故獨有子曰字，非後人所加也。易道即天地之道，學《易》非徒玩卜筮，正欲盡萬物之理，知吾身之理，而全其性以承天地。此章乃結明之，知極其高，而理極其卑，舉此以言法天地之大要，成性存存，則所以能崇效卑法之本也。道義初無大别，此處并言，則道指理之統滙，義指理之分見者。門，言其必由乎此也。夫性何以言成哉？孔子十五志學，七十而後從心不踰，孟子有諸己漸至於化神，盡性之功有許多次第，必有聖師授受，積久而成也。故人身一小天地，人人知之，而所以與天地參，不愧爲人，必由成性，罕有知之。性成矣，而存存不息，其一元之理氣與天地同，故參天地而無疆。道，理之總名；義，道之散著。道義之門在天地，亦在吾身，苟盡爲宣洩，則不能踐事天之實學，而反小視天地，聖人所以慎之也，然有志者何可不究？

聖人有以見天下之賾，而擬諸其形容，象其物宜，是故謂之象。聖人有以見天下之動，而觀其會通，以行其典禮，繫辭焉以斷其吉凶，是故謂之爻。

賾，繁雜也，形容者，物之狀；宜者，物之理。自有天地而物象紛呈，各有其象，各有其宜，聖人以卜筮擬而象之，凡天地閒之象統此矣。動，變動也。會者，理之聚；通者，理之行。變動無常，理則有常，聖人以爻義示人，使其知無定而有一定，繫辭以斷其吉凶，此爲效天下之動而言，故謂之爻也。

言天下之至賾，而不可惡也。言天下之至動，而不可亂也。擬之而後言，議之而後動，擬議以成其變化。

惡，厭惡。反常曰亂。承上言聖人所以立象爻以示人者，言天下之事至賾，然皆天理之流行，人事所不可廢，不可厭惡也。天下之變至動，然有天命以主宰，當審慎以適中，不可淆亂也。惟不可惡，故須得形容而合物宜；惟不可亂，故須觀會通以行典禮。學《易》者凡事擬之而後言，議之而後動，則得乎當然之理，而盡乎會通之道，用以行其變化。時中之詣在是矣。

鳴鶴在陰，其子和之，我有好爵，吾與爾靡之。子曰：君子居其室，出其言善，則千里之外應之，況其邇者乎？居其室，出其言不善，則千里之外違之，況其邇者乎？言出乎身，加乎民；行發乎邇，見乎遠。言行，君子之樞機。樞機之發，榮辱之主也。言行，君子之所以動天地也，可不愼乎？

此下七節，承上文而示人以擬議之道，略舉七章以見義。《中孚》九二，言鳴鶴在陰，其子必和，我有好爵，而與爾靡。子曰，此以言聲氣之相通，而物我有同情也。君子幽居獨處，與人何關？然居其室，出其言善，而千里之外應之，無不以爲善也；出言不善，而千里之外違之，無不以爲不善也。是知言出乎身，加乎民，行發乎邇，見乎遠。言行之動，如戶動於樞，矢發於機，明暗攸關，而感應最捷，善則榮，不善則辱，皆主於是。極而言之，君子感動天地，亦由此也，可不愼乎？此所以必須擬議也。

同人，先號咷而後笑。子曰：君子之道，或出或處，或默或語。二人同心，其利斷金。同心之言，其臭如蘭。

《同人》九五，言先號咷而後笑。夫子曰：爻言始異而終同也，然則天下之事，豈必盡相同哉？亦惟取其理之是而已。君子之道，出處語默，或有不同，而同歸於是。蓋其理同則其心同，其心同則其言亦同。同心而適於行，如至利之器，可斷至堅之金，物莫能閒。同心而著於言，如幽蘭之臭，人自被其芳馨，物莫能雜也。不然而有心矯異，有心苟同，皆非擬議之道也。

初六，藉用白茅，无咎。子曰：苟錯諸地而可矣，藉之用茅，何咎之有？愼之至也。夫茅之爲物薄，而用可重也。愼斯術也以往，其无所失矣。

《大過》初六，言藉用白茅、无咎。子曰：以物置地亦已爲安，即苟且以錯諸地而已可矣，乃必藉之以茅，何咎之有？蓋置地，愼矣；藉之，加愼矣；又必用茅藉之，愼之至也。凡事過愼則可免咎，而愼之之術亦不可不擇。夫茅之爲物至薄，而其用可重也，以小心成其大度。愼斯術也以往，其无所失矣，則擬議雖過，亦有何傷？

勞謙，君子有終，吉。子曰：勞而不伐，有功而不德，厚之至也。語以其功，下人者也。德言盛，禮言恭。謙也者，致恭以存其位者也。

勞者，功之未成。功者，勞之已著。伐，誇。德，自以爲德。語，告也。語以其功，揚人之功。《謙》之九三，言勞謙，君子有終，吉。子曰：有勞與功，易生誇大，若不伐其勞，不自德其功，則厚之至也。蓋功在己而歸諸於人，語以其人之功，非我之能，是能謙以下人者也，故曰勞謙。凡有德之言，美盛可親；有禮之言，恭敬可愛。語以其功，不自居功，即德言禮言皆全矣。致恭於人，己身亦安，故謙之道常見於言。謙也者，致恭以存其位者也，擬議之道，豈有外於謙者乎？

亢龍有悔。子曰：貴而无位，高而无民，賢人在下位而無輔，是以動而有悔也。

此條已見於《乾》卦，而又言之者，以盛滿而不知止，人尤易犯，故複言之，欲人并此無之，以免於悔，擬議乃極精也。

不出戶庭，无咎。子曰：亂之所生也，則言語以爲階。君不密則失臣，臣不密則失身，幾事不密則害成，是以君子愼密而不出也。

失臣，臣忠於謀君，而君露其言，致罹害也。失身，自露其言而禍身。幾，事之始；成，事之終。《節》之初九，言不出戶庭，无咎。子曰：《易》言愼動之節，而愼動必自其言始。蓋禍之生也，則言語以爲階。微論其不當言也，即理本當言，而時不可言，如宣洩而不密，君則失臣，臣則失身，幾事則害於成，是以君子愼密而不出也。人即自反無愆，安得不擬議以求愼密哉？

子曰：作《易》者其知盜乎？《易》曰：負且乘，致寇至。負也者，小人之事也。乘也者，君子之器也。小人而乘君子之器，盜思奪之矣。上慢下暴，盜思伐之矣。慢藏誨盜，冶容誨淫。《易》曰：負且乘，致寇至，盜之招也。

凡意外之患如盜，不擬議愼重，則必致災。子故即致寇之說，以明天下之事至賾至動，安能盡擬議之。擬議者，審愼之意，要在安分循禮而已。但人多不能，故慨嘆而言。作《易》者殆知盜之事，如負且乘，致寇至之云，以小人而乘君子之器，不自量其才，且欲自逞其才，不知盜已思奪之矣。推而言之，在上而慢，在下而暴，亦衹是不安分，不循禮，故盜亦思伐之。其不安分循禮也，特因不自量而欲逞其才耳。正如有財，惟恐人之不知而慢藏；有色，惟恐人之不覺而冶容，不知適所以誨盜誨淫。《易》言負且乘，致寇至，其義如此。是盜由己招，非無因而至。所以人必學《易》，擬議言動，而後免禍患矣。

右第八章。原聖人象爻之義，而欲人擬議以求合，因例舉七章以廣其說。

附　解

畏事者喜清淨而惡繁賾，卻不知天理之流行無處不在，不可惡也；喜事者逐紛紜而無操節，不知天命之主宰自有中庸，不可亂也。聖人因此示人象爻，已將後世空寂名利兩途覷破，而預爲之防矣，欲人擬議言動以成變化。然理有一定，而事幾無定，非精義入神，安能擬議以適於中？故下七節錯舉以例其餘，欲人推廣而擬議之，正不必沾沾本卦象義，亦非各章相承而言。前人於此欠明，故說多牽强。惟末節冠子曰於首，與上六節文義不同，解者亦不得其義。蓋言聖人窮盡天下之情，謂擬議之不可少。又知擬議之不易，故以不能擬議言動者，極言其情狀，即致盜以聳惕之，必能擬議者，乃無處不安。兩言負且乘，致寇至，文義有似兩截，惟述義爲得其解從之。語以其功，下人者也，作二句讀，承上勞而不伐，有功不德，言己有功德，稱爲他人之功，如此下人，是謙也，謙自所言知之。蓋言爲心聲，即其言知其心，故接德言二句以明其謙。

天一、地二。天三，地四。天五，地六。天七，地八。天九，地十。天數五，地數五。五位相得，而各有合。天數二十有五，地數三十，凡天地之數五十有五。此所以成變化而行鬼神也。

此河圖之數也。河圖一六居下，二七居上，三八居左，四九居右，五十居中，乃天地自然之理象。數者，理氣節度處也，陽數奇，陰數耦。生者氣之始，成者氣之終。一生一成，互爲功用，而萬物由是以出。相得者，一二三四五六七八九十，陰陽各相對待，如賓主相得。合者，一六居北，二七居南，三八居東，四九居西，五十居中，奇耦同居，如夫婦配合也。二十有五者，五奇之積；三十者，五耦之積。變者化之漸，化者變之成。鬼神，造化之跡，即變化之靈妙處。

將言揲蓍之法，而先明數之本於天地。昔者伏羲在上，河中龍馬負圖，蓋天地露大道之機緘，以啟聖人爲萬世師也。天地之始，一理氣之相乘，而數出乎其中焉。河圖之數，天一生水，地二生火，天三生木，地四生金，天五生土，生者氣之始；地六成水，天七成火，地八成木，天九成金，地十成土，成者氣之終。陰陽二氣，始終循環，理宰其中。天數有五，地數有五，相得以成其功用，而各有凝合之時。總計則天數二十有五，地數三十，凡天地之數五十有五，互藏其宅，各極其盛，以成其變化，而屈伸消長不測之鬼神即行乎其閒。是河圖之妙，實天地之源，而筮象所由出也。

大衍之數五十，其用四十有九。分而爲二以象两，掛一以象三，揲之以四以象四時，歸奇于扐以象閏。五歲再閏，故再扐而後掛。

衍，推衍也。推廣天地之數以統萬物，故曰大衍。河圖之數五十有五，而言五十者，五行以土爲母，五、十，土生成之數，舉此可該金木水火，乘之而得五十，故以爲筮數。其用四十有九者，一爲數之母，且奇變耦不變，故虛其一不用，明其爲數之體，而以七七爲用，盡變化之數也。两，两儀。三，三才。四，四時。掛，懸也。揲，數也。奇，零也，謂所揲四數之餘策。扐，勒也，以手指勒之。治曆者積三年所餘之分以成閏，前閏後閏，大畧三十二月，在五歲之中，故五歲再閏。

承上言天地之數如此。聖人作筮，大衍其數，使人知吉凶禍福所生。其數五十，虛一不用，而用其四十有九。分四十有九爲二，以半置左，以半置右，如两儀之對待。次左手取左大刻之策執之，而以右手取右大刻之一策，掛於左手之小指閒。左爲天，右爲地，掛一之策象人，以象三才。先置右手之策於一處，而以右手用四爲數，以數左手之策。又置左手之策於一處，而以左手用四爲數，以數右手之策。左右閒數，以象四時陰陽和合之義。左右四揲之餘，必有零數，或一，或二，或三，或四。左手先數歸於左手第三四指之閒，右手後數歸於右手第三四指之閒，以此零策象天道歸殘聚餘，分而成閏。蓋置閏者，五歲之中再積日而再成月，必有再閏，然後別起積分。一掛之後，左右各一揲一扐，故五者之中，凡有再扐，然後別起一掛。再扐之後，合左手一掛二扐之策，置於格上第一小格，是爲一變。所餘之策，左一則右必三，左二則右必二，左三則右必一，左四則右亦四。通掛一之策，不五則九，五以一其四而爲奇，九以两其四而爲耦。然後以兩手復取左右所餘之策，合而爲一，再分再扐再揲，爲第二變。三變既畢，通計所得過扐過揲之數，五四爲奇，八九爲耦。掛扐三奇，合十三策，則過揲三十六策而爲老陽，其畫○，所謂重也。掛扐两奇一耦，合十七策，則過揲三十二策而爲少陰，其畫- -，所謂拆也。掛扐两耦一奇，合二十一策，則過揲二十八策而爲少陽，其畫—，所謂單也。掛扐三耦，合二十五策，則過揲二十四策而爲老陰，其畫乂，所謂交也。乂者，- -之動而交也；○者，—之動而終始相循也。二變三變，其妙在掛，蓋非掛則純而不入矣。每三變成爻，十有八變而成卦。凡爻變之陰陽，皆以所少者爲主，如震男巽女之類。老陽，陽之動，資始而不息，故以數少者象之。老陰，陰之動，資生而不窮，故以數多者象之也。

乾之策二百一十有六，坤之策百四十有四，凡三百有六十，當期之日。二篇之策，萬有一千五百二十，當萬物之數也。

乾坤策數，老陽老陰過揲之數也。乾九坤六，以四營之，乾則四九三十六，坤則四六二十四。乾每一爻得三十六，則六爻得二百一十有六矣。坤每一爻得二十四，則六爻得百四十有四矣。合二卦之策，凡三百有六十，當周一歲之日數。每期歲以二十四氣計，則三百六十六日而不足。以十二月朔計，則三百五十四日而有餘。折中之，爲三百六十日也。合上下經二篇計之，陽爻一百九十二，因每爻三十六策，得六千九百一十二策。陰爻一百九十二，因每爻二十四策，得四千六百八策。合爲萬有一千五百二十，當萬物之數也。抑此言九六老數也，若以七八少數推之，少陽過揲之策七，四其七而爲二十有八，少陰過揲之策八，四其八而爲三十有二。如乾坤皆少，其合亦三百有六十；二篇皆少，其合亦萬有一千五百二十。《傳》言老而不言少者，猶卦爻以九六名爻，而不言七八。乾坤可以該六子，九六可以該七八也。

是故四營而成易，十有八變而成卦，八卦而小成。引而伸之，觸類而長之，天下之能事畢矣。顯道神德行，是故可與酬酢，可與祐神矣。子曰：知變化之道者，其知神之所爲乎？

四營，謂分二、掛一、揲四、歸奇，四番營求也。易，變易。奇耦始分，而老少未定，不足言卦爻，故止曰成易。一變成易，三變成爻，十八變則成六爻。八卦小成，謂九變而成三畫，得內卦也，以八卦未盡萬物情理，故曰小成。引，加長之。伸，舒展之。以此抵彼曰觸，物之相同者曰類。顯道，道之幽者賴此而顯。神德行，德行通微於此見其神。酬酢，應酬萬變，各得其理，如賓主酬酢。祐神，神功幹運，幽明可以佐之。變化之道，陰陽理氣，屈伸隱顯，莫窺其妙，皆神之爲也。

承上言蓍象取法於天地如此。是故四營而成易，十有八變而成卦，八卦而小成。

引此八卦而伸之，至於六爻，以成六十四卦。觸類而長，則一卦可爲六十四變，成四千九十六卦。則義類無窮，足以該事變而周民用，天下之能事畢矣。若此者以顯明大道，神其德行，天人合一之旨，悉寓於中，是故可與酬酢，萬變而不窮，祐助神功於無已矣。因而歎之曰：道不外於陰陽，陰陽之變化不測者爲神，學易而詣其精，知變化之道，則必達於幽明始終表裏精粗之致，其知神之所爲乎？

右第九章。言聖人作《易》，本天地以盡物情，學而至焉，則可以神其變化。

附　解

聖人非徒以數教人也。蓋天地與人本一氣相通，天地之理在人，人爲萬物之主。奈人不知天理，則失其所以爲人，而天地遂與人相遠。然趨吉避凶之念，則人人有之，聖人藉此誘人，故立爲筮法，使人知吉凶生於善惡，欲求趨避，莫如爲善去惡，而又非矯爲也。本河圖天地之數以生變化，用該物理而達幽明。數之所在，莫非理之所在，即數以觀理，窮理以合道，則德行備於身，而天地陰陽不能外。子曰：知變化之道者，其知神之所爲。而先言顯道神德行，明乎道德者術數之原，而非此不足言數也。後世拘於數以失眞，并本文語氣不明，吾故辨之。《漢書・律歷志》天一地二至行鬼神也，六十四字相連，後乃錯簡，故程子正之。天地祇是一理，亦止一氣團聚，即太極之體也。其分而爲二，後人則然，聖人不爾。河圖之數一生一成，初非判然二物。天地止此理氣團結，其中屈伸消長變化，是理氣之流行處，止是理氣之凝一處。在人見之，則謂爲有體有用，而天地不然也。五行皆天地所生成，而五行曷嘗自爲功用，惟著爲物象，則有分別。當氤氲化醇之始，祇是一個太極彌綸布濩。第人物之受氣者，不能不囿於方隅氣候，則種種判矣。聖人即成形成象者示人以禮，則所以防其溢而救其衰，能窮其源，則象數皆鱗爪也。大衍之數五十，即中氣以該四象也。而崔憬謂艮爲少陽，其數三；坎爲中陽，其數五；震爲長陽，其數七；乾爲老陽，其數九；兑爲少陰，其數二；離爲中陰，其數十；巽爲長陰，其數八；坤爲老陰，其數六。八卦之數，總有五十。然本文緊承上文天數地數來，不當牽入八卦，且八卦之數後人所定，亦與河圖坎一、坤二、震三、巽四、中五、乾六、艮七、兑八、離九之數不合。其用四十有九，先儒謂虛一不用，以象太極。辨之者曰：太極不可象，且用字明言太極以後事。其說是也，故今不從象太極之說。大衍、乾策二段註，胡氏煦爲明了，今從之。其用四十九，諸說紛紛，尤難概述，今亦酌而正之。學者細玩諸家得失，再觀愚說，可以知所去取矣。

易有聖人之道四焉，以言者尚其辭，以動者尚其變，以制器者尚其象，以卜筮者尚其占。

聖人之道無所不有，因辭、變、象、占近於術數，故特明其爲聖人之道，而欲學者盡心乎此也。與君子之道四同義。以，用也。辭，謂卦爻之辭。動，動作。變，爻變。制器，如結繩網罟之類。尚，象離井鼎之類。占，占詞，吉凶悔吝等語，并言卜筮，卜亦不外陰陽變動也。

言聖人之道無所不包，而著於日用事物，易尤爲要。約其大概，易有聖人之道四焉。一在於言，言必衷道，而含蓄不露，實該萬變，則易之辭爲精，以言者貴之，可以無失詞矣。一在於動，動不可離道，而紛紜錯雜，不越乎中，則易之變爲妙，以動者貴之，可以無失行矣。一在於制器，形下之器，亦形上之道所寓，而依類取象，不失乎正，則易之象爲美，以制器者貴之，可以前民用矣。一在於卜筮，卜筮所以求適於道，而彰往察來，示人去取，則易之占爲至，以卜筮者貴之，可以無凶咎矣。

是以君子將有爲也，將有行也，問焉而以言，其受命也如嚮，无有遠近幽深，遂知來物。非天下之至精，其孰能與于此？

此尚辭之事。爲，創作，行，踐行也。問焉而以言，謂問於龜筮，得其是非而言之，蓋爲與行必不能無言也。受命，受其問也。嚮，近也，如彼此相向而親切問答也。作響亦可。遠，天下後世。近，瞬息戶庭。幽，事之不明者。深，理之不淺者。來物，未來之吉凶也。

承上言易有聖道四如此。是以君子將有爲，將有行也，問於易而以之爲言，其受問者之命如親切面語，无論事之遠近，理之幽深，皆於其未來而告之。非其辭至精，足以該物理而貫天人，安能如此？

參伍以變，錯綜其數。通其變，遂成天地之文；極其數，遂定天下之象。非天下之至變，其孰能與于此？

此尚變尚象之事。天地之數，函於三，中於五。參，三數之；伍，五數之也。蓋天一地二，其數得三；木火同居，金水爲朋，其數得五。三者乾坤之定數，五者乾坤之交。乾九坤六，合而參伍之象成。參其五爲十五，五其參亦十五，故舉三五可以該諸數也。錯者，相并交錯，如乾坤坎離也。綜者，顛倒上下，如屯蒙需訟也。物相雜曰文，因變而成文，因數而有象。天地之文，天下之象，即易所有之文象，以該其所無，推廣言之也。有文斯有數，積數則有象，而其始皆自變生，故總承之以天下之至變。

言聖人以三相參，以五相伍，而得其變化；以順逆相錯，上下相綜，而盡其卦爻。通乎參伍之變，一剛一柔，相閒成文，陽剛天文，陰柔地文，遂成天地之文，而凡天地閒之文，胥視此矣。極錯綜之數，自內自外，剛柔有體，內體內象，外體外象，遂定天下之象，而凡易所未著之象，胥統於此矣。理肇於幾微，而用周於無窮，非天下之至變，其孰能與於此？

易无思也，无爲也，寂然不動，感而遂通天下之故。非天下之至神，其孰能與于此？

此言尚占之事。易以卜筮爲用，蓍草無情之物，龜雖有情，亦何所作爲。无思无爲，言易之本體。卜筮非靈，所以靈者，神使之也。寂然不動，則其神之本。感，感於卜筮。通，無不知周也。

言易以卜筮爲用，龜蓍二物，非有心知意識，是易之精微不得以爲遂在於龜蓍。易固无思也，无爲也，理氣象數未有形兆，易之全體寂然不動。然感於卜筮，而遂通天下之故。欲求其端倪，而莫可窺也。非天下之至神，其孰能與于此？

夫易，聖人之所以極深而研幾也。唯深也，故能通天下之志；唯幾也，故能成天下之務；唯神也，故不疾而速，不行而至。子曰易有聖人之道四焉者，此之謂也。

極深者，究極其精深。研幾者，研審其幾微。惟精故極深，未有極深而不精者。惟變故研幾，未有知幾而不通變者，通天下之志，即發言處事，受命如嚮。成天下之務，即舉動制器，成文成象。不疾不行，即寂然不動。而速而至，即感而遂通天下之故也。子曰字作故曰看，行文體勢如此，非必門人所加。

總承上文而詠嘆之。言至精至變至神，易何以能如是哉？夫易者，聖人以至精至變至神之德而作，以極其深而研其幾也。惟深也，故能至精而通天下之志；惟幾也，故能至變而成天下之務；惟神也，故其寂然感通之妙，不疾而速，不行而至也。夫至精至變至神，皆聖人之道，而易有之。子曰易有聖人之道四焉者，此之謂也。

右第十章。以辭、變、象、占教人，而明其爲聖道，以杜夫逐數昧理之流。

附　解

易道即天地之道，無所不該。聖人德備於身，亦如天地，何止四者。蓋聖人藉卜筮以誘人於道，不離乎辭、變、象、占四者，而後人不知返本修身，承天立德，則必逐逐於象數，而昧其本來，故夫子特指出四者爲聖人之道。聖人者，固不以象數而顯者也，其作爲四者，皆本至精至變至神之德，而後足以訓世於無窮。學者即四者以求其本源，則必思夫何以能精，何以能變與神，而性分之功，有不容緩者。即辭、變、象、占，亦不敢以易視之，而愼於用及本於正，悉在其中。是夫子此章之易也，前人未得其解。二三四節分承首節，及問焉受命，來瞿塘之說爲優，故從之。參伍二字，具有精義，今略宣之。无思无爲，寂然不動，本文明明言易，或竟説到聖人心體中去，殊非。來子第指著龜言，亦淺。又卜筮及末節易字，自兼蓍龜言，前人第以爲蓍，不知龜筮兼用，龜尤爲長。前大衍章言筮而不言龜者，以揲筮之法，象數顯然，即易見者以示人。至龜卜神妙，非文字所能宣，故不復言。而此章則兼二者，初非偏舉也，前人何拘滯耶？

子曰：夫易何爲者也？夫易開物成務，冒天下之道，如斯而已者也。是故聖人以通天下之志，以定天下之業，以斷天下之疑。

設爲問答，以起下文。開物，發明物理。成務，成就事務。冒，覆也。言聖人何爲而作易也？蓋恐生民物理多有不明，事務不知可否，故作易以開物成務，凡天下之道皆該括其中，無非仁民之念所成，如斯而已者也。是故後世聖人遵前聖之意，而爲之爻象卜筮，以通天下之志，使不昧於天理；以定天下之業，使不廢於人倫；以斷天下之疑，使不惑於歧趨。

是故蓍之德圓而神，卦之德方以知，六爻之義易以貢。聖人以此洗心，退藏於密，吉凶與民同患。神以知來，知以藏往。其孰能與于此哉？古之聰明叡知，神武而不殺者夫。

蓍數用七，七七四十九，象陽圓，變動不居，故以神稱之。卦數用八，八八六十四，象陰方，各有定理，故以知稱之。其實神知本相爲用，不可分也。易，變易。貢，獻也。蓍卦言德，爻言義者，德統而義析也。聖人以下，推原聖人先有此神知之德，而後能作易，欲人求之於其本也。心有覺而性無爲，故聖人亦必洗心。密，宥密，人身太極之所，所謂中也。退藏以養其體，而用無不該。來，謂將來。覺於未兆，故曰神。往，已往，析於精微，故曰知。聰明以耳目言，睿知以心思言。神武不殺，禁患於無形。極歎聖人以心易闡爲易書，性量之大也。

承上言聖人爲天下而作易如是。是故蓍之德象陽之圓，而變化不定，則至神。卦之德象陰之方，而定理不易，則至知。神知之義見於爻，六爻之義變易，而以其吉凶獻諸人。易之爲書如此，此豈作而致哉？聖人未有卦爻之前，以此神知變易之理，求諸其身，洗其有覺之心，退藏於靜密之地，養其未發之中，以葆虚靈之用。此時未有吉凶，而吉凶之理，生民所惑亂而靡定者，聖人早已涵於宥密。吉凶與民同患，故能神以知事之將來，知以藏理之既往。其孰能與於此哉？蓋古之聰明睿知，神武而不殺者夫。夫天下之事，常兆於無形，而天下之理，盡函於太極。待其亂而後殺之，及其爭而後平之，不知其所以爭亂者，在心理之淪亡也。聖人涵天下之心理於身，即推此理以定天下，於是有易，使民盡知易，而亂何由生？此所以神武而不殺，必歸諸古聖人也。

是以明于天之道，而察于民之故，是興神物，以前民用。聖人以此齋戒，以神明其德夫。

天道，天之理。民故，民之理。天有常理，故曰道。民無定情，故曰故。神物，龜蓍也。前民用，因民用而前以示之。齋戒，內誠外潔也。神明其德，本有德而將卜筮，又極誠潔以神明之。

承上言聖人神知之德如此。是以明於天之道，知陰陽吉凶之所由生；而察於民之故，知情僞變化之所由作。是興龜蓍之神物，以前民用而示之。此後之聖人所以平昔裕其神知，而將卜，更齋戒以神明其德夫。

是故闔戶謂之坤，闢戶謂之乾，一闔一闢謂之變，往來不窮謂之通。見乃謂之象，形乃謂之器，制而用之謂之法，利用出入，民咸用之謂之神。

闔，翕閉。闢，開也。造化氣機動靜，如戶開闔，先言坤者，靜而後有動也。變，陰陽變易。通，流通不窮。象、器，則其已見已形者。制法度出入，謂萬物出入於陰陽氣化之中，如戶不可須臾離，而實不知其所以然，故曰神。

承上言易有神明之用，必本於神明之德如此。是故聖人知天地之道不外陰陽，陰陽之精具於吾身，而以合天地者周萬物。當其靜而無爲，如戶之闔。安貞者至順，故謂之坤。及其動而有用，如戶之開。健運者不息，故謂之乾。衹此動靜之機，一闔而靜中有動，一開而動中有靜，陰陽相推而生變化，即謂之變。由陽變而之陰，由陰變而之陽，各遂其機，各含其生，即謂之通。故闔闢變通者，造化神明之德也。見於外而有可見，乃謂之象。形於物而有可模，乃謂之器。制此形器而用之，則謂之法。由闔闢而生變通，著爲象器，制爲法則，萬物出入於其中，如戶之利用而不可離，故謂之神。

是故易有太極，是生兩儀，兩儀生四象，四象生八卦，八卦定吉凶，吉凶生大業。

太極，理之極致也。太，尊大之稱。極，至極无加之謂。兩儀，陰陽；四象，少陰、少陽、太陰、太陽也。陽老生陰，陰老生陽，八卦由是而名。六十四卦從八卦而生，故衹言八卦。

承上言闔闢之機至神如此。是故易有太極之理，爲象數所由出，渾然無形，粹然無滓，居於萬物之先，無可名狀也。而其氣機闔闢，是生兩儀；兩儀盛衰互倚，遂生四象；四象循環變化，是生八卦，至八卦而萬物之情狀畧備矣。雖六十四卦，不越乎八卦之範圍。八卦之理，即天地萬物之理，順理則安，逆理則危，吉凶由是而定。知其吉而趨之，無事不從天理；知其凶而避之，無事不去人欲，而凡聖德王功皆可就矣。是大業之生由於八卦，八卦本於陰陽，陰陽止一太極，闔闢之所以爲神乎。

是故法象莫大乎天地，變通莫大乎四時，縣象著明莫大乎日月，崇高莫大乎富貴。備物致用，立成器以爲天下利，莫大乎聖人。探賾索隱，鈎深致遠，以定天下之吉凶，成天下之亹亹者，莫大乎蓍龜。

法，可則效意。象，有形兆意。天地，即兩儀之實象，合而爲一太極。太極之理氣，代嬗而有四時，凝精而爲日月。富貴以位言，德非位不顯，後王君公承天以化民，德洋恩溥，崇高之實也。物謂可器之物，用謂必用之器。惟聖人察之精而處之當，可以萬世無弊也。事爲之多曰賾，事幾之幽曰隱，理之難測者曰深，事之不驟至者曰遠。探，入而試之；索，近而求之。鈎，曲而取之。致，推而極之。亹亹，勉勉不已也。常人之情，疑則怠，決則勉。

承上惟太極爲易所由生。是故法象莫大乎天地，蓋太極之蘊不可窺，而太極之象，則天地顯呈之也。太極理氣之卷舒，而變通莫大乎四時。蓋四時迭運，終始不窮，而萬物胥由是生也。太極理氣燦著於兩閒，固欲人人共明之，而懸象著明者，莫大乎日月。蓋日月昭回，而太極之本然可識也。若夫體太極之理於身，而賴富貴以行之，然後可奠三才，則崇高莫大乎富貴也。太極散而爲萬物，物各有適於用，而人不盡知。備可用之物，製以利天下，莫大乎聖人。太極之散殊者，其事至賾，其義或隱，而探之索之。太極之蘊藏者，其理至深，其機至遠，而鈎之致之。以定天下之吉凶，使人循理而成大業，亹亹不已，則莫大乎蓍龜。

是故天生神物，聖人則之。天地變化，聖人效之。天垂象，見吉凶，聖人象之。河出圖，洛出書，聖人則之。易有四象，所以示也。繫辭焉，所以告也。定之以吉凶，所以斷也。

神物，謂蓍龜。天變化，日月寒暑往來相推也。地變化，山峙川流萬物生長收藏也。垂象，日月星辰晦明剝蝕也。河中龍馬負圖，洛水神龜負書，皆天地理數自然之呈露。四象，指上四者而言。示，著明之。告，詳言之。斷，決是非也。

承上言太極之理象著於兩閒，而聖人能體之。是故天生蓍龜之神物，聖人則其前知之妙，以爲卜筮。天地變化，情狀萬端，聖人效之，以爲易之變化。天垂象，見吉凶，聖人象之，以爲易之吉凶。河出圖，洛出書，貢理氣數之精微，聖人則之，以爲易之精微。神物也，變化也，吉凶也，圖書也，皆易之所具。易有此四象，而皆原於天地，是天所以示人也。聖人繫爲辭焉，所以告人，使知易之理，悉天之理也。定之以吉凶，所以斷疑，使人決於趨向也。

《易》曰：自天祐之，吉无不利。子曰：祐者，助也。天之所助者，順也。人之所助者，信也。履信思乎順，又以尚賢也。是以自天祐之，吉无不利也。

順，順理。信，誠信。尚賢，尊貴賢人。引《大有》上九一爻而釋之，以終一章之義，欲人如是以體易也。

承上言易之爲書，原於天地，而極於精微如此。學易者將何如哉？《大有》之上九言之矣，曰：自天祐之，吉无不利。子曰：祐者，助也。天之所助者，順理之人；人之所助者，誠信之士。言履信而行，凡事思順乎理，又以此尊賢。常屈己而求益如此，則在己者無失道，在人者無遺善，是以自天祐之，吉无不利也。然則通志、定務、斷疑，莫非欲順理而求助於天，豈有外求之事哉？

右第十一章。言易冒天下之道，而因推其本原，以見聖人作易無非法天，欲人順信以承天也。

附　解

此章五是故字，蟬聯而下，意義顯然。是聖人言易冒天下之道，因推極於神知之本原，明天地之奥，惟聖人能體之。末引《大有》上九，勖履信、思順、尚賢，以爲承天之學。前人盡沾沾易象數説，遂令承接語氣不清，又以末段爲錯簡，益令本意不明。今正之，學者但玩本文註釋自明，紛紛曲説，不能盡辨也。萬物本於五行，五行止是一陰一陽之用，陰陽止此太極之體。故太極生兩儀節，非推其用以示人，乃言其用之不離體也。闔闢者，陰陽動静之機，即太極之用所以行，而闔於無形，闢於無心，則太極之體即在是。天地之外無太極，闔闢之外無陰陽。聖人通天地萬物爲一身，含太極眞精於在我，故能作易，故能爲天地之肖子，豈沾沾以象數教人？前人乃以門户解之，大誤。至太極二字，止是至極無上之稱，因此理爲天地萬物所由始，故曰太極。後人加無極二字，其實太極自是體用渾然之名，至極而莫測其極，即爲無極，非太極之外又有無極，無極之後方生太極也。河圖洛書并出於伏羲時，即此章可證，漢儒以爲禹時出者，謬。上古之時，民風狉榛，至伏羲時，聖人代作，民生漸華，天乃産此神物，明示其象。聖人知天心欲闡精微，乃因而畫卦，不特生成奇耦方圓等象而已，直將天地精妙盡括，而推諸人身性命倫常之理皆然。禹作《洪範》，只是演易之緒餘，明天人合一之旨，非有他道。而漢人誤分，宋儒沿之，非也。四象，金木水火也，謂爲少陰、少陽、太陰、太陽，以氣言之。

子曰：書不盡言，言不盡意。然則聖人之意其不可見乎？子曰：聖人立象以盡意，設卦以盡情僞，繫辭焉以盡其言，變而通之以盡利，鼓之舞之以盡神。

兩言子曰者，設爲問而自答也。象，八卦之象，如《説卦》所陳是也。設卦，因而重之，爲六十四卦也。順乎性而善者情，拂乎性而惡者僞也。變通以事言，變化而通於事爲。鼓舞以心言，謂興起而樂赴也。利，利於行。神，神於智也。

夫子將言神明之在人，而先歎曰：聖人憂天下後世而著書，然書有限，不足以盡無窮之言；意有所之而有言，然言有限，不足以盡無窮之意。然則聖人之意其不可見乎？子曰非也。聖人之意言雖無窮，而著之爲易，則固已盡宣之。理呈於有象，聖人立象以盡其意之所欲言；事生於情僞，聖人設卦以盡其情僞之變態。猶恐不能洞達也，又繫辭焉以盡其言，使人即卦象辭義變而通之，以推於凡事無不順利。鼓之舞之，歡欣趨赴，以盡其神明。

乾坤，其易之緼邪？乾坤成列，而易立乎其中矣。乾坤毁，則无以見易。易不可見，則乾坤或幾乎息矣。

乾坤即天地，因言易故云乾坤。易即易書，而理在其中矣。緼者，衣中所著之絮，易妙蕴藏乾坤之中，如衣之有緼也。成列，謂高卑分著，變化互行。易道止一陰陽，故乾坤成列，而易之體已立。毁，謂卦畫不立，卦義不明。无以見易，陰陽剛柔變易之道不著也。乾坤或幾乎息，謂天地之理不明。

承上言聖人作易以盡言盡意，固欲人變通鼓舞，而其要奥則正無多也。若乾坤者，其易之緼耶？蓋自乾坤成列，而陰陽、剛柔、理氣、數象，無所不統，易立乎其中矣。故文王《序卦》以乾坤爲首。若乾坤二卦之義不明，直若無二卦者然，是爲毁之。乾坤毁，則一切理氣數象何由而生？無以見易矣。易不可見，則天地之理不明，人雖日在乾坤之中，而不知其道，乾坤或幾乎息矣。

是故形而上者謂之道，形而下者謂之器，化而裁之謂之變，推而行之謂之通，舉而措之天下之民謂之事業。

承上言惟易統於乾坤，故乾坤之理在人，人當循而行之，祇此乾坤也。著於有形，而上焉精微者則爲道，下焉粗淺者則爲器。道器二者，表裏精粗，無處不有，無物不然，化其不及，而裁其太過，即謂之變。化裁當矣，推而行之，無所不宜，即謂之通。修之於身，舉而措之天下之民，謂之事業。而豈有異道哉？豈有多術哉？

是故夫象，聖人有以見天下之賾，而擬諸其形容，象其物宜，是故謂之象。聖人有以見天下之動，而觀其會通，以行其典禮，繫辭焉以斷其吉凶，是故謂之爻。

承上言形上形下無不統於乾坤。是故夫象，聖人有以見天下之賾，而擬諸其形容，象其物宜，是故謂之象。是象者，象其賾而已，非有外於道器二者。聖人有以見天下之動，而觀其會通，以行其典禮，繫辭焉以斷其吉凶，是故謂之爻。是爻者，效其動而已，亦非有外於道器二者。

極天下之賾者存乎卦，鼓天下之動者存乎辭，化而裁之存乎變，推而行之存乎通，神而明之存乎其人。默而成之，不言而信，存乎德行。

極，窮究之。鼓，振作之。化裁推行，上節泛論道，故曰謂之云云。此策人以實踐，故曰存乎云云。神而明之，深明其妙而不拘滯。默而成之，默體乾坤之撰，成德於身。不言而信，神明坐照，感孚於無形。德行，天人合一之詣也。

承上言象爻皆爲賾與動而設。故天下之賾雖無窮，而窮極其狀，則卦已足以盡之。天下之動雖無盡，而鼓舞其機，則辭已足以備之。就卦辭之理，化裁以適於中，則存乎其變。推行以宣於世，存乎其通。神妙而明察之，不拘拘於卦爻，未嘗離乎卦爻，存乎其人。賾與動之著，不外乎此三者而已。若夫即卦爻之理，默而成之於身，體用同歸，感孚至捷，不假言辭，而自孚信，則存乎合撰乾坤之德行。蓋德行者，易之本原也。得其本原，則在我之易，一天地之易，而卦爻象辭一以貫之，書與言特其末焉耳。

右第十二章。言書不盡言，言不盡意，欲人體乾坤之德而神明之。

附　解

天地即是太極，渾然一理，無始無終。而氣化之盈縮變化者不齊，則人與物稟受之偏見其爲，然天地實不爾也。乾，至健之名；坤，至順之名。陽爲陰先，陰爲陽受，分著其功，交致其妙。象也數也，由此而生。陰陽交而生六子，八卦生六十四卦，其實止乾坤之推衍而已。因道散於萬事萬物，紛然者易失其正，聖人故爲卦爻象辭，以教人隨事察理。然其本不立，其用何以能行？故中和之學謂之心易，不可不急務也。第其功夫本末次第，非言可盡，而天下古今萬變之繁，尤不可以泥象求合，故夫子慨然歎曰：書不盡言，言不盡意。然則聖人之意其不可見乎？此段冒起通章，下言對人立象、設卦、繫辭，言與意幾盡矣。而不得其要，則聖人之意猶隱，即如乾坤二卦即天地也。乾坤爲易之緼，自有乾坤，易即立乎其中。學易而不知乾坤，易於何見？易不可見，乾坤之理又何以能明？惟知乾坤矣，則形上形下，莫非乾坤之理所布濩，變通事業，由此而生。聖人之象爻，不過明乾坤之理見於賾動者，得乎乾坤之眞，則全體渾然大用在我，變通神明，一以德行該之，又何必拘拘於書與言乎？語意至爲明了，而前人拘泥象數，不審上下承接語脈，故以是故夫象節爲重出；又乾坤節突然，上不足以承盡意盡言之説，下不足以起是故承接之文；且象辭意言卦爻變通賾動，種種語言，亦似重複，是不可不急求其脈絡所在也。乾坤，前人或專言卦；易，或專言書。不知卦即象天地之卦，易書即言理之書，今將析乾坤與天地爲二，易書與易理爲兩，義既難通，而下文是故直接之意亦不明。不知夫子原欲人知乾坤爲六十四卦所從出，體天道以學易，非專言象也。默而成之，即《論語》默識意。日用事爲之易，本於心易，心易者窮理盡性之學也。人身一小天地，秉乾坤正理正氣而生，克己復禮，全乎人道，即所以全其得天之正，默而成其德行，天人一貫，動罔不臧。不言易而易在我，尚安俟揲蓍灼龜爲耶？此夫子望人本意，故於《上傳》之末，以之收束前十一章。

周易恒解卷五下

繫辭下傳

八卦成列，象在其中矣。因而重之，爻在其中矣。剛柔相推，變在其中矣。繫辭焉而命之，動在其中矣。

成列，謂分列。象，如《說卦》所云諸象。重，重爲六十四卦。相推，相推衍。命，示以吉凶。

言八卦既成列，而分布遞用，則無窮之象，胥在其中矣。因而重之，爲六十四卦，位有內外，時有初終，序有先後，義各不同，而爻在其中矣。卦爻既立，剛柔相推迭用，變化之理，不出其中矣。象有純駁，爻有當否，繫辭焉而命以吉凶悔吝，則事爲之動，不出其中矣。象爻變動，易占不過如此，而皆自八卦而推也。

吉凶悔吝者，生乎動者也。剛柔者，立本者也。變通者，趣時者也。吉凶者，貞勝者也。天地之道，貞觀者也。日月之道，貞明者也。天下之動，貞夫一者也。

可以動而動，吉所從生。未可動而動，凶悔吝所從生。本，變通之本。時，當然之時。貞，正也，常也。貞勝，以其正理之常勝者爲吉凶，非以禍福爲吉凶也。觀，示也。一，理之極也。

承上言象爻變動，聖人示人以易占，非第欲人趨福避禍也，蓋將欲其因而適道，以得乎至一之理。凡易之吉凶悔吝，生乎動者也，能慎乎動，則自可迪吉而免凶。其所謂剛柔者，乃陰陽之質，不易之體，所以立變通之本者也。所謂變通者，因事物無定，而理有一定，隨時變通，以適于中，趨時者也。故慎乎動，而本立時當，則恒吉，否則恒凶。吉凶者，以正理之常勝者爲吉，悖理者爲凶，非教人外貞而求吉也。

彼天地之道，不過以貞者觀人。日月之道，不過以貞者常明。天下之動雖多，其要歸于一，是貞夫一而已。得其貞一之道，則象爻變動不越乎中矣。

夫乾，確然示人易矣。夫坤，隤然示人簡矣。爻也者，效此者也。象也者，像此者也。爻象動乎內，吉凶見乎外，功業見乎變，聖人之情見乎辭。

確然，剛健貌。隤然，柔順貌。易、簡，見上篇首章。內，卦內。吉凶，以理之可否言。功業，以事之成就言。吉凶雖判，而功業所成就，必自有變動，占之以徵廣狹，故曰功業見乎變。聖人，神明于易道者。情寓于辭，故辭不可或苟。

承上言易道歸于一，此非人之爲，而天地之理也。不觀乾坤乎？夫乾，確然示人易矣。夫坤，隤然示人簡矣。乾坤易簡，祇此貞一之道。易之爻，效此者也。易之象，像此者也。凡有所占，此爻此象方動乎卦之內；而或吉或凶，即呈于卦之外。其吉凶之功業所成，則即變而可知；聖人覺世牖民之情，則即辭而可想。要無非示人以貞，而使歸于一，以效像乾坤而已。

天地之大德曰生，聖人之大寶曰位。何以守位曰仁，何以聚人曰財。理財正辭，禁民爲非曰義。

天地一生理生氣凝聚，故德至大。惟一生字，是所以爲易簡也。德非位不顯，得位而道濟天下，故爲大寶仁心，即天地生生之心也。財以生人者也，義以全仁，無非體天地大德而已。

承上言天地不外易簡，而聖人象之，則得乎易簡之意，即聖人所以治世理物者可推矣。彼天地至爲莫測，而其大德則一生。聖人體天地生生之德，而不能不賴時位以顯，故其大寶曰位。何以守位，則惟仁。有仁民之心，又何以能聚人，則曰財。財以養民，民爭趨之，聖人有仁民之心，而慮其反以養人者害人也，故理其財使有品節，正其辭使明是非，禁民爲非，則曰義。義者，仁之裁制，所以能承天地之德，而適歸于中也。若非貞一之道，安能體易簡以宜民若此？

右第一章。言象爻變動歸于貞一，而因推乾坤之易簡，以明聖人效法天地不越乎茲。

附　解

此章首言八卦成列，象爻變動遂從此而生。吉凶悔吝則生乎動，占者以剛柔爲本，以變通爲用，其要歸于貞一。貞一者，乾坤之理也。易簡即貞一，爻象皆效象乎此。爻象一動而吉凶朗著，功業即由此而成。而聖人得貞一之道，以之繫辭，即以之治世，不越乎茲。故下文遂推及于位與財、仁與義。前人錯分段落，覺詞意複沓，義不相貫。而或以爲末節當入下章，或以爲覆釋上繫第二章象爻剛柔吉凶悔吝事，亦牽强甚矣。夫八卦本乎陰陽，陰陽不離理氣，理氣之燦著者爲象，理氣之內含者爲太極。乾坤者，太極之體也。一理散爲萬殊，象爻變動必察其是非之正。萬殊歸于一本，吉凶悔吝總歸貞一之原。聖人既詳釋吉凶悔吝剛柔變通，恐人泥象執辭，不達其本，故即申之曰：吉凶者，貞勝者也。以正理之常勝者爲吉凶。蓋以天地之道惟此一貞，天下之動亦惟此一貞，而乾坤之易簡即貞一也。爻象著而吉凶見，功業以成，聖人第即理之顯著者，明其貞一。情見乎辭，謂欲人得其貞一之情也。天地之大德曰生，萬象歸于一理；聖人之大寶曰位，萬民統于一尊。以仁守位，以財聚人，禁民爲非，要皆體此貞一之道，而非有强爲。前人之說，多不得其解矣。

古者包犧氏之王天下也，仰則觀象于天，俯則觀法于地，觀鳥獸之文，與地之宜，近取諸身，遠取諸物，于是始作八卦，以通神明之德，以類萬物之情。

包本虙字，讀作庖。古作庖犧，亦曰伏犧。古讀包如孚音，故庖、虙、伏[illegible]垂象，故曰象。地法天，故曰法。震巽風雷、坎離日月、艮山、兑澤、坎水、離火之類，象天法地者也。鳥獸之文，乾馬、坤牛、離雉、巽雞之類。地之宜，山澤高卑水土之宜之類。取諸身，乾首、坤腹、震足、巽股之屬。取諸物，乾爲金玉、坤爲布釜之類。始作八卦，則兩閒自然之易畫八卦也。六十四卦皆伏義所定，六十四卦不外八卦，故止言作八卦，非止作八卦，文王始演爲六十四卦也，觀下文所取諸卦可知。神明之德幽而難測，故曰通。萬物之情雜而難辨，故曰類。此段總冒下文。

作結繩而爲網，以佃以漁，蓋取諸離。

生民之初，與物相搏以食，而爪牙不若。包犧作結繩而爲網罟，資物以養，抑以除害也。離取中虚而物麗之之義。離爲目，互巽爲繩，兩目相連，結繩爲之，網罟象也。

包犧氏沒，神農氏作，斲木爲耜，揉木爲耒，耒耨之利，以教天下，蓋取諸益。

耒耜者，今之犁也。耜者，犁之首，斲木使鋭而爲之，今加鐵鏵爲之犁頭。耒者，耜之柄，揉木使曲而爲之。其動也，在下之耜，其能入土者，在上之耒。以益象言，二體皆木，上巽二陽，象耒之自地上而入；下震一陽，象耜之在地下而動。教民粒食，自神農始。生民之益，莫大于耕耨也。

日中爲市，致天下之民，聚天下之貨，交易而退，各得其所，蓋取諸噬嗑。

食足而有無未通，弗便也。市井交易，始有閒而終得合，噬嗑之義也。離爲日中，上明下動，日中爲市之象。震爲大塗，又爲足，致象。中爻互坎水、艮山，百貨所出，又伏巽爲市利三倍，聚貨象。一剛一柔相閒，有相交相易之象。艮止坎歸，各得其所之象。按顓頊臣始爲市，亦是聖人之徒也。

神農氏沒，黄帝、堯、舜氏作，通其變，使民不倦，神而化之，使民宜之。易窮則變，變則通，通則久，是以自天祐之，吉无不利。黄帝、堯、舜垂衣裳而天下治，蓋取諸乾坤。

生養既遂，禮制宜興。凡事守舊則倦，更新則相宜。聖人治天下，民心未厭，不强而去之，民所未安，不强而行之。故時有當變者，通其變而使民鼓舞不倦。事之更新者，神其化而使相宜于不覺。易道陽窮則必變陰，陰窮則必變陽，陽變則通乎陰而不至於亢，陰變則通乎陽而不至于伏。變通不已，循環無終，所以能久。人事象之，是以自天祐之，吉无不利。黄帝、堯、舜通變神化，實由斯道。斯道也，天地之道也。黄帝、堯、舜能法天道，故禮樂備，百度興，垂衣裳而天下自治，蓋取諸乾坤，無爲之象也。取諸乾坤，蓋總承上通變神化而言，其易簡無爲，所包者廣，不止就衣裳言。而就衣裳言，上衣下裳，衣六幅，象乾六奇，裳十有二幅，象坤六耦，亦是也。

刳木爲舟，剡木爲楫，舟楫之利以濟不通，致遠以利天下，蓋取諸涣。

[illegible]，剜也。刳木中虛，可以浮木而載物。剡，斬削也。剡木未鋭，可以入水而濟舟。濟不通，横渡以通其阻絕。致遠，直行順逆以致于遙遠。以利天下，則總承上二句言之也。取諸涣者，下水上木，中互震動，木動水上，流行遇風，舟楫之象也。

服牛乘馬，引重致遠，以利天下，蓋取諸隨。

有舟以行水，必有車以行陸。牛性順，穿其鼻馴而服之；馬性健，絡其首駕而乘之。牛亦可以致遠，曰引重者，爲其力也。馬亦可以引重，曰致遠者，爲其捷也。分承可，兼言亦可。兑，坤之少女。震，乾之長男。乾馬坤牛，物之大有利于人者也。牛馬下動而人悦，行止隨人，隨之義。又牛生望前，則子行母前，生望後，則子行母後，隨其天也。馬之良者喜前，駑者喜後，隨其性也。

重門擊柝，以待暴客，蓋取諸豫。

川途既通，暴客或至。坤爲闔戶，互艮爲門闕，重門象。震動善鳴，有聲之木，柝之象。艮爲閽人，坎爲夜，又艮爲手，擊柝象。坎爲盜，暴客象。豫者逸也，又備也。恐逸豫，故豫備也。

斷木為杵，掘地爲臼，臼杵之利，萬民以濟，蓋取諸小過。

耒耜開粒食之源，臼杵終粒食之事。兑金斷巽木，斷木爲杵象。巽木入坤土，掘地爲臼象。臼杵小事，若過于精詳，而其利可濟萬民，取諸小過也。

弦木爲弧，剡木爲矢，弧矢之利，以威天下，蓋取諸睽。

睽乖則以威服之。弧矢者，合睽之具也。弦木使曲，剡木使鋭，中爻互坎木堅，離木槁，兑爲毀折，弦木剡矢之象也。兑金離火相見，殺機，互坎爲弓矢，離爲戈兵，故取威天下象。

上古穴居而野處，後世聖人易之以宮室，上棟下宇，以待風雨，蓋取諸大壯。

宫室棟宇所以奠其居。大壯，取壯固之義也。棟，屋脊木。宇，椽也，一曰宇，屋邊也。震之一陽在上卦之下，而承二陰，上棟象。乾陽在下而相比，下宇象。乾覆于下，而震動于上，有宫室蔽風雨之象。按黄帝始爲宫室，而云後世聖人，對伏羲言也，下二章放此。

古之葬者，厚衣之以薪，葬之中野，不封不樹，喪期无數，後世聖人易之以棺槨，蓋取諸大過。

死喪，慎終之大事，寧過于厚，無過于薄。穿土爲封，封，古窆字也。聚土爲樹。喪期，從斬縗至緦麻，日月之期。棺槨者，取木在澤中也。又死者以土爲安，入而後説之，皆大過象也。

上古結繩而治，後世聖人易之以書契，百官以治，萬民以察，蓋取諸夬。

以上三事獨言上古，不與前同者，蓋未造此器之前，更無餘物之用，故不言上古；以上三事則未造是物以前，別有所用，而今易之，故云上古，以別于今也。結繩，繩結兩端，中分之，而各藏其半以爲信。書，文字。契，合約也。治，治其職。察，察其事。乾兑皆金，乾爲言，兑爲口爲決，金以鐫言決事，書契象。決僞而防欺，故取夬決之義也。

右第二章。美包羲作易之精，而略舉制作宜民之事，以見聖人不能違。舉十三卦以概其餘也。

附　解

伏羲畫卦，蓋因圖書呈露，天洩大道機緘，遂作八卦，象天地自然之易。由乾坤而六子，由六子而五十六卦，陰陽相推，錯綜參互，自然而成，不待安排矯勉。非第作八卦，後至文王乃演之爲八八也。前人不知天地之理象出于圖書，圖書之呈露乃天洩大道，遂以爲聖人作易，節次推演而成，抑何惑也。十三卦不過畧舉其概，以該括萬有，非每卦大義止此也。黄帝、堯、舜節通變四句，總括禮樂制度一切。易窮則變五句，乃言易道如此，以見聖人通變神化一本易道。結之曰黄帝、堯、舜垂衣裳而天下治，蓋取諸乾坤，易簡無爲，與天地合撰，極贊之也。而前人理脈不清，令文氣亦不順。諸卦取象，解者類多穿鑿。如後三事，穴居野處衣薪野葬結繩等語，皆言上古如彼，至後聖易以如此。取諸大壯云云，乃并上古所爲，亦一一比合大壯云云，于義奚當？今取其順理成章者，其他一切牽强之詞斥焉，讀者當細辨之。十三節畧舉之事，粒食舟車，防患救亂，養生送死，其義悉舉。而包羲、神農、黄帝、堯、舜，蟬聯而下，慨想流連。末又三言後世聖人，蓋謂古聖如此，後世又如此，有萬世不易之道，亦有歷久必易之法。惟聖人能通變神化，使民不倦相宜，此窮變通久，自天祐之，不能不望于善讀易者也。

是故易者象也，象也者像也。彖者材也。爻也者，效天下之動者也。是故吉凶生而悔吝著也。

易義之精微，不可言窮，故畫卦立象以顯之。像也，言假象以寓理，乃彷彿近似，想像而會通其理，不可執泥也。材，幹也，謂卦之能也。效天下之動，天下事理之動，本有事幾，而周公設爻以效之。吉凶在事，本顯，故曰生。悔吝由心，故曰著。

承上章言聖人制作宜民，皆本于易如此。是故易者象也，理難窮而以象顯之。象也者，即有形以證無形，彷彿想像而得其似。學者即象之所有，以通象之所無，可以由是會通，固不容泥以求也。至于文王《彖》辭，則就六畫卦之象而論一卦之材質；周公《爻》辭，則以一畫之象而效事理之變動。理之藴于天地者本至微，而事之藏于人心者亦叵測，聖人以象示其吉凶，是故吉凶自象而生，悔吝亦由象而著也。象顧可忽乎？

右第三章。承上言理寓于象，學者即象窮理，即以理正心，毋貽悔吝也。

附　解

上章歷舉聖人制作，不過畧舉其概。故此章承上言易者象也，象也者不過像也。理寓于象之中，亦超乎象之外，即有象以徵無象，觀象而得法，亦不泥象而即少變通，故示人云云。材如木材然，言以此爲質幹，定理之可否。天下之理原有一定，人心之幾不無得失，效其動而定其吉凶，使人趨善避惡。緣易理精微，藴諸天地者無象，見于人事者有象，象無非理，得于身而後能會通易象。吉凶由動而生，悔吝自心而著，觀象者亦愼動而免悔吝焉耳。

陽卦多陰，陰卦多陽，其故何也？陽卦奇，陰卦耦。其德行何也？陽一君而二民，君子之道也。陰二君而一民，小人之道也。

陽卦，艮、坎、震。陰卦，兑、離、巽。陽貴故爲君，陰賤故爲民。君子、小人，推言之以寓抑陰貴陽之意也。此就六子之卦而論。言陽卦宜多陽而反多陰，陰卦宜多陰而反多陽者，其故何也？陽卦皆索于乾，雖多陰，而所主在奇；陰卦皆索于坤，雖多陽，而所主在耦。少者，多之所宗也。若以德行論之，陽爲君，陰爲民，君貴一尊，民無二王。陽卦一君而二民，民心統于一尊，君子之道也。陰卦二君而一民，民心分而不一，小人之道也，陽不可以無陰，君不可以無民，而權則有所獨尊，理則有所專屬。聖人抑陰而扶陽，正所以善全陰陽之用。治世權尊而統一，正所以合成治化之休。即六子而諸卦可以此類推矣。

右第四章。明六卦陰陽之義以概其餘，欲人知陰陽之用也。

附　解

陰陽不可偏廢，第陽爲陰主，抑陰之過，正所以全陰，若陽過，亦當抑陽，無許偏勝也。此章以一君二民、二君一民明之，理至圓通。蓋無民則君不能獨立，無君民豈可以爲生？一君二民，得乎陰陽之正；二君一民，陽失其綱，而陰亦無統。是故陽之貴，貴得其正；陰之貴，以成陽而貴。非但如舊解貴陽賤陰之說也。至奇耦之說，朱子解非，當從韓康伯古註，前人已曾言之。

《易》曰：憧憧往來，朋從爾思。子曰：天下何思何慮？天下同歸而殊塗，一致而百慮，天下何思何慮？日往則月來，月往則日來，日月相推而明生焉。寒往則暑來，暑往則寒來，寒暑相推而歲成焉。往者屈也，來者信也，屈信相感而利生焉。尺蠖之屈，以求信也。龍蛇之蟄，以存身也。精義入神，以致用也。利用安身，以崇德也。過此以往，未之或知也。窮神知化，德之盛也。

無敬靜之原，而徒切思慮，故憧憧，朋從而失其主宰。同歸，萬變不離乎中。殊塗，萬事各有其宜。一致，理之極。百慮，思之繁。日月寒暑，無心往來，而明生歲成，天地自然之理氣如此。屈信相感，言循環相應而不窮。利，功效也。尺蠖以下，則教人法天地以免思慮，非屈則不能信，非蟄無以存身，非精義何以致用？精義入神，言平日性分之功。利用，乃言因應之事。利用安身，因物付物而己不勞也。未之或知，言其微妙不可言盡。窮神知化，窮極天地之神妙，而知造化所以然也。

夫子因易象繁變，既欲人即象以觀理，又恐人泥象而失中，慨然有感于《咸》卦九四之辭，曰：憧憧往來，朋從爾思。解之曰：天下何思何慮？天下之理同歸一是，而事物則千形萬狀，其塗各殊。人不知其同歸者本一致也，而惟向殊塗者求之，則慮有百，然既一致同歸矣，何煩思慮爲？不觀之天地乎，天地之功用在日月，彼日月何思何慮？日往則月來，月往則日來，日月相推而明生焉。二氣之流行有寒暑，彼寒暑亦何思慮？寒往則暑來，暑往則寒來，寒暑相推而歲成焉。往者其氣之屈也，來者其氣之信也，一屈一信，循其自然而氣機相感，生成之美利以生。是則天地固無爲也，人心秉天之心，何遽不如日月寒暑之自然，則以內無靜存之功，外無動察之理也？夫天地之道，有其至一者，以宰其不一者，故能日月寒暑生成化溥，人身亦然。凡事各有其義，而義待臨時而擇，擇之者已疏。凡理必施于用，而用或不盡攸利，利之者無本也。故尺蠖能信，必先有屈，其屈也所以求信也。龍蛇身貴，必先能蟄，其蟄也所以存身也。君子平日居敬窮理，精義，而入於神明，所以致用也。利用而攸往咸宜，以安其身，所以崇德也。然則靜者所以爲動之本，一者所以爲萬之原。果能如此，是德之在于我者，一若天地自然之運。過此以往，其理益熟，而其天機益暢，即己亦有不自知者也。蓋靜而含太極之眞，動而協物則之宜，窮其神妙而知化育之微，德之至盛者也。夫然則不必强制思慮，而思慮自無，亦何煩憧憧往來，朋從爾思哉？

《易》曰：困于石，據于蒺蔾，入于其宫，不見其妻，凶。子曰：非所困而困焉，名必辱。非所據而據焉，身必危。既辱且危，死期將至，妻其可得見邪？

釋《困》六三爻義，而推廣言之，以明保全身名之道。爻義本言六三陰柔不中正，前爲四阻如石，後爲二迫如蒺藜，無陰陽之正應，有入宫不見妻象。凡小人貪據勢位，干求不已，强求必得，爲非所困而困；妄據非分，爲非所據而據。危辱交迫，死期將至，深惕之也。爲小人之困人以自困者言也。

《易》曰：公用射隼于高墉之上，獲之，无不利。子曰：隼者，禽也。弓矢者，器也。射之者，人也。君子藏器于身，待時而動，何不利之有？動而不括，是以出而有獲，語成器而動者也。

釋《解》上六爻義，亦推廣言之，以明藏器待時之道。射禽之權在人，而其器必備，其動以時，乃能有獲。括，結礙也。語，言也。言必成器而後動，爲君子之制小人者言也。

子曰：小人不恥不仁，不畏不義，不見利不勸，不威不懲。小懲而大誡，此小人之福也。《易》曰：屨校滅趾，无咎，此之謂也。

言懲戒之不可無，而即《噬嗑》初九證之。仁存於心，義見於事，恥與畏，本心之良；勸與懲，賞罰之著。小而懲，則大者知誡，是威之者所以福之也。故屨校滅趾，戒於初，而無再犯之咎。

善不積不足以成名，惡不積不足以滅身。小人以小善爲无益而弗爲也，以小惡爲无傷而弗去也，故惡積而不可掩，罪大而不可解。《易》曰：何校滅耳，凶。

言善惡當愼於微，而即《噬嗑》上九證之。積善非以爲名，而實至名歸之。積惡欲快其身，而罪重身且自滅。善惡無不由積而成，不愼於微，至於何校滅耳，則惡不可掩，罪不可解矣，故凶。

子曰：危者，安其位者也。亡者，保其存者也。亂者，有其治者也。是故君子安而不忘危，存而不忘亡，治而不忘亂。是以身安而國家可保也。《易》曰：其亡其亡，繫于苞桑。

欲人憂勤以保泰，而即《否》九五證之。安危，以身所處言，故曰位。存亡，以家國言，故曰保。治亂，以事業言，故曰有。常存危亡亂之慮，則安存治可必。其亡其亡，繫于苞桑，其難其慎之心，即所謂不忘者也。

子曰：德薄而位尊，知小而謀大，力小而任重，鮮不及矣。《易》曰：鼎折足，覆公餗，其形渥，凶。言不勝其任也。

欲人審己以任事，而即《鼎》九四證之。德以心品言，知以明睿言，力以鎮定言。不自揣，與不量其人而輕任之，鮮不及於禍敗也。

子曰：知幾其神乎？君子上交不諂，下交不瀆，其知幾乎？幾者，動之微，吉之先見者也。君子見幾而作，不俟終日。《易》曰：介于石，不終日，貞吉。介如石焉，寧用終日？斷可識矣。君子知微知彰，知柔知剛，萬夫之望。

欲人知幾慎動，而即《豫》六二證之。知幾以理言，見幾以事言。上交貴於恭遜，恭遜非道則諂；下交貴於和易，和易失中則瀆。在己者不失其正，而在人者必審其幾。幾至微而先覺之，則有吉無凶，故不言吉凶，而專言吉也。不俟終日，言其速。介于石，守之堅。惟其守貞之固，故能不終日而自斷，故曰斷可識矣。微者彰之本，柔者剛之用，見之明而守之固、行之決，是萬夫之望也。

子曰：顏氏之子，其殆庶幾乎？有不善，未嘗不知；知之，未嘗復行也。《易》曰：不遠復，无祇悔，元吉。

美顏子改過之速，以證《復》初九義。殆，將然之詞。庶幾，庶近於道也。知之明而改之力，所以遷善而無惡也，故元吉。

天地絪緼，萬物化醇。男女搆精，萬物化生。《易》曰：三人行，則損一人；一人行，則得其友。言致一也。

絪，麻枲。緼，緜絮。借字以喻天地之氣纏緜交密之意。醇，醇酒，亦借字，謂凝厚也。天地、男女皆一陰陽也，陰陽二氣纏緜交固，而萬物自然化醇；男女二氣搆合眞精，而萬物自然化生。《損》之六三曰：三人行，則損一人；一人行，則得其友。言陰陽必交合爲貴，損下卦之一陽，以益上卦，損一人也。三與上爲正應，損此益彼，適得其友，皆謂陰陽相合而致其專一也。蓋天地之形雖分，天地之氣自合，惟其絪緼者未嘗稍息，故化醇者亘古不窮。人身一天地也，元氣之凝合者，能如陰陽之交固，則葆其浩然之氣，致其未發之中，而天下萬理皆從此出。於穆不已，天之所以爲天，純亦不已，文之所以爲文，此之謂也。

子曰：君子安其身而後動，易其心而後語，定其交而後求。君子修此三者，故全也。危以動，則民不與也；懼以語，則民不應也；无交而求，則民不與也。莫之與，則傷之者至矣。《易》曰：莫益之，或擊之，立心勿恒，凶。

道順則身安，理直則心易，情孚則交定。君子修此三者而民與之，以其求諸民者，無不本諸己也。反是而己德不恒，求益不已，則莫能益之，且有意外之患。夫恒者所以守其一也，致一則專心，恒則吉。幾可以審，過可以寡，存身致用崇德，不出乎此矣，此聖人所以結通章之意也。

右第五章。言百慮歸於一致，而雜引《易》言，以明事有定理，道惟自修，屈伸變化，不離乎一致也。

附　解

開端借憧憧往來，朋從爾思，慨歎而起，甚言不必思慮。然非寂然無知，不假思慮之謂。以天地之道，有其至一者，以宰乎不一者，故日月往來，生成以遂。君子以靜一者，馭天下之不一者。故蠖屈龍蟄，裕其精義之原，而致用崇德，由是而企神化。此節已將大旨言明，下乃雜舉爻義，以明世事不一，其求諸身者則一，而歸於致一之功、心恒之道，是教人之本意也。非所困而困，非所據而據者，忘其在已之安，而求非分之榮故也。不知君子藏器於身，待時而動，何至如此？然藏器待時，必由平日遷善改過，而後漸臻此詣。禁惡者必於其初，積善者必愼於微，以屨校滅趾爲師，以何校滅耳爲戒，則善積而名成矣。然名德雖成，戒愼猶不可少，故安不忘危，存不忘亡，治不忘亂，保身全家之道。而德薄位尊，知小謀大，力小任重，有不勝其任之凶。君子知幾其神，則藏器待時，不足言矣。顏子改過不吝，則精義入神，可立致矣。雖然，此豈無存養之本，而徒逐事以求者所能與哉？天地之生化萬物也，非物物而生化之，陰陽二氣絪緼交固，而萬物自然化醇。男女之搆精也，亦豈有心？而萬物自然化生。故凡事物之原，本於致一，致一者致其專一，謂二氣凝合於身，陰陽統於太極，渾然粹然者，與天地合德，而殊塗同歸之理，有以灼見其精，憧憧往來之思，有以滌除至盡也。三人行，則損一人；一人行，則得其友。物無獨而有對，两相合則專一，三相參則離分，非陰陽無以成造化，陰陽不交又何以能生成？君子靜含太極，動合陰陽，亦惟如是而已。至於與世接物，安其身而後動，易其心而後語，定其交而後求，常守吾德之恒，不爲徇物之舉，則不求益而益自在其中，否則凶矣。此夫子反復誨人之意，而歷來講家不得其解。至來瞿唐改訂各章次第，尤屬無謂，斷不可從。或曰：絪緼化醇，言兩也，何以致一？曰：《易》之本爻言損此益彼，陰陽相得而彰，夫分之則陰陽也，合之則一太極耳。太極具於無形，而陰陽呈於有象，以有象者求之，而其相交凝合若此，可知陰陽不可强分，理氣歸於一元。人身一天地也，理氣之本於太極者，渾然粹然，本無二象，而拘蔽以後則失其本來。養浩然之氣而全中和之理，非致一無以爲功。《虞書》曰：惟精惟一，允執厥中。統內外精粗而言之也。子曰：一以貫之。則明至一者可以貫萬事。一者理也，以其至精至粹，則曰太極。氣非理不立，理非氣不行，太極者理氣純粹之名。夫子言絪緼化醇，搆精化生，未嘗廢氣以明理也。而後儒恐氣涉於粗，專言乎理，不知形下之氣，或隣於粗，而太極之原，則理與氣一，未嘗粗也。至謂天地以氣交，男女以形交，其言亦是，然形交者未始可離乎氣也。經文明言搆精，固謂其交者形，而所以交者亦氣耳。不可硬分兩下，致本文大旨不明。

子曰：乾坤，其易之門邪？乾，陽物也；坤，陰物也。陰陽合德而剛柔有體，以體天地之撰，以通神明之德。其稱名也，雜而不越，于稽其類，其衰世之意邪？

門者，物之所從出也，言六十四卦皆從此而生。《上傳》言緼，自其在中者言，物無不包；此言門，自其在外者言，物無不由也。有形質曰物。合德，無分别。有體，各成質也。有形可擬故曰體，有理可推故曰通。撰，結造也。神明，莫測之謂。衰世之意，言預防世衰而爲之。

此發明乾坤二卦爲諸卦之祖，而欲人探本窮源。言乾坤其易之門邪？陰陽之理氣具於無形者不可見，而聖人畫乾坤以象之。蓋理氣之凝結則爲物，乾，陽物也；坤，陰物也。陰陽交相爲用，本合德而無偏勝，而其成爲物也，則一剛一柔，各有體質。天地之精英結撰者，未嘗無形；而其神明變化者，莫可窺測。聖人蓋以此乾坤體天地之撰，而通神明之德也。全書稱名，繁雜亦甚，而不越乎乾坤之範圍。于稽其稱名之類，所以不得不雜者，蓋知世變將甚，人心益漓，不得不博引繁稱，以著其象，其衰世之意耶？

夫易，彰往而察來，而微顯闡幽。開而當名辨物，正言斷辭則備矣。

彰往者，明天道之已然；察來者，察人事之未然。顯者，日用事物，推其本於理數之幽者以微之；幽者，神明天道，著其義於事爲之顯者以闡之。開，開示，承上門字而言。當名，六十四卦名稱之當。辨物，取象之物。正言，言不離正。斷辭，決其吉凶悔吝。備矣，言理象無不全。

承上言易彰往察來，而微其顯者，闡其幽者。然皆本於乾坤所統，即乾坤二卦開其門以示人，而當其稱名，辨其物象，言則必出於正，理則實斷可否，則人事物則之用咸備於中也。

其稱名也小，其取類也大。其旨遠，其辭文，其言曲而中，其事肆而隱。因貳以濟民行，以明失得之報。

遠謂深廣，文謂文采。曲，委曲。中，當理。肆，陳也。隱，含蓄。貳，疑貳。失，非理。得，順理也。

承上言卦爻義理皆出於乾坤。故其稱名也雖僅物象之小，而其取類也則極乎陰陽之大。其旨深遠，而其辭文章，未嘗質露。其言事物之理，委曲而悉合乎中正。其事肆陳，而正多含隱。大抵因民心之疑貳，而設爲象數理義，以濟民行，以明理之失得，其吉凶之報不同如此。

右第六章。言乾坤爲易之門，而一切辭旨皆由是生，欲學者即委以窮源，毋外理而求失得也。

附　解

天道不外陰陽，陰陽散爲萬事，萬事無非一理。伏羲畫乾坤二卦，便已該得萬事萬理於中。後聖繫辭演爻，莫非推闡陰陽之義，即莫非發明乾坤之理。觀象玩辭辨占，求其當於天理，以復乎天地之正而已。此章故特表乾坤爲易之門，以見全易由此而生。結之曰：因貳以濟民行，以明失得之報。若民心不貳，則易可以不作；聖人作易，原爲憂民而設。學者能知失得本於天理，則必能即象以窮理，修身以合天，此夫子諄諄教人之意也。前人殊多膚廓。

《易》之興也，其于中古乎？作《易》者，其有憂患乎？

中古，謂庖羲氏，對洪荒言則中古也。上古民情渾樸，至中古而嗜欲漸開，聖人憂世慮患，乃作《易》以詔將來。言憂患者，欲人知聖人憂患之心，而體之以自修也。

是故《履》，德之基也；《謙》，德之柄也；《復》，德之本也；《恒》，德之固也；《損》，德之修也；《益》，德之裕也；《困》，德之辨也；《井》，德之地也；《巽》，德之制也。

三陳九卦，明君子反身修德，以處憂患之事也。履者，上天下澤以爲禮，非禮不履，則操持定而始基立。柄者，人所執持，謙受而後可以集益，如執柄以馭物，無所不可。復者，一陽初還，在人心爲善念方新，火然泉達，百行自此而始，故曰本。恒，久而後德日堅固，故曰固。損者，裁其所過，懲忿窒欲，損之又損，以至於无，自修之要也。益者，層累不已，遷善改過，日新月盛，而德日寬裕，充然有餘也。辨，別也，處困而後見德之眞僞。地，安敦者也。井養不窮，靜深有本，德之全體具足，而溥濟無涯，故曰地。無忤於物而能勝物者，風也。巽柔而善入，析之也精，故其斷之也決。

《履》和而至，《謙》尊而光，《復》小而辨于物，《恒》雜而不厭，《損》先難而後易，《益》長裕而不設，《困》窮而通，《井》居其所而遷，《巽》稱而隱。

申明九卦之德，是上文所以可爲修德者也。兑說故和，乾健故至。地居山上，山雖自下於地，而不失其爲高。復一陽初萌，而群陰不能亂，則辨矣。恒，震動不一則雜也，而巽入有常則不厭。損，損山以益澤，其勢若難，而損高益下實易也。益，風雷鼓動，有日盛道理，故長裕，而自然而然，非有造設也。水困於澤則窮矣，而終得流通。居其所，水在井中；遷則水之汲而及物也。稱，謂稱物平施。隱，深入不露。曲全其道而善其用，巽之德也。

承上言九卦何以爲修德之藉。蓋就卦體言之，履，天澤定分，主於至嚴，然皆所以達乎人情之和，而當乎天理之極至。謙卑宜不尊而晦闇矣，然山下於地，不失其高，而生物之功愈著，則尊而光也。復，一陽初動，其機甚小，然天理方新，群陰不能翳蔽，凡物理無不可辨。恒，震動則嫌繁雜，而巽入有常可以歷久不厭。損者，損此就彼，其先甚難，而勉强以成自然，後實易也。益，積累彌充，有長裕之道，然皆理勢自然，無俟設施造作。困，窮於所居，而守貞，終得亨通。井以域水，居其所而不移，然自下上上，利濟無窮，實能遷也。巽非善柔之謂，謂其稱物以得其平，而理之所在善爲曲全，人安其德而不覺，機至隱也。惟九卦之德如是，故修德者以之也。

《履》以和行，《謙》以制禮，《復》以自知，《恒》以一德，《損》以遠害，《益》以興利，《困》以寡怨，《井》以辨義，《巽》以行權。

和行，和其行。有子曰，禮之用，和爲貴是也。禮，自卑而尊人者也。自知，自心有主而明辨。一德，無二不息。忿慾害身害性，損以遠之。利謂益德益世之事。怨己而不怨人則困伸。蓄德靜深，不能利濟，則辨義。權者，隨時處中也。

承上言九卦之德如是。故修德者體履以和其行，順乎天理人情之安，而不失其正。體謙以制其禮，存一卑己下人之念，而悉合於度。體復以能自知，本其性分固有之理，而明察幾先。體恒以一其德，歷乎常變生死，而不改其貞。體損以遠害，懲忿窒慾之淨盡，而動皆亨衢。體益以興利，遷善改過之無已，而功業振興。體困以寡怨，境愈厄而責己愈嚴。體井以辨義，涵蓄深而利濟不匱。若夫巽者，則不違乎正，而能委曲以適於中者也，則體之以行權。是九德者可以成己，可以成人，而无往不宜。聖人當日有憂患之心而作，學者得之以平憂患，庶乎善讀《易》者矣。

右第七章。言聖人憂患作《易》，而概舉九卦，示人修德之大要。

附　解

天下萬物之理，莫非五身之理。而天下之變，則不可以言盡。雖聖人不能無憂患，恃其所以處憂患者，盡其道而已。六十四卦爲生民而作，皆教人修德返身，以承天地，以維五倫。奈人不知修德，而徒求趨避，則大失作者之本意。此章夫子故特提明作《易》者其有憂患乎，或疑伏羲時非中古，不應有憂患，遂謂指文王言，非也。上古渾噩之風，至伏羲時而漸異，天以河圖洛書洩露大道機緘，伏羲仰窺天意，畫卦以示人。太極生兩儀，兩儀生四象，四象生八卦，因而重之，爲六十四卦。一時所成，旣有卦即有名，非但名八卦，至文王而始加之也。一部《易經》，無非教人修德，此言九卦，不過畧舉以示人。二節之也字，三節而字，四節以字，意義層次顯然，前人殊多囫圇。德之地，謂德之全體，藴於中者至深，發於外者周浹。《中庸》言溥博淵泉，而時出之，亦即此意。長裕不設，謂德益加厚，隨所取給，不待設施造作。凡不足者，其應有窮，則不免於設，反是而其義可想。居其所，德之靜深者有常；遷謂應物者無定，下文辨義是也。遠害、興利，一身之得失，生民之利害係焉。損其惡，益其善，一己之德無忝成人成物，其利不窮，非尋常避害趨利之比。巽，善人之意，析義不精，安能曲當於天理，而不戾於中和，故曰德之制、以行權也。稱而隱，行權之妙，稱物平施，令人不覺，非隱祕之謂也。學者即九德而精之，可以不必讀全《易》，亦即九卦可以通全《易》矣。

《易》之爲書也不可遠，爲道也屢遷，變動不居，周流六虛。上下无常，剛柔相易，不可爲典要，唯變所適。

不可遠，言當切身而求。屢遷，活潑之意。居，止而不移。六虛，六合。非形可執則曰虛。上下、剛柔，皆指陰陽二氣。无常，所以不居。相易，所以周流也。典要，一定常法。變，謂事變。

道具於天地，而發明於《易》。天地之道皆人之道也，子故言《易》之爲書也不可遠。人而求其爲道也，屢因象而遷就，非故爲屢遷也。蓋理有定而無定，一元之化變動不居，周流於六合之閒。其自下而上，自上而下，无常可執，要皆一剛一柔相易，而成變化。故《易》之爲書，其著爲象辭者，不可執以爲一定之典要也，惟其事變所適，體玩焉而得其中焉然後可。

其出入以度，外內使知懼。又明于憂患與故，无有師保，如臨父母。初率其辭，而揆其方，既有典常。苟非其人，道不虛行。

出入，陰陽闔闢之機。度，如天度之度，謂有常則也。外內，猶言顯晦。外者內之使。知顯著之事根於幽隱之閒，故知懼也。明於憂患，吉一而凶悔吝三，知警畏也。故，憂患之所由。師保、父母互文，言雖无有而常如臨之也。初，謂學易之始。初但循其辭而揆其理，積久旣得其要，而有典常矣。又須其人實有易之德，然後能行易之道，即《中庸》苟不至德，至道不凝之意也。

承上言易道之變動，不外上下剛柔。剛柔之上下，即闔闢動靜之機也。動者爲出，靜者爲入，其出入也，以自然之常度，則至變之中，有其不變者存，故易書設爲象數以示人。外者內之使，人知外內一原，警懼於心。又明於憂患之來，與其所以然之故，不敢侈肆，无有師保，常如臨父母。然學者學易之初，率其辭而揆其義理所在，積久而貫通，既有典常可守矣。然苟非其人，實具陰陽之德，合天地之宜，則易道亦不可以虛行也。然則易不可遠身而求，不信然乎？

右第八章。言易道不遠於人，欲人凝道以爲觀象之本。

附　解

此章先儒泥卦爻言，義多難通。既曰變動不居，又曰出入以度。既曰不可爲典要，又曰既有典常。上下也，相易也，出入也，外內也，語複而文繁，指歸安在？使知懼矣，明于憂患與故矣，无有師保，如臨父母矣，又曰苟非其人，道不虛行，亦覺背觸。弊由拘前人之成說，而不求本文語意之眞也。開端言《易》之爲書也，不可遠，爲人不返身，而求易於象數，故特云然也。下接言其爲道也云云，道者易之理，易之理，天地之理，亦即人之理也。變動不居，周流六虛，祇此一氣彌綸，自有陰陽動靜，上下无常，剛柔相易。易道之在天地者如是，即其在書者亦如是，故不可爲典要，惟變所適也。惟變所適，變化而適於中，非恍恍無定之謂，故又承言剛柔上下，出入以度，故能以有定之理著無定之象。外內，外者本乎內，微者使之顯也。使知懼，卦爻卜筮麗以神明，有所警懼。憂患與故，則其辭之顯見者。无有師保，如臨父母，皆嚴敬之意，非舊說慈愛之謂。末五句乃結，明即象求理，體易行道之功。典常，謂會通而得其辭義之要，非與上不可爲典要背也。前人以六虛爲六位，夫既列爲爻象矣，而又曰虛耶，因恐墮入虛無一派，必沾沾就卦爻言，而不審聖人立言之旨，則益見其牽强耳，識者詳之。本章統論大文，無卦爻象字，如下章則不然矣。

《易》之爲書也，原始要終以爲質也。六爻相雜，唯其時物也。其初難知，其上易知，本末也。初辭擬之，卒成之終，若夫雜物撰德，辨是與非，則非其中爻不備。

始、終，就一卦而言。質，體也。雜，參錯。時物，時不同而物象亦異。初爻幾之始動，上爻卦之已成。初辭二句，申明所以難知易知之故。雜物，雜舉物象。撰德，撰成陰陽之德。

凡理必有本末，凡事必有終始。《易》之爲書，大要原始要終以爲體段也。至六爻錯雜成文，唯其時物之當然以取象。初無定體，卦之初爻難知，其上爻易知，本末之異也。初爻幾始露而端甚微，辭多擬議，必審幾於微者始知之，故難知。上爻卦之卒而事之成，已終一卦之義，故易知。若夫陰陽相雜而有物象，雜物以撰成陰陽之卦德。辨是與非，則非其中爻不備，合上中而成一卦，實止成其一始一終之理而已。

噫，亦要存亡吉凶，則居可知矣。知者觀其彖辭，則思過半矣。

要，歸也。居，謂占者所自處。彖辭，統論一卦之大旨。過半，得其大半也。

承上而嘅歎，言《易》書原始要終，無非示人存亡吉凶之定理，無論初上中爻。學者亦要諸存亡吉凶之正，則所以自處者可知矣。至於《彖》辭統論一卦大體，知者觀而思之，則卦義已可得其大半矣。

二與四同功而異位，其善不同。二多譽，四多懼，近也。柔之爲道，不利遠者。其要无咎，其用柔中也。三與五同功而異位，三多凶，五多功，貴賤之等也。其柔危，其剛勝邪。

此論中四爻剛柔之義，所謂辨是與非，非其中爻不備者也。善，謂功也。譽，得君而有美名。懼，近君而生危懼。近，謂得君也。二與五應，亦爲近四，則位尤近也。不利遠者，外君不成功。要，歸也。柔中，柔順於君，則得中道。柔危之柔，謂柔弱。剛，剛正。柔弱則失其剛之體，剛正則當乎剛之位。邪，歎詞，非疑詞。

承上言觀彖固思過半，而中爻之義，亦不可以不明也。今試略言之，如二與四皆陰位，其佐君之功同也，而二爲在下之臣，四爲近君大臣，其位則異。惟其位異，故其佐君之善不同。二爲君之正應，多有美譽；四爲君之親輔，多有危懼。二者皆以近君而成善也。蓋柔之爲道，必得陽以成能，不利於遠君者。二四位不同而同歸无咎，其用貴於柔中也。能柔順以近君，則二之多譽者固善，四之多懼者亦善也。三與五爻皆陽位，三爲在下之上，五爲在上之上，其功同也，而三爲臣之在下而長民者，五爲君之主治而臨人者，其位則異。三爲下位之上，而在其上者更有人，多凶敗之慮；五爲主治而獨斷者，多功業之著，貴賤之等不同也。夫三五之位皆陽，而得失判焉者，蓋陽位宜於陽德，一參以陰柔，則臣固邪佞而不忠，君亦孱弱而不振。惟出以剛德，則臣守正而不自任，可免於凶，君中正而能下賢，多有其功。然則陽位之爻，其柔者危，而剛者勝耶。學者知剛柔之辨，則知是非之分，而中爻亦思過半矣。

右第九章。言《易》統始終而備時物，當觀彖辨爻以求之。

附　解

一卦有一卦之綱紀條理，故曰原始要終以爲質。六爻時位不同，故其取類不同。然大要則彖辭盡之，六爻不過發明隨時處中之理。此夫子所以教人觀彖，又教人辨爻也。初者幾之方萌，上者事之已竟，已成者易見，未然者難知。中爻各有定位，二爲賢臣，四爲公孤，四固近，而二與君爲正應，亦近也。近也雙承二四而言，非單承四也。柔之爲道，不利遠者，正發明上文近字之義。人臣遠君，何以行道？故二四皆柔位以得君而善，雖譽懼不同，同歸无咎。其用柔中，二四皆以柔得中爲貴，示人處二四之道也。三爲下卦之上，諸侯之位，權可自擅，而上之者更有人，故曰賤。惟其有權，易於自用，亦易於招尤，故多凶。以陰柔小人居之，則敗矣。剛勝，只是臣以正自守，不爲邪僻；君以正馭下，不爲驕淫，非偏剛之謂。要之，柔位宜於柔德，剛位宜於剛德。前人解此節，按之本文，語氣不順，今正之。

《易》之爲書也，廣大悉備。有天道焉，有人道焉，有地道焉。兼三才而两之，故六。六者非他也，三才之道也。道有變動，故曰爻。爻有等，故曰物。物相雜，故曰文。文不當，故吉凶生焉。

廣，謂如地之無所不容。大，謂如天之無所不幬。悉備，萬物之理纖悉備具。才，能也。天能覆，地能載，人能參天地而育萬物，故曰才。三才各一，不两則不能變動，故兼而两之，以爲六畫。言非聖人之私意爲之也。爻者，交也。陰陽變動相交，故有爻。爻有貴賤等級，亦如物之各有等也，故曰物。錯雜則成文章，故曰文。文即物之燦著，非文詞之謂。文錯雜而不得其當，則有吉凶。

右第十章。言易本三才自然之道，所以能廣大悉備，欲學者於其變動，得其不易之方也。

附　解

廣大言其本體，悉備言其纖悉。三才之道各一而已，然不两不能變化，故兼之爲六畫。此亦大概言六畫之義。後儒以上二爻爲天，中二爻爲人，下二爻爲地，亦通。然亦不可盡拘，蓋聖人本意不盡於此也。道有變動，陸績曰：天道有晝夜日月之變，地道有剛柔燥溼之變，人道有吉凶善惡之變。亦說得好。然陽變之陰，陰變之陽，陰陽動靜，不一其端，聖人以爻象之，故生出許多義理，則亦不必謂天地如何變，人如何變也。變動者一理而散爲萬物，皆自陰陽變動而生。理氣著而成質，則爲物；雜而成章，則爲文。物與文，謂三才之道燦著於爻象閒者。不當，時位不當，即拂乎道之自然。當者吉，不當者凶，言吉凶由此而生，皆非强附之理也。

《易》之興也，其當殷之末世，周之盛德邪？當文王與紂之事邪？是故其辭危。危者使平，易者使傾。其道甚大，百物不廢。懼以終始，其要无咎，此之謂易之道也。

此言興，就文王演易說，謂易道中微而復興，與前七章言中古不同。文王盛德而處憂患，以己所歷者教人，故其繫辭多危懼之辭。危者使平四句，申明其辭危句。易卦中有戰兢惕厲而危者，辭則使之平焉，敬慎足以不敗，而吉无咎之屬歸之。有驕矜慢怠而易者，辭則使之傾焉，怠荒每以致禍，而凶悔吝之屬歸之。此危平易傾之道，乃天地自然之理，凡事無不由之而分成敗。文王繫辭，使人知所戒勸有然，故其道甚大，百物不能廢此也。懼以始終三句，則教人學易之要，以危懼之心慎終如始，凡事不必求功，期於无咎而止，此則易之道也。

右第十一章。言易道以戒懼爲本，而推本於文王以明之。

附　解

敬慎自是聖賢德業之要，何獨文王有然？因常人處順則肆，處困則怠，每欲長享亨適而不自修，故特以文王示人。文王即不居憂患，豈不敬慎？然其當紂之事，何等危懼，卒自盡其道而獲安平。則凡事之不順者，不過如文遇紂，而吾所以處事者，能如文王否？懼以終始，其要无咎，所以不求有功，只求無過。五倫百事如是，其亦可以平而不傾矣。此本章教人之意，非沾沾說易而易理已該。

夫乾，天下之至健也，德行恒易以知險。夫坤，天下之至順也，德行恒簡以知阻。能說諸心，能研諸侯之慮，定天下之吉凶，成天下之亹亹者。

健、順者，乾坤之性。得諸心爲德，見諸事爲行。易、簡，見上篇首章。險，險難，易直之反。阻，壅塞，簡靜之反。說，理得而快足於心。研，理熟而精詳於事。且天子以至於庶人，皆有險阻，諸侯上承天子，下理兆民，其險阻尤甚，故舉以該乎貴賤也。亹亹，勉而不已也。

言人心之險難知，人事之阻難治，以險阻禦險阻，則不足以知險阻，而亦無以處之。夫乾，天下之至健，體之爲德行，則中心易直，恒以此燭人情而平其險。夫坤，天下之至順，體之爲德行，則行事簡靜，恒以此察事機而通其阻。故易簡之理，本人心天理之正，而該乎萬事萬理之原，能使此心快然自說，以之應變。能研諸侯之慮，定天下之吉凶，使民知所趨避，而成天下之事功。亹亹，勸勉而不已者，人可不務乎？

是故變化云爲，吉事有祥。象事知器，占事知來。天地設位，聖人成能。人謀鬼謀，百姓與能。

云爲，言行也。吉事，善事。象事，象形之事。占事，卜筮之事。

承上言健順之德如是，是故人之云爲，變化不一。能以健順爲歸，則爲吉事而有祥徵；其或象之爲事，則知此器之形而可制器；或有所占，則知未來之吉凶而可以斷疑。蓋自天地設位，即有此健順之理，聖人體之以成能，通乎幽明，達乎愚賤。人謀鬼謀無不可者，而百姓亦與能也。然則能說諸心，能研諸侯之慮，不亦信乎？

八卦以象告，爻彖以情言。剛柔雜居，而吉凶可見矣。變動以利言，吉凶以

情遷。是故愛惡相攻，而吉凶生；遠近相取，而悔吝生；情僞相感，而利害生。凡易之情，近而不相得，則凶。或害之，悔且吝。

八卦四句，言吉凶之所由著。變動二句，言卦理與人事之所以合。因卦有變動，故象有利不利；因事有吉凶，故爻象言其情之遷變者以示人。是故愛惡以下六句，言吉凶悔吝皆生於人情。取，取用。感，感召也。凡易之情以下五句，則言易例也。

承上言健順爲陰陽之主，而八卦由此而生。八卦以象告，爻象以情言，祇此一陰一陽，剛柔之理，相雜而居，而吉凶朗然可見矣。因剛柔變動不常，有利有不利，故卦象以利言。人情不盡當於陰陽之正，故爻象以吉凶言。然則卦與爻象，皆所以因人情而爲之裁制也。是故愛惡者，人情之大，凡愛惡相攻，而吉凶生矣。遠近者，人之時位，遠近相取，而悔吝生矣。情僞者，善惡之分界，情僞相感，而利害生矣。人情如此，故易之理亦如此。凡易之情，相近而不相得，則凶。或有害之者，則悔且吝。學者即易之情以得其情，而合乎健順之正，有吉無凶，斯爲善讀易者矣。

將叛者其辭慚，中心疑者其辭枝，吉人之辭寡，躁人之辭多，誣善之人其辭游，失其守者其辭屈。

此言人情具乎辭，以申明首節所以知險知阻之説也。吉者，得易簡之理者也。叛、疑、躁、誣、失守，失易簡之理者也。

承上言易之情一本於人情而人情之變不常，要在有以察之。彼將叛者，其情既歉，其辭必多慙愧。中心疑者，其見不明，其辭必兩端互出。吉人敬慎而有節，其辭必寡。躁人粗率而不謹，其辭必多。誣善之人，變動是非，無實跡之可據，故其辭游而無根委靡。失守者日趨卑陋，故其辭屈抑而不伸。惟合德於健順者，以易簡窮險阻之情，則有以知之，而能説諸心，能定天下之吉凶。此所以學易者必本於健順，自正其情，乃可以平人之情，而易之吉凶悔吝，無不詳察矣。

右第十二章。標健順爲德行之本，而因推極卦象爻象莫不由兹，欲學者正其情以窮萬物之情也。

附　解

此章首言乾坤，次言八卦爻象，後言吉凶悔吝言辭。詞若雜見，先儒因不分明，有析解者，亦於承接貫串之理不著，今疏通之。學者細將本文玩味，與愚説相參，則知聖人之言本有條貫，不容舍經以從傳矣。侯之二字，或以爲衍文，後儒從之。不知夫子特舉諸侯以該其餘，定天下之吉凶，成天下之亹亹，皆就諸侯言也，與上傳十一章專就蓍龜言者不同。雖易理定吉凶，成亹亹，不止諸侯，而此蒙上文險阻言，諸侯如此，則他可知，不言天子而言諸侯，聖人避尊也。吉事，或改事爲凶，尤謬。天地設位四句，緊收上文，而前人錯分段落，致承接不順。八卦爻象，舉該全易，其曰剛柔雜居，而吉凶可見，明夫吉凶之不難見也。變動以下，言象情之實，然易義變化，皆本乎人情，人情不一，要可平以易簡。故言易吉凶悔吝之後，結以其辭一節，此皆詞義自然之理勢。而紛紛曲說，轉益疑竇，安可不辨?

說卦傳

《隋志》：秦後《易》失《說卦》三篇，漢宣帝時河內女子發老屋得之。今《說卦》只一篇而別出，《隋志》殆混言之。《繫辭》通論經義，此則專明八卦之義，原其所起，究諸物象，故曰《說卦傳》。

昔者聖人之作《易》也，幽贊于神明而生蓍，參天两地而倚數，觀變于陰陽而立卦，發揮于剛柔而生爻，和順于道德而理于義，窮理盡性以至于命。

贊，助也。神明居幽，而聖人以易道通之，故曰幽贊。生蓍，生揲蓍之法。參，三之。两，两之。倚，依也。天數奇，地數耦，三其奇之數，一三、二三、三三，而陽九天數盈焉；两其耦之數，二二、二三、二四，而陰八地數盈焉。一與二合而爲三，三與二合而爲五，五與二合而爲七，七與二合而爲九，固不離乎參两之數。一三爲三，二三爲六，三三爲九，三、九陽之正位，而六則天地之合也。二二爲四，二三爲六，二四爲八，四、八陰之正位，而六亦天地之合也。以三合二而爲五，以五合五而爲十，要不離乎參两之意。蓋依河圖之數而起，凡數皆自此推也。陰極變陽，陽極變陰，故乾坤生八卦，八卦生五十六卦也。卦成而剛柔有體，時位不同，聖人發揮其義，故有爻。道，理之在天地者；德則人之德；義，事物之宜也。上理字，條理；下理字，義理。理散於萬事，而性具於人，命則主宰之在天者。窮，極其精。盡，極其純。至，達其奧也。

言聖人作《易》，幽贊於神明而生蓍法。參两天地，依以起數，觀變陰陽，因以成卦；發揮剛柔，遂有爻辭。數也卦也爻也，皆本天地神明之德，而非有强爲也。蓋天道具於人則爲德，著於事則爲義。聖人以《易》示人，使之不乖於天之道，不逆於人之德，而不紊於處事之義。學者誠即是以窮究萬物之理，而反身以求自盡其性，深造精微以極於天命之本然，則不負聖人作《易》之教矣。

右第一章。言聖人以神明之德作《易》，而學者當即象窮理以極於神明。

附　解

參天两地，說者不一，皆有理致。然大都就揲蓍言，不知此章乃因將言八卦之義，而揭言《易》贊神明，數與卦爻皆本天地之自然，欲人窮理盡性以至於命，爲下十章總冒。蓍法，大衍章已詳，此衹大概言數本天地，不必斤斤求合蓍法也。舊說天圓地方，圓者徑一圍三，方者徑一圍四，以解參两。然本文無方圓字樣，是爲添設。來氏、胡氏專以河圖生數言，竟廢成數，亦爲偏枯。兹但就河圖十數，略標參两之意，而諸說自無不該矣。道德義理性命，一理而異名，但此處既分言之，則道統言之，天人所共，德就人言，義即事言也。和之順之理之，就《易》言也。窮理句乃就學《易》者言，性即理也，在天曰命，在人曰性。本天而爲性者，一本也；牽性而散見於事物者，萬殊也。窮究事物之理，一一返求諸身，内外交養，本末交修，久之而性盡命立，則天命之原在吾身矣。此中有許多功夫，非可以空言曉，非可以文字傳。夫子約言之如此，是在學者深思而自得也。

昔者聖人之作《易》也，將以順性命之理。是以立天之道曰陰與陽，立地之道曰柔與剛，立人之道曰仁與義。兼三才而两之，故《易》六畫而成卦；分陰分陽，迭用柔剛，故《易》六位而成章。

性命者，乾坤之正理也。乾陽在人爲性，坤陰在人爲命，性命合而成一太極。上章言窮理盡性以至於命，謂盡人以合天，性就人言，命就天言，此則以性命明太極之眞也。太極無形，而理氣之動静者有性命。性命者，乾健坤順之自然凝精者也。陰陽剛柔仁義，皆此性命之理所發見，陰陽以氣言，柔剛以質言，仁義以德言，其實一而已。聖人就天地人之成形分著者言，姑以此爲三才之道，以性命之原不可見，即可見者以明《易》所由生也。仁義皆有陰陽剛柔之用，不可以仁爲陽剛，義爲陰柔也。三才共此性命，两三則爲六，六畫則盡陰陽之用，錯雜成文謂之章。三才之道既以相對而分，又以更迭而用，此《易》所以六位成章也。兼字、分字、用字不著力，就造化説，不就《易》説。言合三才之道而皆两，《易》所以六畫成卦，六位成章也。

言聖人作《易》，將以順性命之理，非有勉强造作。是以即性命之著於天者言，則陰陽其易見者，以此立天之道。即性命之著於地者言，則剛柔其顯呈者，以此立地之道。即性命之成於人者言，則仁義其該括者，以此立人之道。惟天地人同此性命之理，故曰三才。兼三才而两之，故《易》六畫而成卦；分陰分陽，迭用柔剛，故《易》六位而成章也。

右第二章。言《易》本性命之理，故統三才而兼萬變也。

附解

性命二字，自夫子發之。因上章言窮理盡性以至于命，後儒衹知在天爲命，在人爲性，而此章性命亦衹同解，然下文陰陽剛柔仁義分配之理不明矣。今若不顯揭之，則天地人之道不著，而拘守先儒成説，反失聖人之心，愚甚懼之。蓋天地衹一太極，不可强分也。然天位乎上，地位乎下，人位乎中。三才業有分形，則太極之在天地與人者，各有眞精，是即性命之分見也。不得其分，由不知其所以合。知合者未嘗不分，則知分者實未嘗不合，此三才所以并立，不可輕重也。天道之大者曰陰陽，然陰陽止一太極而已，太極動而生陽，靜而生陰。陰陽之分著者爲天地，天陽也，地陰也，陽施陰受。有天而無地，則爲有陽而無陰，天包乎地，地承乎天，天地曷嘗判然自爲陰陽哉？惟太極之理氣無形，而天地之呈象者有二，人遂不知天地之所以合。夫其合者何也？曰性命也。性，乾之理；命，坤之理。純粹而無滓者性，凝一而渾厚者命。先天性命合一，乾坤之所以爲一元；後天性命分寄，乾坤之所以判高卑。陰陽則其氣之用，剛柔則其質之成。然無氣不能成質，無質何以寓氣？以之分配天道地道，亦第就人之所見言，以明天地皆性命耳。若竟剖爲两橛，理豈通哉？若夫立人之道曰仁與義，則專就性命之粹本於天地者言，而氣質則所不論也。蓋萬物皆天地所生，而得其正者惟人。性，天理也。命，天根也。性寄於命，是以有此天理，而後成此身形；命寄於性，則既成此形質，而或牿其天性。仁則葆乎性之良，義則節其命之正，不特存諸中者爲仁，發於外者爲義。而一念之剛柔，仁義之用以分；太極之渾涵，仁義之體以固。一如天地之陰陽剛柔分著其用，未嘗不共成其功也。三立字，因恐人不知天地人之至理，故以此括之，得其貫通，則一而已。天陽而有陰，地柔而有剛，可見性命不可偏廢。仁義則人之所以承天地者，故三才必两兼而其義始備。分以對待言，迭用以流行言。剛柔亦有分，陰陽亦有迭，互文見義耳。易之陰陽剛柔，全法天地以立人事之則，要無非順性命之理。人本天地之正而生，未生以前爲先天，既生以後爲後天。先天陰陽之正，性立而命凝，太極之渾然者如天地，故人性皆善。後天陰陽之交，性微而命危，太極之粹然者非本來，故有人心道心。去人心以純道心，化氣質而存天理，使返乎陰陽之正而已。人心陰欲，道心天理。道心全，而知覺運動之心皆當天則，由性以該命，天人之所以合。人心多，而仁義禮智之性皆爲物囿，命濁性漓，天人之所以分。故性命者，天地之元，五行之粹，而人心之正也。乾元資始，坤元資生，天地之性命萬古不渝。水潤乎下，火炎乎上，人之性命因而顛倒。知性命，則知道心人心所由來矣。三代下，識者寥寥，安得不亟辨之？

天地定位，山澤通氣，雷風相薄，水火不相射，八卦相錯。數往者順，知來者逆，是故《易》逆數也。

此伏羲先天八卦也。乾老於南，坤老於北，乾坤定子午之位。西北多山，東南多水，艮居西北，爲氣之所始；兑居東南，爲氣之所注。風起於西南，陰氣初盛；雷動於東北，陽氣初盛。陰陽二氣相薄而鼓其機，故巽居西南，震居東北。日生於東，月生於西，故坎居西，離居東。不相射，各行其功用，不相害也。有天地，即有此自然之理氣，故爲先天。相錯，即指此先天卦位而言，言對待之中已有流行之氣也。數往者順，順而出之，乾坤生六子，六子幹萬物，生生不窮。知來者逆，逆而溯之，由萬物返歸八卦，由八卦返還太極，一一歸原《易》以爻象示人，無非欲人窮理返本，以知萬理，不出中庸，故曰《易》逆數也。

言伏羲畫卦以明大道，而其方位悉天地自然之理象。故乾南坤北，天地定位矣，而六子分居六方。山止而澤流，疑於其氣不通，然天地之氣始於西北，終於東南，山脈流於澤而爲水泉，澤氣升於山而爲雲雨，其氣通也。雷藉風威，風助雷勢，陰陽二氣相薄而鼓生成之機。水火本相尅也，而坎離分峙西東，各行其化，不相射害。凡此八卦雖分司八方，而理實相錯。由八卦之數生生不窮爲六十四卦，衍及萬物，順而數之者無盡。由六十四卦歸於八卦，八卦合爲太極，知來者逆。逆者其原，順者其委。是故《易》之教人，雖理氣象數雜出不窮，然要欲人返本還原，以握宰制之樞，以通天地之妙，乃逆數也。

右第三章。明先天八卦方位，對待而寓流行，順推而爲萬事，逆返而歸一貫，欲人知其本也。

附　解

先天卦位，一有天地即有此象，不假安排，故爲先天。對待之中，流行已寓，故文王引而伸之。非伏羲卦衹死對，文王乃變化之也，夫子所以特明通氣相薄等情。先儒言八卦之所以分，多欠分明，解順逆二字，尤多執象。邵子以三陰三陽近數至一陰一陽處爲順，朱子以左方四卦數已生者爲順，右方四卦推未生者爲逆；皆就圓圖言，亦似有理，然夫子本止就八卦說，非論圓圖也。惟來氏以八卦相對爲相錯，深得其義。第以乾一兑二離三震四巽五坎六艮七坤八言順逆，猶邵子之說也。凡事物順而出之，其象愈紛，其數難究，然自是天地生生自然之理，故曰順。逆而返之，則萬殊歸於一本，八卦衹一陰陽，陰陽衹一太極。得其原者可以該其末，立乎先者可以觀其後。凡料事於未然，觀變於已動，一以貫之之義也。神以知來，智以藏往，亦即此理。術數之學，即末以求，非本原之學，然亦有適中。以此理布濩，本無間隙，易之爲用，本無不可也。第此章言八卦相錯，順逆相生，六十四卦由此出，即理數亦由此出，未暇及前知事。風起西南，雷動東北之義，二陰壯而金風始厲，二陽壯而和氣始奮也。

雷以動之，風以散之，雨以潤之，日以晅之，艮以正之，兑以說之，乾以君之，坤以藏之。

八之字，指理而言，即太極眞氣養於萬物者也。萬物之氣，莫不由天地之氣，而氣之元即理之粹。上章言數往，以成形成象者言；知來，以無聲無臭者言。此章則申明其義也。乾坤始交而爲震巽，震巽相錯，動則物萌，散則物解。交而爲坎離，坎離相錯，兩潤以制亢，日晅以燥溼。終[①]交而爲艮兑，止之以成其質，說之以遂其性。君，主宰意。藏，收斂意。上章舉乾坤而及六子，言八卦出於乾坤，故以乾坤居首。此章由六子以及乾坤，言乾坤全藉六子爲用，故以乾坤居終。上四舉象，下四舉卦者，王肅云互相備也。

言易本太極，太極之理，無形而有氣，氣之散著者可言矣。生而未舒，雷以動之，動而未暢，風以散之。氣亢則物枯，雨以潤之，氣溼則物堙，日以晅之。艮則止其機而不過，兑則說其生而無不及。乾以君其機，而生長者有權，坤以藏其用，而生成者不息。此八卦所以能盡天地之妙，而伏羲畫以明之也。

右第四章。言八卦之功用如此。

附 解

太極無象，而萬物有象，即有象以知無象，惟聖人能然，常人則蔽於所見矣。八卦設象教人，然此象乃天地自然之象，故能該萬理而通幽明。即八卦之功用，而太極之眞理眞氣彌綸浹洽者可知矣。前人忽卻之字，第以爲雷動風散云云而已，不知夫子乃言太極之理，八卦著其功用，故以字之字煞有義理。或沾圓圖方圖解，然本傳衹說卦，八卦明，而全易皆在其中，未言方圖圓圖也。

帝出乎震，齊乎巽，相見乎離，致役乎坤，說言乎兑，戰乎乾，勞乎坎，成言乎艮。

此文王後天卦位也。帝，主宰萬物者也。八者皆帝之所爲，故以帝冠之。出者，自隱而顯，始可形見也。齊者，旁通周徧，無物不到也。相見者，光輝明盛，彼此燦

① 終，底本作中，據《續修四庫全書》本改。

然無隱也。致猶委也，委役於萬物，無不養也。土分旺四季，尤旺於夏秋之交，爲中央土，故生秋金而養乾陽眞氣。說者，萬物皆成，各説其生也。戰者，陽金老而陰氣盛，相搏而戰也。勞，慰勞，休息之義。成，完全也。由出而齊而相見者，帝之鼓乎出機，而致役則由出以向夫入；由說而戰而勞者，帝之鼓乎入機，而成則又由入以向夫出。其義詳見下文。

萬物出乎震，震，東方也。齊乎巽，巽，東南也。齊也者，言萬物之潔齊也。離也者，明也，萬物皆相見，南方之卦也。聖人南面而聽天下，嚮明而治，蓋取諸此也。坤也者，地也，萬物皆致養焉，故曰致役乎坤。兑，正秋也，萬物之所說也，故曰說言乎兑。戰乎乾，乾，西北之卦也，言陰陽相薄也。坎者，水也，正北方之卦也，勞卦也，萬物之所歸也，故曰勞乎坎。艮，東北之卦也，萬物之所成終而所成始也，故曰成言乎艮。

上言帝，此言萬物者，帝之出入不可見，以萬物之出入於四時者明之。東方陽氣出而生物，雷以鼓動之。潔齊，鮮潔整齊。東南陽暢而長物，風以搖動之。盛夏萬物昌盛，无不生長。而相見者，聽治也，聖人南面而治天下，君民之情浹洽，猶帝之與物皆相見也。夏秋之交，土德正旺，萬物皆致養於地坤。不言方者，以地之養物不一處也。秋令始肅，而云說者，前之長養於是乎成，故生意充足而說也。秋冬之交，戌亥之月，陽剝而將盡，陰隔於陽，必戰，故相薄也。水旺於冬，萬物賴其滋養，故有慰勞之意。萬物歸藏於坎，陽氣潛伏於物，勞而休息，故曰勞乎坎。冬春之交，在冬則成終，在春則成始，不尅則不能生，以艮止一年之歲功，即以此蓄陽春之生氣，故曰成言乎艮。此八卦之序，即四時五行循環流行之序也。

右第五章。言後天八卦之位，而及其功用。

附　解

後天八卦方位，伏羲畫卦時即有此理，文王特發明之耳。六子皆乾坤所生，而坎離獨得乾坤之正體，眞陰眞陽之精，在上爲日月，在下爲水火。水火者，乾坤之大功用也。日月不運行，即乾坤亦爲死物；水火不相濟，則人物何以生成，故離南坎北以代乾坤。乾老而長男用事，坤老而少女乘權，男以長而能任，女以少而能育，此所以主四時之柄也。九爲老陽，陽金純而生子水；六爲壯陰，陰土旺而孕庚金。水之生木，其用在土，故艮以制水而生木液。木之生火，其用在風，故巽以助木而生火光。此四隅，斡運之意也，而其源皆出於圖書。河圖一六居北，二七居南，三八居東，四九居西，水火金木分鎮四方，而中土爲之運用。洛書坎一，坤二，震三，巽四，中五，乾六，兑七，艮八，離九，文王八卦全法其象。蓋天地機緘露於圖書，而聖人則之。夫子此章則直解其義也。天地祇此氣機一元運化，初非一一而分布之，聖人即其呈露者以示人，明乎八卦之妙，符契造化如此。胡炳文曰：離明以德言，八卦之德可推；坤地坎水以象言，八卦之象可推；兑秋以時言，八卦之時可推，以互見也。夏秋之交火克金，則有坤土順以相生；冬春之交水生木，則有艮土逆以相克。生生克克，變化無窮，孰主宰是，曰帝是也。陳琛曰：火氣極熱，物無由而成；水氣極寒，物無由而生。惟土氣最惟中和，故火金之交有坤土，水木之交有艮土，而爲萬物之所由出入。養身養民，皆要中和。其説甚爲有理。然所謂土者，祇天地之中氣耳，無跡可尋，故前人有中央戊己土，辰戌丑未四季土之分。五方皆不離乎眞土，實不離乎太極之眞氣耳。文王八卦惟坤艮爲土者，木之生火，金之生水，無藉於土。若火非土必不能成金，水非土必不能生木，則土之功於是爲尤著。且五行祇一氣屈伸消長，而木火同居，金水爲朋，乃天地之體。土以生之，亦土以克之。坤致養而西南露生生之機，艮收藏而東北寓克制之義。一歲之間，陰陽二氣皆互相勝，陽勝陰則爲木之溫火之熱，自卯至未，陽多之卦是也；陰勝陽則爲金之凉水之寒，自酉至丑，陰多之卦是也。其他諸儒論述，各有發明，不盡愜當，今提取其大要於此。

神也者，妙萬物而爲言者也。動萬物者莫疾乎雷，撓萬物者莫疾乎風，燥萬物者莫熯乎火，説萬物者莫説乎澤，潤萬物者莫潤乎水，終萬物始萬物者莫盛乎艮。故水火相逮，雷風不相悖，山澤通氣，然後能變化既成萬物也。

神者，帝之不二而不測者也。神無迹而體物不遺，萬物之所以爲物者，皆神之爲而莫知其然，故曰妙萬物而爲言者也。雷風水火山澤非神，所以動撓燥説潤終始者，神也。不期動而動，不期撓而撓，神之爲即妙之所在。莫疾云者，深贊其妙也。下放此。動，鼓也，發萌起蟄。撓，散也，吹拂長養。燥，暴炎。説者，色之光而在外者也。潤者，氣之溼而在内者也。澤降於天，水行於地，故説潤不同。終始者，蓄以爲洩之地，不言山而獨舉卦名者，於成物之義爲切，山不足以當終始也。逮，及也，謂相濟也。既，盡也。不言乾坤者，六子之爲莫非乾坤之爲也。

承上文而言八卦之功用如此。所以如此者，帝之爲莫非神之爲也。神何以名，以其存於萬物之表，而行於萬物之中，不可以端倪求，不可以跡象窺，固妙萬物而爲言者也。以六子言之，動萬物者莫疾乎雷，撓萬物者莫疾乎風，燥萬物者莫熯乎火，説萬物者莫説乎澤，潤萬物者莫潤乎水，終萬物始萬物者莫盛乎艮。夫以萬物之賾，而六子之功化無弗周，受之者不覺，而感之者無心，其神爲何如？故水火相逮，雷風不相悖，山澤通氣，六子雖分司其用，而實交致其功，一統於神之所爲，然後能變化莫測，盡成萬物也。

右第六章。總承上文，而明其至神，對待流行，總歸一致也。

附　解

帝，主宰之名。神，不測之謂。帝不可見，於萬物見之。神不可名，於動撓萬物等者名之。此八卦所以爲雷風水火等象，而太極之體用可窺矣。先天、後天二圖，本非判然二物，特分示其理象，使人知天地之源流。先、後二字，不過言其理有先後，非先者無與於後，後者無與於先也。先儒泥先、後二字，多欠貫通，而來氏竟以爲不可言先、後天，亦非。至對待流行二義，自是確不可易，然非判然不相爲用。故夫子此章特指出一神字，以明八卦各著其功，實共成其妙。神之妙即帝之妙，帝之體即乾坤，是故不復言乾坤也。

乾，健也。坤，順也。震，動也。巽，入也。坎，陷也。離，麗也。艮，止也。兑，説也。

此八卦之性情也。乾純陽，動而不息，故健。坤純陰，静而從陽，故順。陽性上行，反而居下，爲陰所鎮，故但曰動。陰性重濁，極而就下，故入。陽在中則爲陰所陷，陰在中則爲陽所麗。健極於上，前無所往，故止。順見於上，情有所發，必説。震坎艮，陽卦也，故皆從健。巽離兑，陰卦也，故皆從順。

右第七章。解八卦命名之義。

附　解

八卦以卦畫定名義在先，取象於雷風山澤等在後。諸儒解健順等義，各有所主，不無純疵，今酌其可存者存之，下放此。

乾爲馬，坤爲牛，震爲龍，巽爲雞，坎爲豕，離爲雉，艮爲狗，兑爲羊。

此八卦之象，遠取諸物者也。健而行不息者馬，乾象也。順而勝重載者牛，坤象也。龍蟄形於重陰之下，而遇陽則奮，象震之一陽動於二陰之下也。雞出聲於重陽之後，而遇陰則入，象巽之一陰伏於二陽之下也。外汙濁而心剛躁者，豕也，象坎外陰内陽。外文明而心柔怯者，雉也，象離外陽内陰。外剛能止物而内柔媚者，狗也。外柔能説群而内剛狠者，羊也。

右第八章。畧舉八卦取物之象如此，是以一卦爲一物也。

附　解

健而致遠，順而受重，爲乾馬坤牛本義。《造化權輿》曰：馬蹏圓，牛蹏坼。馬陽，起先前足，臥先後足。牛陰，起先後足，臥先前足。陽病則陰，馬疾則臥。陰病則陽，牛疾則立。又馬飲清而便濁，牛飲濁而便清。皆陰陽之義，亦甚達也。龍蟄而能奮，雞鳴而善伏，皆以陰陽之一畫爲象。豕能水而質汙性躁，雉耀羽而外明內怯，皆以中爻陰陽爲象。項氏曰：狗值戌而艮在寅，火墓戌而生寅也。戌爲火墓，故犬性畏水，飲則以舌舐，相鬭灌水則解。羊值未而主兌，金生於土也。羊屬土，土生金，故角觸。土怪爲羵羊。說皆有理。

乾爲首，坤爲腹，震爲足，巽爲股，坎爲耳，離爲目，艮爲手，兌爲口。

此八卦之象，近取諸身者也。首者衆陽之所會，圓而在上，乾象也。腹者衆陰之所藏，虛而有容，坤象也。震陽動於下，爲足。巽陰隨於下，爲股。水內景，坎陽在內，故耳內聽。火外景，離陽在外，故目外明。手能止物，艮之止也。口能言笑，兌之說也。

右第九章。畧舉八卦在身之象如是，是一物爲八卦也。

附　解

人身一小天地，其理全，其氣亦無不全，而形質之似，其末焉者耳。此亦第舉其概，非謂精義遂止於此。

乾，天也，故稱乎父。坤，地也，故稱乎母。震一索而得男，故謂之長男。巽一索而得女，故謂之長女。坎再索而得男，故謂之中男。離再索而得女，故謂之中女。艮三索而得男，故謂之少男。兌三索而得女，故謂之少女。

此以八卦分父母男女爲一家之象也。萬物資始於天，猶子氣始於父。資生於地，猶子形生於母。索，求也。陰陽相求，造化自然之道。得父氣者爲男，震坎艮，乾之分體。得母氣者爲女，巽離兌，坤之分體。一再三，以畫之自下而上言。乾坤曰稱，六子曰謂，尊卑之異也。

右第十章。即人道男女以明八卦陰陽之事。

附　解

索字作求字解，至爲簡盡。胡煦謂兼取、與两端，合交字、生字而言，譬諸索債，必先有以與之，然後取之而歸於己。不知造化一理氣流行，自然生化，太極動而生陽，靜而生陰，一動一靜，互爲其根，此中即有八卦理象。來氏謂陽先求陰，則陽入陰中而爲男；陰先求陽，則陰入陽中而爲女。三男本坤體，各得乾之一陽而成男，陽根於陰也。三女本乾體，各得坤之一陰而成女，陰根於陽也。其説至爲有理。胡氏又謂《易》中言交、言生、言往來、言上下，皆此索字之義，則爲得之。第不能暢其説，以所得不深也。

乾爲天，爲圜，爲君，爲父，爲玉，爲金，爲寒，爲冰，爲大赤，爲良馬，爲老馬，爲瘠馬，爲駁馬，爲木果。

純陽在上，至健者爲天。運轉無端爲圜。居上以宰物爲君。萬物資之以始爲父。德粹不雜爲玉。純剛而能變爲金。乾居西北，其候爲水始冰，地始凍，故爲寒、爲冰。純陽之色爲大赤。寒冰在子，以陽之始言之，内而凝蓄者也。大赤在午，以陽之終言之，外而著見者也。坎中陽爲赤，言大赤以别於坎也。陽而健者，馬也。善則爲調良之馬，健之不變者也。久則爲垂老之馬，健之時變者也。堅强則爲多骨少肉之瘠馬，健之身變者也。文采有威猛，則爲鋸牙食虎豹之駁馬，健之色變者也。木果體圓在上，陽氣内斂，故象之。乾无其於之辭者，无物不資以始，而无一物可以擬其元也。无其究之辭者，健行終古如是，非有究竟也。漢淮南王聘九人撰《道訓》二十篇，號九師易。荀爽集《九家易解》十卷，有爲龍、爲直、爲衣、爲言，然皆已見爻象。來矣鮮又採補易辭中乾象所有者，有爲郊、為蒂、爲旋、爲知等語。元同補象有爲元、爲永貞等語。蓋皆兼變象互象取者。然《説卦》中八卦廣象義例已周而該，非有遺漏。故有經文所无，而此推其説者，并有經文已取，而此反不備者。蓋廣之至於此，亦已足矣。若欲盡八者之象，而擬之天下之物，何莫非八卦所涵，而豈夫人耳目之所能及，文字之所能盡也哉。故今但就本文解之，他不備録，下放此。

坤爲地，爲母，爲布，爲釜，爲吝嗇，爲均，爲子母牛，爲大輿，爲文，爲眾，爲柄，其于地也爲黑。

積陰處下，爲地。萬物資之以生爲母。南北經，東西緯，中廣平而傍有邊幅，爲布。容物熟物以養物爲釜。凝聚不施爲吝嗇。地生萬物，不擇美惡，爲均。順而多孕爲子母牛。方而載重爲大輿。奇爲質，故偶爲文。奇爲一，故偶爲眾。凡執持之物，其本著地者，柄也。坤在下而承物於上爲柄。地之土色有五，坤老於北，正色爲黑也。

震爲雷，爲龍，爲玄黄，爲旉，爲大塗，爲長子，爲決躁，爲蒼筤竹，爲萑葦，其于馬也爲善鳴，爲馵足，爲作足，爲的顙，其于稼也爲反生，其究爲健，爲蕃鮮。

震者動也，一陽動於二陰之下，雷則陽氣之動於地者，龍則陽物之動於淵者。乾坤始交，兼有天地之色，爲玄黄。陽氣始施爲旉。陽闢乎陰，二偶開通，前無壅蔽，爲大塗。一索得男爲長子。決者陽之力，躁者陽之性，一陽動而上以決陰，其動也躁，故爲決躁。元黄雜而成蒼，下苞上茂，本實幹虚，爲蒼筤竹，爲萑葦。凡聲陽也，上偶開口，陽卦得乾初爻，故亦爲馬而善鳴。左足白曰馵。震居左，又爲足也。作足，雙足并舉，上静下動也。的顙，額有白色，陰虚在上也。在野曰稼，子墜苗抽，陽反而生於下也。一陽初長，爲臨爲泰，其究必至乾，故爲健。陽長而益盛，則蕃育鮮明。爲健，究其前之進也。蕃鮮，究其後之變也。震巽獨以其究言，剛柔之始也。

巽爲木，爲風，爲長女，爲繩直，爲工，爲白，爲長，爲高，爲進退，爲不果，爲臭，其于人也爲寡髮，爲廣顙，爲多白眼，爲近利市三倍，其究爲躁卦。

木，陽氣之上升者，根陰植於下，象巽之下一陰而上二陽也。善入者莫如風，又風乃木氣之散者。一索得女爲長女。木曰曲直，從繩以取直，故爲繩直。而工則引繩之直，以制木之曲者，故又爲工，所謂相因取象也。乾陽在上故爲白。震東色蒼，巽在東南，木火之交，木得火氣而亦白也。凡物陽爲生而陰爲長，一陰方盛，有日長之勢，故爲長。由下升上，故又爲高。陰性多疑，又初未盛，故爲進退，而不決於行；爲不果，而不決於爲。臭，陰也，且臭以風傳，一陰内鬱，二陽外達，爲臭。陰少而血不升爲寡髮。陽多而氣上盛爲廣顙。震一陽故的顙，巽二陽故廣顙也。目之白者爲陽，黑者爲陰。離上下白而中黑，爲目之正。巽陰在下，故爲多白眼。陰性貪侵牟，二陽居東南，近離日中之市，爲近利市三倍。又乾爲金玉，一索得巽，性善入，陰蝕陽，光浸長，而盡得乾之所有，故有此象。震爲決躁，巽全變則成震，故其究極爲躁卦。

坎爲水，爲溝瀆，爲隱伏，爲矯輮，爲弓輪，其于人也爲加憂，爲心病，爲耳痛，爲血卦，爲赤，其于馬也爲美脊，爲亟心，爲下首，爲薄蹏，爲曳，其于輿也爲多眚，爲通，爲月，爲盜，其于木也爲堅多心。

水内明，坎陽在内爲水。陽爲水，二陰夾之，故爲溝瀆。陽爲陰掩，或隱而不見，或伏而不出，皆其類。矯輮謂以剛物納於陷中，而矯其曲者使之直，揉其直者使之曲也。弓中勁則善發，輪中勁則善運，又皆矯輮所成之物也。陷而成險爲加憂。坎中滿爲心病。坎爲耳，而中實爲耳痛。血者人身之水，離火在人身爲氣，坎水在人身爲血，故獨言血卦。乾大赤，赤者得乾中色。乾爲馬，坎得乾之中爻而剛在中，故爲馬之美脊。剛在内而躁，故爲亟心。柔在上，故首垂而不昂。柔在下，故蹏薄而不厚。因下柔故又爲曳。蓋陷則失健，足行無力也。坎爲輪，故有輿象。陷而多阻，故爲多眚。水流而不盈，故爲通。月者水之精，坤體内含陽光。盜隱伏而害人者也，剛强伏於陰中，故爲盜。堅多心者，剛在中也。

離爲火，爲日，爲電，爲中女，爲甲胄，爲戈兵，其于人也爲大腹，爲乾卦，爲鼈，爲蠏，爲蠃，爲蚌，爲龜，其于木也爲科上槁。

乾，音干。

内暗外明，體陰而用陽者，火也。火麗於木，日麗於天，電麗於雲。日，火之精。電，火之光也。再索而得女曰中女。甲胄外堅，戈兵上鋭，外剛上炎之象也。外大而中虚為大腹。火性躁爲乾卦。外剛内柔，故爲鼈，爲蠏，爲蠃，爲蚌，爲龜。龜鼈之卵，蠏之胃，皆中黄也。蠃則形鋭而善麗，蚌則内虚而含明，龜則文明而含智也。科，空也。木空中者上必枯槁，故爲科上槁。

艮爲山，爲徑路，爲小石，爲門闕，爲果蓏，爲閽寺，爲指，爲狗，爲鼠，爲黔喙之屬，其于木也爲堅多節。

一陽高出二陰之上而止其所，爲山。陽塞於外，不通大塗，與震相反，爲徑路。一剛在坤土之上，未至盛大，故爲小石。上畫横，下两畫對峙而虚中，故爲門闕。木實曰果，草實曰蓏。震專草木之始，艮果蓏草木之終也。閽人掌王宫之禁，無足而禦人於外，止物之不應入者。寺人掌王宫之内人及宫女之戒令，无陽而給使於内，止物之不應出者。指在手之末而能止物。狗親内而禦暴於外。鼠善嚙物，與狗皆利在牙。艮陽居上而剛在前，故爲狗鼠。禽鳥之喙多黔，而皆能止物，以其剛也。曰屬者，不可枚舉也。木堅多節，松柏之類，節見於外者也。坎之剛在内，故堅多心。艮之剛在外，故堅多節。

兑爲澤，爲少女，爲巫，爲口舌，爲毁折，爲附決，其于地也爲剛鹵，爲妾，爲羊。

水瀦爲澤，澤者水之聚也。坎水而塞其下流，故爲澤。三索而得女曰少女。以言悦神爲巫，以言悦人爲口舌。正秋萬物條枯實落，上柔者先折，故爲毁折。柔附於剛，剛必決柔，故爲附決。鹵，西方鹹池，澤水凝結而成。兑正西，又陽剛在下，一陰在上。故爲剛鹵。少女從嫡爲妾。外柔悦而内剛狠者，羊也。

右第十一章。推廣八卦之象以爲占者取用，而非謂卦爻之義盡於此也。

附　解

天地萬物，一陰陽理氣之所變化，其統宗者爲太極，其散著者爲物理。聖人作八卦，以通神明之德，以類萬物之情。得其會通，隨所取而皆有理趣。執其一説，拘於跡而或不融洽矣。占卜取象，大抵因一事一物以求得失，在《易》爲支流，然不可謂天地無是理也。夫子故推廣此象，以明萬物之無不賅，而凡所未備者，悉可類稽矣。程沙隨曰：此章之象，有不與卦爻相符者，如乾坤稱龍而不必在震，坤地稱馬而不必在乾是也。有見於卦爻而此不載者，如漸之鴻，中孚之豚魚是也。有見於此而卦无之者，如布釜蠃蚌是也。胡雲峰曰：廣八卦之象，爲百十有二，有相對取象者，乾天坤地，震決躁巽進退，艮指兑舌之類是也。有相反取象者，大塗徑路，長高毀折之類是也。有相因取象者，乾爲馬，震得乾初之陽，故於馬爲善鳴等類；坎得乾中爻之陽，故於馬爲美脊等類；巽爲木，幹陽而根陰也，坎中陽，故於木爲堅多心；艮上陽，故於木爲堅多節之類是也。有一卦中相因取象者，如坎爲隱伏，因而爲盗；巽爲繩直，因而爲工；艮爲門闕，因而爲閽寺；兑爲口舌，因而爲巫。有不言而互見者，乾爲君則知坤爲臣，乾爲圜則知坤爲方，離爲乾卦則知坎爲溼，坎爲血卦則知離爲氣，巽爲臭則知震爲聲。震爲長子，而坎艮不言者，於陽之長者尊之也；兑少女爲妾，而巽離不言者，於陰之少者卑之也；乾爲馬，震坎得乾之陽皆言馬，而艮不言者，艮止也，止之性非馬也。他可觸類而通矣。以上二説，足盡其旨。學者知有一定之卦義，亦有無定之卦象，則夫子所言已無餘藴，而後人敷衍之者，皆枝葉中之枝葉耳。

序卦傳

略舉一端之理，以明文王序卦之意。來氏謂恐後人雜亂其序而然，諒矣。胡煦曰：先儒多以畫卦中陰陽之多少計前後之序，全無補於易理。知言哉。

有天地，然後萬物生焉，盈天地之間者唯萬物，故受之以《屯》，屯者盈也。屯者物之始生也，物生必蒙，故受之以《蒙》，蒙者蒙也，物之稺也。物稺不可不養也，故受之以《需》，需者飲食之道也。飲食必有訟，故受之以《訟》。訟必有衆起，故受之以《師》，師者衆也。衆必有所比，故受之以《比》，比者比也。比必有所畜，故受之以《小畜》。物畜然後有禮，故受之以《履》。履而泰，然後安，故受之以《泰》，泰者通也。物不可以終通，故受之以《否》。物不可以終否，故受之以《同人》。與人同者物必歸焉，故受之以《大有》。有大者不可以盈，故受之以《謙》。有大而能謙必豫，故受之以《豫》。豫必有隨，故受之以《隨》。以喜隨人者必有事，故受之以《蠱》，蠱者事也。有事而後可大，故受之以《臨》，臨者大也。物大然後可觀，故受之以《觀》。可觀而後有所合，故受之以《噬嗑》，嗑者合也。物不可以苟合而已，故受之以《賁》，賁者飾也。致飾然後亨則盡矣，故受之以《剝》，剝者剝也。物不可以終盡，剝窮上反下，故受之以《復》。復則不妄矣，故受之以《无妄》。有无妄然後可畜，故受之以《大畜》。物畜然後可養，故受之以《頤》，頤者養也。不養則不可動，故受之以《大過》。物不可以終過，故受之以《坎》，坎者陷也。陷必有所麗，故受之以《離》，離者麗也。

天地，謂乾坤二卦。坤次乾而不言受者，太極生两儀，一氣而分天地也。屯有二義，盈者，屯聚之義。剛柔始交，天地絪緼，雷雨動盪，充盈之象也。物之始生者，屈而未伸，草木勾萌之象也。物穉故蒙，幼穉而無以養之，則夭閼不遂。蓄德養才亦如是也。水在天以潤萬物，物需之以養。人非飲食不生，養以中正爲飲食之道。有所需則有所爭，乾餱以愆，豕酒生禍，訟由此起。立黨相傾，故眾。眾而不比，則爭無由息。與人相比，非有以畜養之，亦比不久，故受之以小畜。禮義生於富足，故物畜然後有禮。履者，禮也。有禮則安，故受之以泰。通謂通達無滯。通久必滯，故繼之以否。否非人道所宜也，故受之以同人。人同則近悦遠來，所以必大。保大者必謙，能謙者必豫。人情莫不喜於悦豫也，故必有隨。然至以喜隨人，則必生事而蠱矣。蠱非訓事，因蠱而後有事也。求蠱者由衰而盛，故有事而後可大。德業大則可以觀於人。可觀則信從者眾，不合者亦合，故受之以噬嗑。直情徑行曰苟合，賁禮以飾情也。飾固可亨，致飾過甚，則亨者必盡。剝者，剝落而將盡也。物不可以終盡，剝窮於上則復生於下。復者，反本而復於善也。復善故无妄，无妄則蓄德日深，充實而有光輝。德畜於己，然後可優游涵泳，充養之以俟其化。頤者養之義也。有大涵養而後有大設施，養則可動，不養而不可動矣。大過者，以大過人之才，爲大過人之事，非有養者不能。然天下之事中焉止矣，過而不已，必至於陷。既陷於險，非依附才德之人，大資其力，不能出險，故必有所麗。離以一陰附於二陽，附麗之義也。

右上篇。始乾坤而終坎離，天地爲萬物之父母，坎離得乾坤之中氣。伏羲以乾南坤北定子午，而文王以坎離代乾坤，明乎造化自然之功用如此也。

有天地然後有萬物，有萬物然後有男女，有男女然後有夫婦，有夫婦然後有父子，有父子然後有君臣，有君臣然後有上下，有上下然後禮義有所錯。夫婦之道，不可以不久也，故受之以《恒》，恒者久也。物不可以久居其所，故受之以《遯》，遯者退也。物不可以終遯，故受之以《大壯》。物不可以終壯，故受之以《晉》，晉者進也。進必有所傷，故受之以《明夷》，夷者傷也。傷于外者必反其家，故受之以《家人》。家道窮必乖，故受之以《睽》，睽者乖也。乖必有難，故受之以《蹇》，蹇者難也。物不可以終難，故受之以《解》，解者緩也。緩必有所失，故受之以《損》。損而不已必益，故受之以《益》。益而不已必決，故受之以《夬》，夬者決也。決必有所遇，故受之以《姤》，姤者遇也。物相遇而後聚，故受之以《萃》，萃者聚也。聚而上者謂之升，故受之以《升》。升而不已必困，故受之以《困》。困而上者必反下，故受之以《井》。井道不可不革，故受之以《革》。革物者莫若鼎，故受之以《鼎》。主器者莫若長子，故受之以《震》，震者動也。物不可以終動，止之，故受之以《艮》，艮者止也。物不可以終止，故受之以《漸》，漸者進也。進必有所歸，故受之以《歸妹》。得其所歸者必大，故受之以《豐》，豐者大也。窮大者必失其居，故受之以《旅》。旅而無所容，故受之以《巽》，巽者入也。入而後說之，故受之以《兌》，兌者說也。說而後散之，故受之以《渙》，渙者離也。物不可以終離，故受之以《節》。節而信之，故受之以《中孚》。有其信者必行之，故受之以《小過》。有過物者必濟，故受之以《既濟》。物不可窮也，故受之以《未濟》終焉。

夫婦謂咸卦。少男少女之配，人道之始，故以咸爲夫婦之道。天地開闢，萬物化生，皆有成男成女之體。聖人明陰陽之義，不出於乾坤，故復淵源天地以見夫婦之所由來。因而及於父子君臣上下以明夫婦之所推暨。禮義莫重於三綱，三綱莫先於夫婦。二少交而婚姻之禮成，男下女也。二長定而居室之倫正，斯可久之道矣。不可以久居其所，泛論物理。以非承夫婦之道，故言物以別之。高而不危，滿而不溢，遯退之行，所以長守其盛也。屈伸相倚，盛衰相循，遯而不終遯者，物之理，故遯極必大壯。物壯盛則必進，故受之以晉，如進不知退，必有所傷，故受之以明夷。傷於外者反於家，所謂以天屬者，迫窮禍患，害相收也。家道窮則情義乖異，故受以睽。六親不和，舟中作敵，故有難。難必有解散之時，故受以解，以緩而解散也。解緩縱弛則招損，損而不已必益。決益者去其太過。夬柔在上，剛決柔。姤柔在下，柔遇剛也。美惡不兩立，邪正不并行，決去小人，則遇君子。相會遇則必萃聚，同志既萃，則乘時上升。然知進而不知止，其究必困。困於上而反於下，至下者莫若井也。澤竭於上，源通於下，而窮者不窮。然久居其所則濁下，非長計也。井久則穢，故不可不革。鼎變腥爲熟，變堅爲柔，故革物者莫如之。鼎，宗廟之重器，震爲長子，繼父而主祭，故受之以震。震者動也。動極而靜，靜極而動，故受以艮。又受以漸。漸者進也，謂其進以漸也。無所歸者不可進。進之漸者，莫如女之于歸也，故受之以歸妹。得其所歸者，必大臣得聖君，婦得賢夫。蘊之爲德行，則發之爲大業。豐者，盛大之謂也。大而謙則豫，大而窮則將并所居之位而失之，故受之以旅。羇旅親寡，直无所容，惟能巽順，則無往而不入。人情相拒必怒，相入必說，天之澤萬物，禮義之說人心，不入則不說也。人之氣憂則結聚，說則舒散。渙，則離披解散之義也。物既離則當節。節者止之於外，孚者信之於中。上人信而守之，下人信而由之，節而信之也。有其信之，所謂設誠致行也。小過之過，過所當過，如行過乎恭，喪過乎哀，用過乎儉，非設誠致行者不能。君子之行事如此，則無事不濟，故曰有過物者必濟。物至於既濟，則人爲已盡，物之窮矣。然物无終窮之理，天運流行，人事代謝，皆此理，故受之以未濟終焉。

右下篇。咸恒爲夫婦之始，陰陽所以交。既未濟爲男女之終，生化所由衆。蓋六子實分乾坤之功用，而交易、變易之道，由是出焉，故於下篇著其象也。

附　解

伏羲畫卦，止有始乾終坤之序，横圖所列是也。《連山》首艮，《歸藏》首坤，當另爲一序，今不可考矣。或以魏伯陽《參同契》準《連山》而作，今考其書，仍主文王序卦，非準《連山》也。《元包》所序，全本京房分天地人鬼四易，用以爲序，特以坤宫八卦居首，遂謂爲準《歸藏》。然其説牽强，必非《歸藏》本旨。《連山》首艮，謂艮止爲定静之功。《歸藏》首坤，謂萬物資生於土。蓋皆指人以修身立命要功。然坤統於乾，艮止特天地成始成終之意，不如仍以乾坤居首，爲太極之體用所函，即萬物生成所本也。此文王所序，夫子獨取之，而又爲此説，以見天地人物，祇此陰陽盛衰進退之理，隨時變通，以合其宜，不可膠於一端，忽於細微。蓋天道人事，一以貫之矣。文中子讚《易》至《序卦》曰：大哉時之相生也，達者可與幾矣。其言允當。程子《上下篇義》，謂卦之分也，陽盛者居上，陰盛者居下。蔡氏清曰：《序卦》之義，有相反者，有相因者。相反者，極而變者也。相因者，其未至於極者也。總不出此二例，皆得體要之言。至項安世，謂上經言天地生萬物，以氣而流行，故始於乾坤，中於泰否，終於坎離，言氣化之本。下經言萬物之相生，以形而傳氣，故始於咸恒，中於損益，終於既未濟，言夫婦之道。是不知形氣不可强分，天人總歸一致也。乾坤生六子，而坎離獨得乾坤中氣，故天地無功，以日月爲功。先天乾坤定子午，而後天坎離代乾坤，此造化生成之本也。六子司乾坤功化，而少男少女以情相感，爲夫婦之始，長男長女以義正倫，爲夫婦之終，人道之所以配乎天地陰陽也。既濟而生生不窮，未濟而天人益遠，此人道之所以不如乎天地悠久也。只此上下篇始終四卦，而自天之人，自人之天，大旨略盡。先儒未見及也。至於各卦相較，上下篇相對，卦爻相反相變等義，皆其緒餘，前人已詳，兹不復贅。

雜卦傳

此以卦義兩相對者言之，不依文王次序，故曰雜也。有以畫反對言者，如師比臨觀之類是。有以義反對言者，如樂反爲憂，與反爲求是。蓋陰陽錯綜而成易道，文王序卦固有聯絡貫通之理，而事物變化不窮，易道亦變動不拘，故又即上下經而雜亂言之，以明相反相對皆有意義。推之於所未盡言，莫不由乎此也。《春秋傳》有屯固比入坤安震殺之語，以一字斷卦義，蓋古卜筮多有之。夫子彷之，以存經說，亦非創解。來氏以可反易之卦爲綜，謂若機之有綜，一上一下也。上經可反易者二十四卦，綜之止成十二卦。下經可反易者三十二卦，綜之止成十六卦。以顛倒不易者爲錯卦，謂卦爻盡變，迥與本卦異也。上經顛倒不易者六，乾坤頤大過坎離。下經顛倒不易者二，中孚小過。蓋伏羲圓圖，乾坤坎離四正之卦本相錯，四隅之卦，兑錯艮，震錯巽，故大過頤小過中孚相錯也。凡綜卦有四正綜四正者，比樂師憂，大有眾同人親之類。四隅之卦，艮與震綜，皆一陽二陰之卦，艮可以言震，震可以言艮。兑與巽綜，皆二陽一陰之卦，兑可以言巽，巽可以言兑，如隨蠱咸恒之類。有以正綜隅，隅綜正者，臨觀屯蒙之類是也。其說甚善，然以爲象即盡是則非。至胡煦等謂上經本三十卦，今六與十二合，得十八卦，下經本三十四卦，今二與十六合，得十八卦，共成三十六卦，適符乾策四九之用數。又合先天八卦陰陽爻之畫數，又合先天橫圖自一至八之總數。亦巧於擬合，然謂即邵子三十六宮都是春意，殊支離矣。他如以本傳卦數與上下經相配求義，皆枝葉之談，無庸贅述。

乾剛坤柔，比樂師憂。臨觀之義，或與或求。屯見而不失其居，蒙雜而著。震，起也。艮，止也。損益，盛衰之始也。大畜，時也。无妄，災也。萃聚而升不來也，謙輕而豫怠也。噬嗑，食也。賁，无色也。兑見而巽伏也。隨，无故也。蠱，則飭也。剝，爛也。復，反也。晉，晝也。明夷，誅也。井通而困相遇也。咸，速也。恒，久也。渙，離也。節，止也。解，緩也。蹇，難也。睽，外也。家人，内也。否泰，反其類也。大壯則止，遯則退也。大有，眾也。同人，親也。革，去故也。鼎，取新也。小過，過也。中孚，信也。豐，多故也。親寡，旅也。離上而坎下也。小畜，寡也。履，不處也。需，不進也。訟，不親也。大過，顛也。姤，遇也，柔遇剛也。漸，女歸待男行也。頤，養正也。既濟，定也。歸妹，女之終也。未濟，男之窮也。夬，決也。剛，決柔也。君子道長，小人道憂也。

剛柔者，乾坤反對之性情也。他卦剛柔雜居，惟乾爲純剛，坤爲純柔。比一陽在上，而五陰從之，得位眾輔故樂，師一陽在下，而統乎眾陰，兵凶戰危故憂。臨以二陽臨四陰，觀以二陽爲陰所觀，相臨相觀，皆有與求之義，故曰或。草之穿地出而未伸見則見矣，而未離乎地，顯而隱也。物之蒙者，昏雜未開而光明自在，隱而顯也。震，陽起於下，帝出乎震也。艮，陽止乎上，萬物之所成，終而成始也。損下未即衰，然傷其本則傷之始。益下未即盛，然培其基則盛之始。大其所畜以待時，省其无妄以免災，義本相足，故相綜也。萃聚則有來而不往之義，升進則有往而不來之義。謙者心虛而視己甚輕，豫者意盈而接人甚怠，一敬一肆，道相反也。噬嗑，合其不合者以養身，食之義也。賁飾，文其不及者以適中，非尚色也。兌內剛而外柔，見其情以悅人。巽外剛而內柔，伏其情以順物。隨不主於故，時隨而隨。蠱宜飭其新，不飭則壞也。剝一陽窮於上，復一陽生於下。如碩果爛而墜地，其核中之仁又復生也。誅，傷也。晉日升而爲晝，明夷日入而明傷。井養不窮，故通。困欲行而遇柔掩，故不通。山澤通氣，无心相感者，不行而至，故速。雷風相薄，有常不易者，振古如茲，故久。風散水則離，澤瀦水則止。解則勢已寬，故緩。蹇則時方急，故難。內外以情言。二女而有二心，一家而如一心也。陽與陽爲類，陰與陰爲類。小往大來，大往小來，各反其類也。止謂難進，遯謂易退。大壯以止爲進，所以善其進。遯以退爲進，所以善其退也。大有一陰居尊，而上下皆爲所有，則歸附者眾。同人一陰在下，而五陽悉來同之，則彼此相親。眾者愛之汎，親者情之專也。金代火爲去故，木鑽火爲取新。功成者退，方來者進，一去一取，天道當然也。小有所過，乃爲無心之過。中存其誠，乃爲有孚之信。豐盛則多故舊，親寡而後成其旅也，故相覆也。火炎上，水潤下。小畜一陰巽入而上行，不敵眾陽之盛，其力寡也。履一陰兌悅而上承，且得眾陽之附，其勢不處也。寡則退處，不處則上進。需以剛遇險，而不遽進以陷於險。訟行險恃健而不親睦，以求必勝。此皆事理之反對，剛①柔之顯異，而聖人錯綜之者也。若夫大過則中強而本末皆弱，剛柔不配，必有顛墜之勢。姤有遇義，然以一柔而遇五剛，不能爲剛禍也。漸爲女歸，必待男禮備而後行，則柔不掩剛。頤之義養，動而知止，是養得其正，剛不侵柔。既濟則水火適均，爲剛柔定位者也。歸妹女聽命於男，柔從剛，爲女之終。未濟陽不得其位，剛反柔，爲男之窮。是故剛柔之義，讀《易》者不可不細究也。大要剛爲柔主，柔爲剛輔，不可偏廢，尤不可使柔偏勝，故有取於夬焉。夬，決也，以五剛決一柔，決之甚易，而正道自伸，爲君子道長，小人道憂也。

右雜卦一章。揭言剛柔之義，而錯舉其辭，歸於剛之決柔，明乎易道不外陰陽，陽爲陰先。三綱明而人事洽，隨所取義，胥不越乎此也。

---

① 剛，底本作相，據致福樓本及《續修四庫全書》本改。

附　解

乾坤剛柔二句，總揭凡卦皆出於乾坤，取象不越乎剛柔，相錯相綜，祇此剛柔反對之義耳。大過以下八卦，獨不反對者，所以發明剛柔相資之貴，而相反相淩之不可，故特借夬之決柔，以示抑陰扶陽之旨。先儒不得其解，蔡節齋輩至妄改其次，而另敘以韻，惑矣。胡雲峰謂大過以下指中四爻互體而言，先天圖之左互復既濟家人歸妹睽夬乾八卦，右互姤大過未濟解漸蹇剝坤八卦，此於右取姤大過未濟漸四卦，於左取頤既濟歸妹夬四卦，各舉其半，可兼其餘。終於夬者，夬之一陰決盡，則爲乾也。其言終夬之義甚允，餘則曲說耳。